Der Abitrainer

Mathematik
Nordrhein-Westfalen

C. C. Buchner

Liebe Schülerin, lieber Schüler,

das Mathematik-Abitur ist für viele Schüler DIE große Herausforderung am Ende der Schullaufbahn. Der neue ABITRAINER Mathematik von C.C. Buchner unterstützt Sie effektiv bei der Vorbereitung auf die schriftliche Prüfung. DER ABITRAINER ermöglicht ein vernetztes, individuelles Lernen, genau passend zu Ihrem Lernstand und natürlich zu den Anforderungen der Abiturprüfung in Nordrhein-Westfalen. Unser Ziel ist, dass Sie sich erfolgreich und effizient auf Ihre Abiturprüfung in Mathematik vorbereiten.

Mit ansprechenden Visualisierungen, einem klaren, übersichtlichen Layout und vielen Zusatzfeatures bieten wir Ihnen zur Vorbereitung **viel mehr als nur die reine Original-Prüfung mit Musterlösung**...

◢ Abimaps

Die anschaulich aufbereiteten Prüfungsaufgaben mit Schritt-für-Schritt-Lösungswegen unterstützen Sie an den Stellen, an denen es gedanklich nötig ist. So trainieren Sie mit typischen Aufgabenstellungen die Original-Prüfungssituation, verinnerlichen die damit verbundenen Anforderungen und Lösungsmuster und können sie in der Prüfung schnell und sicher abrufen.

◢ Wichtiges Grundwissen

Der Stoff der Oberstufe ist ganz schön umfangreich. Deshalb haben wir im Grundwissen-Teil die wichtigsten Abiturthemen verständlich und übersichtlich aufbereitet. Mit diesem Wissen sind Sie gut für die Abiturprüfung gerüstet und verfügen über die wichtigsten Basiskompetenzen.

Highlight

◢ Über 100 Erklärvideos passend zum Abitur

Zusammen mit unserem Partner TOUCHDOWN Mathe bieten wir Ihnen mehr als 100 kostenlose Erklärvideos passend zum Abitur. Und das genau passend zu den jeweiligen Prüfungsaufgaben. Über QR-Codes bzw. Mediencodes gelangen Sie direkt von der Aufgabe zum dazugehörigen Video und lernen damit genau das, worauf es in der Abiturprüfung ankommt.

Wir wünschen Ihnen eine erfolgreiche Abiturvorbereitung!

Ihr DER ABITRAINER-Redaktionsteam

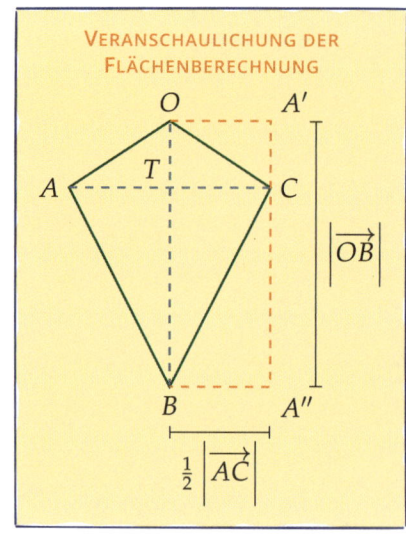

Aufgaben-Markup:

> Maximale Definitionsmenge: Zahlen, die man einsetzen darf

Lösungs-Markup:

> Mit der Kettenregel ableiten

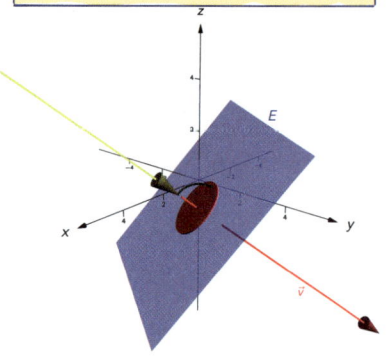

NULLSTELLEN (REGELFALL):

Abi001

www.der-abitrainer.de

Inhaltsverzeichnis

So trainieren Sie effizient mit diesem Buch

DER ABITRAINER Mathematik ermöglicht eine gezielte, effiziente und individuelle Prüfungsvorbereitung auf das Mathe-Abitur. Sie haben verschiedene Möglichkeiten, mit dem Buch zu trainieren. Mathe-Experte Jan erklärt, wie's funktioniert.

Jan, der ABITRAINER ist ein komplett neues Produkt. Wie lerne ich am besten damit?

Jan: Es gibt verschiedene Möglichkeiten, effizient mit DER ABITRAINER für die Prüfung zu lernen. Ich kann zwei Lernwege empfehlen: easy einsteigen oder gleich aufs Ganze gehen.

Easy einsteigen klingt gut. Für wen ist diese Methode geeignet?

Jan: Easy einsteigen eignet sich für Schüler, die sich erst einmal mit den Anforderungen einer Abiturprüfung vertraut machen wollen. Das heißt, zunächst typische Aufgabenarten und Lösungswege kennen zu lernen und erst im nächsten Schritt den Ernstfall zu trainieren.

Wie gehe ich dabei vor?

Jan: Im ersten Schritt wird mit den Abimaps trainiert – also den anschaulich aufbereiteten Abiturprüfungen 2017. Um die Inhalte zu vertiefen, helfen die passenden Erklärvideos. Die kann man ganz einfach durch Scannen der QR-Codes oder über die Mediencodes neben den Lösungswegen aufrufen.

Das heißt, ich lerne, indem ich mir die Lösungen und Erklärungen anschaue?

Jan: Ja, denn beim Nachvollziehen der Lösungswege werden typische Operatoren und Lösungsstrategien verinnerlicht, die man dann später auf andere Situationen übertragen kann.

Und das reicht aus?

Jan: Nicht ganz. Im nächsten Schritt wird die reale Prüfungssituation trainiert. Der Vergleich der eigenen Lösung mit denen der Musterlösung zeigt, welche Themen noch gelernt werden müssen. Darauf aufbauend erstellt man einen Lernplan und schließt Lücken gezielt mithilfe des Grundwissenteils im Buch und mit den passenden Erklärvideos.

Klingt logisch. Jetzt zum zweiten Lernweg. Wer kann sofort aufs Ganze gehen?

Jan: Schüler, die sich schon relativ sicher sind und gleich testen möchten, wie sie mit den Anforderungen einer Abiturprüfung zurechtkommen. Sie testen ihr Wissen direkt mit den Original-Prüfungsaufgaben.

Also ohne Vorbereitung direkt los?

Jan: Ja, genau. Einfach versuchen, z. B. die Original-Prüfung 2017 zu lösen, dann die Ergebnisse mit der Musterlösung vergleichen und die Lösungswege Schritt für Schritt nachvollziehen. Dabei werden zum einen Lösungsmuster und -strategien trainiert und gespeichert, zum anderen fallen wieder die Themen ins Auge, die man noch nicht sicher beherrscht.

Und die müssen dann systematisch gelernt werden, oder?

Jan: Richtig. Wie beim ersten Lernweg auch: Am besten mit einem detaillierten Lernplan. Im Anschluss bieten die Prüfungsaufgaben 2015 und 2016 genügend Übungsmaterial, um wirklich sicher zu werden.

Tipp

Zwei Lernwege mit DER ABITRAINER

Lernweg 1: easy einsteigen
Lernweg 2: gleich aufs Ganze gehen

Tipp

Arbeiten mit der Abimap

Schritt 1: Aufgabenstellungen lesen

Schritt 2: über eigene Lösungsansätze und Strategien nachdenken

Schritt 3: aufbereitete Lösungswege Schritt für Schritt nachvollziehen

---

Tipp

Training der Original-Prüfungssituation

Schritt 1: versuchen, die Original-Aufgaben 2015 und 2016 weitgehend eigenständig zu lösen

Schritt 2: bei fehlendem Lösungsansatz helfen die Tipps und Hinweise auf der nächsten Seite

Schritt 3: anschließend die eigenen Lösungen mit der Musterlösung vergleichen

Aufbau des Buchs

◢ Tipps zur Prüfung

- Informationen zum Ablauf und zu den wichtigsten Inhalten
- Erklärung relevanter Operatoren mit Praxisbeispielen
- konkrete Tipps zur Vorbereitung auf die Prüfung

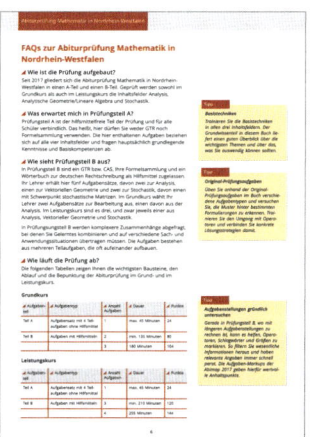

◢ Abimaps 2017 – anschaulich aufbereitete Original-Prüfung mit Schritt-für-Schritt-Lösung

- Aufgaben-Markups, die wichtige Begrifflichkeiten und Operatoren der Aufgabenstellung erklären
- ausführliche Musterlösungen, mit denen Sie die Lösungswege Schritt für Schritt nachvollziehen
- QR-Codes bzw. Mediencodes, die direkt zu den passenden Erklärvideos führen
- anschauliche Graphiken, die Zusammenhänge visuell aufbereiten
- Verbindungspfeile, die eine Beziehung zwischen den Lösungsschritten herstellen

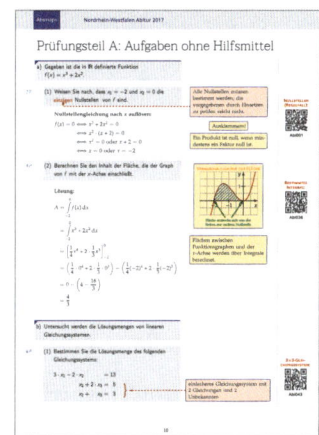

◢ Original-Prüfungsaufgaben 2015–2017 – Training der realen Prüfungssituation

- Originalaufgaben 2015 und 2016 im Buch
- Original-Prüfung 2017 zum Download
- Tipps zum Lösungsweg
- Musterlösungen entsprechend den Prüfungsanforderungen

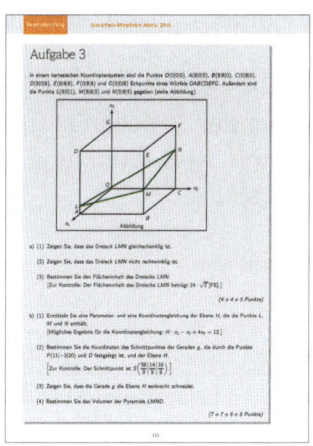

◢ Grundwissen – gezieltes Wiederholen wichtiger Kompetenzen

- relevante Themen aus Analysis, Geometrie/Linearer Algebra und Stochastik
- typische Abituraufgaben und Sachzusammenhänge
- Kurzanleitungen („So funktioniert's")
- wertvolle Tipps und Tricks
- das Wichtigste zum Auswendiglernen

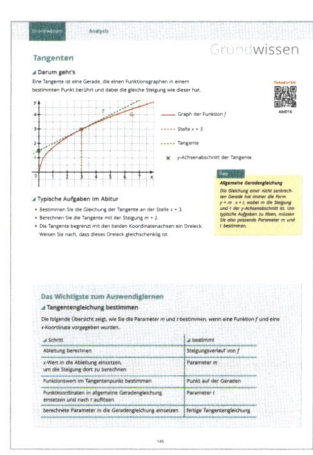

FAQs zur Abiturprüfung Mathematik in Nordrhein-Westfalen

◢ Wie ist die Prüfung aufgebaut?

Seit 2017 gliedert sich die Abiturprüfung Mathematik in Nordrhein-Westfalen in einen A-Teil und einen B-Teil. Geprüft werden sowohl im Grundkurs als auch im Leistungskurs die Inhaltsfelder Analysis, Analytische Geometrie/Lineare Algebra und Stochastik.

◢ Was erwartet mich in Prüfungsteil A?

Prüfungsteil A ist der hilfsmittelfreie Teil der Prüfung und für alle Schüler verbindlich. Das heißt, hier dürfen Sie weder GTR noch Formelsammlung verwenden. Die hier enthaltenen Aufgaben beziehen sich auf alle vier Inhaltsfelder und fragen hauptsächlich grundlegende Kenntnisse und Basiskompetenzen ab.

◢ Wie sieht Prüfungsteil B aus?

In Prüfungsteil B sind ein GTR bzw. CAS, Ihre Formelsammlung und ein Wörterbuch zur deutschen Rechtschreibung als Hilfsmittel zugelassen. Ihr Lehrer erhält hier fünf Aufgabensätze, davon zwei zur Analysis, einen zur Vektoriellen Geometrie und zwei zur Stochastik, davon einen mit Schwerpunkt stochastische Matrizen. Im Grundkurs wählt Ihr Lehrer zwei Aufgabensätze zur Bearbeitung aus, einen davon aus der Analysis. Im Leistungskurs sind es drei, und zwar jeweils einer aus Analysis, Vektorieller Geometrie und Stochastik.

In Prüfungsungteil B werden komplexere Zusammenhänge abgefragt, bei denen Sie Gelerntes kombinieren und auf verschiedene Sach- und Anwendungssituationen übertragen müssen. Die Aufgaben bestehen aus mehreren Teilaufgaben, die oft aufeinander aufbauen.

◢ Wie läuft die Prüfung ab?

Die folgenden Tabellen zeigen Ihnen die wichtigsten Bausteine, den Ablauf und die Bepunktung der Abiturprüfung im Grund- und im Leistungskurs.

Grundkurs

◢ Aufgaben-teil	◢ Aufgabentyp	◢ Anzahl Aufgaben	◢ Dauer	◢ Punkte
Teil A	Aufgabensatz mit 4 Teil-aufgaben ohne Hilfsmittel	1	max. 45 Minuten	24
Teil B	Aufgaben mit Hilfsmitteln	2	min. 135 Minuten	80
		3	180 Minuten	104

Leistungskurs

◢ Aufgaben-teil	◢ Aufgabentyp	◢ Anzahl Aufgaben	◢ Dauer	◢ Punkte
Teil A	Aufgabensatz mit 4 Teil-aufgaben ohne Hilfsmittel	1	max. 45 Minuten	24
Teil B	Aufgaben mit Hilfsmitteln	3	min. 210 Minuten	120
		4	255 Minuten	144

Die 10 wichtigsten Operatoren

Operatoren sind Handlungsanweisungen, die in den Prüfungsaufgaben festlegen, was genau zu tun ist und was von Ihnen erwartet wird. Die folgende Tabelle gibt eine Übersicht über wichtige Operatoren.

◢ Operator	◢ Bedeutung	◢ Beispiele aus 2017
angeben, nennen	Es ist keine schriftliche Rechnung nötig. Sie können Ihre Ergebnisse ohne Erläuterung oder Begründung hinschreiben.	Prüfungsteil A, Aufgabe c) (1) Aufgabe B1, a) (1)
begründen	Regeln und mathematische Beziehungen und Gesetzmäßigkeiten anwenden und die Sachverhalte darauf zurückführen. Ergebnisse des GTR dürfen zur Argumentation herangezogen werden, sie reichen aber nicht aus.	Aufgabe B1 a) (6) Aufgabe B2, a) (5)
berechnen bzw. Zusatz „rechnerisch"	GTR darf verwendet werden, es reicht aber nicht, die Ergebnisse nur abzulesen und hinzuschreiben. Die Lösungsansätze (Gleichungen oder Terme) müssen angegeben und die Rechenschritte müssen kenntlich gemacht werden.	Aufgabe B1, a) (2) Aufgabe B2, a) (3)
beschreiben	Lösung in kurzen Sätzen und mit eigenen Worten formulieren. Wichtig ist hierbei die Verwendung der Fachsprache.	LK, Aufgabe B1, a) (3)
bestimmen, ermitteln	Sie können die Ergebnisse sowohl mit als auch ohne GTR ermitteln. Wichtig ist in jedem Fall das Aufzeigen der Zusammenhänge bzw. der Wege, die zur Lösung führen. Kennzeichnen Sie GTR-Ergebnisse mit dem Zusatz „GTR".	Aufgabe B1, a) (4) Aufgabe B3, a) (2)
beurteilen	Zu Sachverhalten ein eigenes Urteil basierend auf dem gelernten Fachwissen formulieren. Oft soll beurteilt werden, ob eine Aussage wahr oder falsch ist. Der GTR hilft hier selten weiter.	Aufgabe B4, c) (3)
entscheiden	Meistens in Verbindung mit dem Zusatz „begründet". Fehlt dieser, können Sie sich ohne Kommentar für eine der gegebenen Alternativen entscheiden. Ist eine Begründung verlangt, müssen Sie mathematische Beziehungen nutzen, um Ihre Auswahl zu begründen.	Aufgabe B2, b) (2)
erklären, erläutern	Die gefragten Sachverhalte müssen verständlich und nachvollziehbar gemacht werden. Wichtig ist auch die Einordnung in den Sachzusammenhang.	Aufgabe B4, a) (2) Aufgabe B4, (d) 2)
interpretieren	Ergebnisse oder Zusammenhänge müssen begründet auf die gegebene Fragestellung bezogen und in eigenen Worten formuliert werden.	Aufgabe B1, a) (3) Aufgabe B4, b) (1)
nachweisen, zeigen	Aussagen müssen mithilfe von Regeln, Berechnungen oder Herleitungen bestätigt werden. Achtung: Vorgegebenes einfach nur an einem Beispiel zu prüfen oder zu zeigen, reicht nicht aus, es muss ein allgemeingültiger Schluss gezogen werden.	Prüfungsteil A, Aufgabe a) (1) Aufgabe B2, a) (2)

Tipp

Operatoren

Das richtige Verständnis von Operatoren und den damit verbundenen Erwartungen ist für den Erfolg Ihrer Abiturprüfung sehr wichtig. Machen Sie sich mit den gängigen Operatoren vertraut und trainieren Sie Lösungsschemata.

Tipp

Arbeit mit GTR/CAS

Arbeiten Sie mit allen Funktionalitäten Ihres GTR/CAS, so dass Sie den Umgang damit sicher beherrschen.

Tipp

GTR-Ergebnisse

Bei Verwendung des GTR ist es wichtig zu wissen, wie Sie Ihren Lösungsweg richtig dokumentieren.

Die wichtigsten Themen im Abitur

Die folgenden Tabellen geben einen Überblick über die inhaltlichen Schwerpunktthemen, die das Ministerium für Schule und Weiterbildung für die Abiturprüfung 2018 herausgegeben hat. Darunter finden Sie typische Anwendungsbereiche und konkrete Themengebiete, die sich aus diesen Vorgaben ergeben. Bereiten Sie diese gut vor und lösen Sie typische Aufgaben mithilfe der Abimaps und der Original-Prüfungsaufgaben am Ende des Buchs.

◢ Schwerpunktthemen Analysis

◢ Funktionen und Analysis
Funktionen als mathematische Modelle
Fortführung der Differentialrechnung: –Untersuchung von Eigenschaften in Abhängigkeit von einem Parameter bei ganzrationalen Funktionen –Untersuchung von Funktionen des Typs $f(x) = p(x)e^{ax+b}$, wobei $p(x)$ ein Polynom höchstens zweiten Grades ist –einfache Summe der oben genannten Funktionstypen
Grundverständnis des Integralbegriffs
Integralrechnung

Funktionen: Typische Aufgabenstellungen

- Parameter von Funktionen aus dem Kontext bestimmen (Steckbriefaufgaben) und im Sachzusammenhang deuten
- Bedeutung von Grenzwerten untersuchen
- Nullstellen, maximalen Definitionsbereich und Wertebereich bestimmen
- Transformationen wie Verschiebung, Streckung und Spiegelung auf Funktionen anwenden

Typische Aufgabenstellungen zur Differentialrechnung

- Tangentengleichungen aufstellen
- Monotonie- und Krümmungsverhalten einer Funktion untersuchen
- Extrempunkte von Funktionen berechnen und Extremwertprobleme lösen
- Momentane Änderungsraten bestimmen

Typische Aufgabenstellungen zur Integralrechnung

- Zusammenhang zwischen Änderungsrate und Integralfunktion (Hauptsatz der Differential- und Integralrechnung) kennen und anwenden
- Flächeninhaltsfunktion zu einer gegebenen Randfunktion skizzieren
- Flächeninhalte mithilfe bestimmter Integrale berechnen

Tipp

Schwerpunktthemen Abi 2018
Beachten Sie bei Ihrer Vorbereitung insbesondere auch die aktuellen Schwerpunktthemen.

Tipp

Die wichtigsten 5 Funktionen
Sie sollten die Eigenschaften und den Verlauf der folgenden fünf Standardfunktionen kennen:

- *Potenzfunktionen*
- *quadratische Funktionen*
- *Wurzelfunktionen*
- *Exponentialfunktionen*
- *Sinusfunktionen*

Tipp

Die TOP 3 Basiskompetenzen zum Thema „Ableiten"
Ableiten müssen Sie in jeder Abitur-prüfung. Die folgenden drei Basis-kompetenzen benötigen Sie, um typische Aufgaben zu lösen:

- *Ableitung der Grundfunktionen kennen*
- *Ableitungsregeln anwenden*
- *Funktionen grafisch ableiten*

◢ Schwerpunktthemen Geometrie

◢ Analytische Geometrie und Lineare Algebra

lineare Gleichungssysteme

Darstellung und Untersuchung geometrischer Objekte

Lagebeziehungen

Skalarprodukt

Typische Aufgabenstellungen zum Skalarprodukt

- Orthogonalitätsprüfungen
- Längenberechnungen
- Winkelberechnungen (Winkel zwischen zwei Vektoren berechnen)

Typische Aufgabenstellungen zu Lagebeziehungen

- Lagebeziehung zweier Geraden untersuchen
- Lagebeziehung zwischen Gerade und Ebene untersuchen
- Schnittpunkte zweier Geraden bzw. Durchstoßpunkte von Geraden und Ebenen bestimmen

◢ Schwerpunktthemen Stochastik

◢ Stochastik

Kenngrößen von Wahrscheinlichkeitsverteilungen

Binomialverteilung

stochastische Prozesse

Typische Aufgabenstellungen im Bereich Stochastik

- Erwartungswert einer Zufallsgröße berechnen
- Baumdiagramme und Vierfeldertafeln erstellen
- Übergangsdiagramme zu stochastischen Matrizen zeichnen
- Bernoulli-Formel anwenden
- bedingte Wahrscheinlichkeiten berechnen

Tipp

Geometrische Objekte untersuchen

Um geometrische Obejekte wie Geraden und Ebenen im Raum darzustellen und diese zu untersuchen, sollten Sie die allgemeinen Parametergleichungen für Geraden und Ebenen kennen und die Parameter im Kontext interpretieren können.

Tipp

Kenngrößen von Binomialverteilungen

Binomialverteilungen sind ein zentraler Themenbereich im Stochastik-Abitur. Die Bedeutung der folgenden drei Parameter sollten Sie kennen und im Kontext erläutern können:

- *n: Stichprobengröße bzw. Anzahl der Durchführungen eines Experiments*
- *p: Trefferwahrscheinlichkeit*
- *k: Anzahl der Treffer*

Prüfungsteil A: Aufgaben ohne Hilfsmittel

a) Gegeben ist die in $\mathbb{R}$ definierte Funktion

$f(x) = x^3 + 2x^2$.

2P **(1)** Weisen Sie nach, dass $x_1 = -2$ und $x_2 = 0$ die einzigen Nullstellen von f sind.

> Alle Nullstellen müssen bestimmt werden; die vorgegebenen durch Einsetzen zu prüfen reicht nicht.

Nullstellengleichung nach x auflösen:

$$f(x) = 0 \iff x^3 + 2x^2 = 0$$
$$\iff x^2 \cdot (x + 2) = 0$$
$$\iff x^2 = 0 \text{ oder } x + 2 = 0$$
$$\iff x = 0 \text{ oder } x = -2$$

> Ausklammern!

> Ein Produkt ist null, wenn mindestens ein Faktor null ist.

NULLSTELLEN (REGELFALL):

Abi001

4P **(2)** Berechnen Sie den Inhalt der Fläche, die der Graph von f mit der x-Achse einschließt.

Lösung:

$$A = \int_{-2}^{0} f(x)\,\mathrm{d}x$$

$$= \int_{-2}^{0} x^3 + 2x^2\,\mathrm{d}x$$

$$= \left[\frac{1}{4}x^4 + 2 \cdot \frac{1}{3}x^3\right]_{-2}^{0}$$

$$= \left(\frac{1}{4} \cdot 0^4 + 2 \cdot \frac{1}{3} \cdot 0^3\right) - \left(\frac{1}{4}(-2)^4 + 2 \cdot \frac{1}{3}(-2)^3\right)$$

$$= 0 - \left(4 - \frac{16}{3}\right)$$

$$= \frac{4}{3}$$

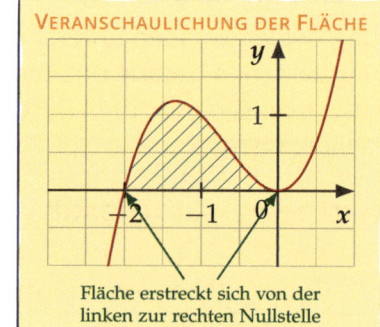

VERANSCHAULICHUNG DER FLÄCHE

Fläche erstreckt sich von der linken zur rechten Nullstelle

> Flächen zwischen Funktionsgraphen und der x-Achse werden über Integrale berechnet.

BESTIMMTES INTEGRAL:

Abi036

b) Untersucht werden die Lösungsmengen von linearen Gleichungssystemen.

4P **(1)** Bestimmen Sie die Lösungsmenge des folgenden Gleichungssystems:

$$3 \cdot x_1 - 2 \cdot x_2 \qquad = 13$$
$$x_2 + 2 \cdot x_3 = 5$$
$$x_2 + \quad x_3 = 3$$

> einfacheres Gleichungssystem mit 2 Gleichungen und 2 Unbekannten

3×3-GLEICHUNGSSYSTEM:

Abi043

Lösung:

3. Gleichung von der 2. Gleichung abziehen:

$(x_2 + 2 \cdot x_3) - (x_2 + x_3) = 5 - 3 \Longleftrightarrow x_3 = 2$

$x_3 = 2$ in 3. Gleichung einsetzen:

$x_2 + 2 = 3 \Longleftrightarrow x_2 = 1$

$x_2 = 1$ in 1. Gleichung einsetzen:

$3 \cdot x_1 - 2 \cdot 1 = 13 \Longleftrightarrow 3 \cdot x_1 = 15 \Longleftrightarrow x_1 = 5$

$\Longrightarrow \mathbb{L} = \{(5; 1; 1)\}$

4P   (2) Betrachtet wird das folgende Gleichungssystem mit
dem Parameter $p \in \mathbb{R}$:

$3 \cdot x_1 + 2 \cdot x_2 + \quad x_3 = 4$

$3 \cdot x_1 + 2 \cdot x_2 \qquad = 5$

$3 \cdot x_1 + 2 \cdot x_2 + p \cdot x_3 = 4$

Begründen Sie, dass dieses Gleichungssystem für
$p = 1$ unendlich viele Lösungen und für $p = 0$
keine Lösung besitzt.

> **unendlich viele Lösungen**
> unterbestimmtes System, da
> weniger als 3 unabhängige
> Gleichungen

> **keine Lösung:**
> widersprüchliches System

Fall $p = 1$:

I: $3 \cdot x_1 + 2 \cdot x_2 + x_3 = 4$

II: $3 \cdot x_1 + 2 \cdot x_2 \qquad = 5$

III: $3 \cdot x_1 + 2 \cdot x_2 + x_3 = 4$

Die Gleichungen I und III stimmen überein,
d. h. das Gleichungssystem ist äquivalent zu

I: $3 \cdot x_1 + 2 \cdot x_2 + x_3 = 4$

II: $3 \cdot x_1 + 2 \cdot x_2 \qquad = 5$

mit zwei unabhängigen Gleichungen, aber drei
Unbekannten. Daher gibt es unendlich viele
Lösungen.

Fall $p = 0$:

I: $3 \cdot x_1 + 2 \cdot x_2 + x_3 = 4$

II: $3 \cdot x_1 + 2 \cdot x_2 \qquad = 5$

III: $3 \cdot x_1 + 2 \cdot x_2 \qquad = 4$

II−III: $0 = 1$ ↯

$\Longrightarrow$ Das Gleichungssystem hat keine Lösung.

c) Gegeben sind die Punkte $A(-2|1|-2)$, $B(1|2|-1)$ und
$C(1|1|4)$ sowie für eine reelle Zahl d ein Punkt
$D(d|1|4)$.

PARAMETER-
FORM AUS
3 PUNKTEN:

Abi050

4P   (1) Begründen Sie mithilfe der Vektoren $\overrightarrow{AB}$ und $\overrightarrow{AC}$,
dass A, B und C nicht auf einer Geraden liegen,
und geben Sie eine Gleichung der Ebene an, in der
das Dreieck ABC liegt.

> d. h. Richtung von A nach B
> $\neq$ Richtung von A nach C

> keine schriftliche Rechnung nötig!

Test, ob $\overrightarrow{AB}$ und $\overrightarrow{AC}$ kollinear sind:

$$\overrightarrow{AB} = \overrightarrow{OB} - \overrightarrow{OA} = \begin{pmatrix} 1 \\ 2 \\ -1 \end{pmatrix} - \begin{pmatrix} -2 \\ 1 \\ -2 \end{pmatrix} = \begin{pmatrix} 3 \\ 1 \\ 1 \end{pmatrix} \text{ und}$$

$$\overrightarrow{AC} = \overrightarrow{OC} - \overrightarrow{OA} = \begin{pmatrix} 1 \\ 1 \\ 4 \end{pmatrix} - \begin{pmatrix} -2 \\ 1 \\ -2 \end{pmatrix} = \begin{pmatrix} 3 \\ 0 \\ 6 \end{pmatrix}.$$

Wäre $\overrightarrow{AB} = t \cdot \overrightarrow{AC}$ für ein $t \in \mathbb{R}$, so folgte

$$\begin{pmatrix} 3 \\ 1 \\ 1 \end{pmatrix} = t \cdot \begin{pmatrix} 3 \\ 0 \\ 6 \end{pmatrix} \implies t = 1 \text{ (wegen der 1.}$$

Komponente)

$$\implies \begin{pmatrix} 3 \\ 1 \\ 1 \end{pmatrix} = \begin{pmatrix} 3 \\ 0 \\ 6 \end{pmatrix} \,\text{⨍}.$$

Somit sind $\overrightarrow{AB}$ und $\overrightarrow{AC}$ linear unabhängig, also C nicht auf der Gerade AB.

Gleichung der Ebene durch die Punkte A, B und C:

$$\overrightarrow{X} = \overrightarrow{OA} + \lambda \cdot \overrightarrow{AB} + \mu \cdot \overrightarrow{AC}$$

$$= \begin{pmatrix} -2 \\ 1 \\ -2 \end{pmatrix} + \lambda \cdot \begin{pmatrix} 3 \\ 1 \\ 1 \end{pmatrix} + \mu \cdot \begin{pmatrix} 3 \\ 0 \\ 6 \end{pmatrix}, \lambda, \mu \in \mathbb{R}$$

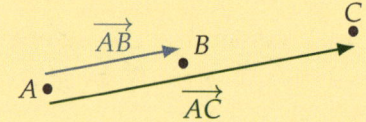

VERANSCHAULICHUNG DER 2 MÖGLICHEN FÄLLE

① A, B und C auf einer Geraden $\implies \overrightarrow{AC}$ ist Streckung von $\overrightarrow{AB}$

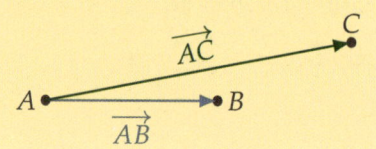

② A, B und C *nicht* auf einer Geraden $\implies \overrightarrow{AC}$ ist *keine* Streckung von $\overrightarrow{AB}$

2P **(2)** Ermitteln Sie den Wert von d, so dass das Dreieck ABD im Punkt B rechtwinklig ist.

Seiten AB und BD durch Vektoren darstellen, dann Skalarprodukt berechnen

SKALAR-
PRODUKT:

Abi052

Seiten AB und BD durch Vektoren darstellen:

$$\overrightarrow{AB} = \begin{pmatrix} 3 \\ 1 \\ 1 \end{pmatrix} \text{ (s. o.) und}$$

$$\overrightarrow{BD} = \overrightarrow{OD} - \overrightarrow{OB} = \begin{pmatrix} d \\ 1 \\ 4 \end{pmatrix} - \begin{pmatrix} 1 \\ 2 \\ -1 \end{pmatrix} = \begin{pmatrix} d-1 \\ -1 \\ 5 \end{pmatrix}.$$

Orthogonalität der Seiten AB und BD prüfen:

$$\sphericalangle(ABD) = 90° \iff \overrightarrow{AB} \circ \overrightarrow{BD} = 0$$

$$\iff \begin{pmatrix} 3 \\ 1 \\ 1 \end{pmatrix} \circ \begin{pmatrix} d-1 \\ -1 \\ 5 \end{pmatrix} = 0$$

$$\iff 3 \cdot (d-1) + 1 \cdot (-1) + 1 \cdot 5 = 0$$

$$\iff 3d + 1 = 0$$

$$\iff d = -\frac{1}{3}$$

d) Jedes Überraschungsei eines Herstellers enthält entweder eine Figur oder keine Figur. Die Anzahl der Überraschungseier mit einer Figur innerhalb einer Stichprobe ist binomialverteilt mit $p = 0{,}25$.

> pro Ei nur zwei mögliche Ausgänge: Treffer oder Niete

2P (1) Zehn Überraschungseier werden nacheinander zufällig ausgewählt.

Geben Sie einen Term zur Berechnung der Wahrscheinlichkeit dafür an, dass in genau zwei Überraschungseiern jeweils eine Figur enthalten ist.

> $n = 10$ Einzelversuche, jeweils mit Trefferwahrscheinlichkeit $p = 0{,}25$

> keine schriftliche Rechnung nötig!

> „genau": Bernoulli-Formel anwenden (bei nicht zu großen Zahlen)
> „höchstens": direkt aus kumulierter Verteilungstabelle ablesen
> „mindestens": Gegenwahrscheinlichkeit ablesen

Lösung:

$$\binom{10}{2} \cdot 0{,}25^2 \cdot 0{,}75^8$$

> **Bernoulli-Formel:**
> $P(X = k) = \binom{n}{k} p^k (1 - p)^{n-k}$
> mit k = Anzahl Treffer, n = Anzahl Versuche, p = Trefferwahrscheinlichkeit

BERNOULLI-FORMEL:

Abi120

4P (2) Sechs Überraschungseier werden zufällig ausgewählt. Die Zufallsgröße X gibt an, wie viele dieser Überraschungseier eine Figur enthalten. Eine der folgenden Abbildungen stellt die Wahrscheinlichkeitsverteilung dieser Zufallsgröße X dar:

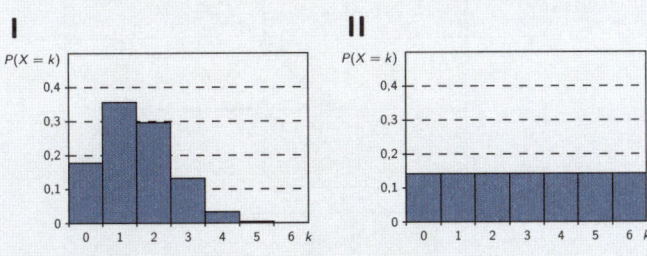
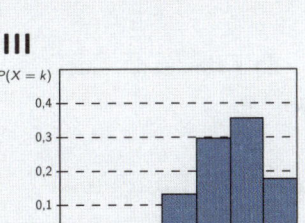

Geben Sie an, welche Abbildung dies ist. Begründen Sie, dass die beiden anderen Abbildungen dies nicht sind.

Passende Abbildung angeben:

Abbildung I zeigt die Wahrscheinlichkeitsverteilung von X an.

Ausschlusskriterien für die anderen Abbildungen:

Abbildung II zeigt eine Gleichverteilung, gehört also nicht zu X.

Bei Abbildung III ist die größte Wahrscheinlichkeit bei $k = 5$, wohingegen X den Erwartungswert $6 \cdot 0{,}25 = 1{,}5$ hat und daher die höchsten Wahrscheinlichkeiten bei $k = 1$ und $k = 2$ aufweist. Also scheidet auch Abbildung III aus.

> **Merkmale einer Binomialverteilung:**
> Für $n > 1$ sind die Einzelwahrscheinlichkeiten nie alle gleich.
> Die Wahrscheinlichkeit ist am größten für Trefferzahlen k, die unmittelbar an den Erwartungswert $E(X) = n \cdot p$ angrenzen.

> X hat die Parameter $n = 6$ und $p = 0{,}25$, also $E(X) = 6 \cdot 0{,}25 = 1{,}5$. Die Balken für $k = 1$ und $k = 2$ müssen also die höchsten sein.

ERWARTUNGSWERT:

Abi126

Prüfungsteil A: Aufgaben ohne Hilfsmittel

nur LK:

a) Eine Funktion f ist durch $f(x) = 2e^{\frac{1}{2}x} - 1$ mit $x \in \mathbb{R}$ gegeben.

3 P   (1) Ermitteln Sie die Nullstelle der Funktion f.

> $f(x) = 0$ nach x auflösen

Lösung:

$$f(x) = 0 \iff 2e^{\frac{1}{2}x} - 1 = 0$$

$$\iff 2e^{\frac{1}{2}x} = 1$$

$$\iff e^{\frac{1}{2}x} = \frac{1}{2}$$

$$\iff \frac{1}{2}x = \ln\left(\frac{1}{2}\right) = \ln 1 - \ln 2 = -\ln 2$$

$$\iff x = -2\ln 2$$

NULLSTELLEN (REGELFALL):

Abi001

3 P   (2) Die Tangente an den Graphen von f im Punkt $S(0|1)$ begrenzt mit den beiden Koordinatenachsen ein Dreieck.

Weisen Sie nach, dass dieses Dreieck gleichschenklig ist.

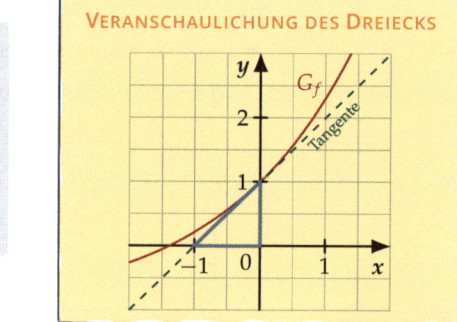

VERANSCHAULICHUNG DES DREIECKS

Tangentensteigung bestimmen:

$$f'(x) = 2e^{\frac{1}{2}x} \cdot \frac{1}{2} = e^{\frac{1}{2}x}$$
$$\implies f'(0) = 1$$

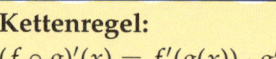

Kettenregel:
$(f \circ g)'(x) = f'(g(x)) \cdot g'(x)$

KETTENREGEL:

Abi151

Schlussfolgerung:

Die Tangente hat die Steigung 1, also ist das Dreieck genau so lang wie hoch und damit gleichschenklig.

b) Gegeben sind die Ebene $E : 2x_1 - x_2 + 2x_3 = 5$ und die Gerade $g : \vec{x} = \begin{pmatrix} 2 \\ 1 \\ -2 \end{pmatrix} + t \cdot \begin{pmatrix} 2 \\ -1 \\ -4 \end{pmatrix}$, $t \in \mathbb{R}$.

> Die **Parametergleichung** verbindet drei Einzelgleichungen für die Koordinaten:
> $x = 2 + 2t$, $y = 1 - t$ und $z = -2 - 4t$

2 P   (1) Berechnen Sie die Koordinaten des Schnittpunkts von E und g.

SCHNITTPUNKT GERADE-EBENE:

Abi064

Geradengleichung in Ebenengleichung einsetzen:

$$2(2 + 2t) - (1 - t) + 2(-2 - 4t) = 5$$

$$\Longleftrightarrow -1 + -3t = 5$$

$$\Longleftrightarrow t = \frac{5 + 1}{-3} = -2$$

Schnittparameter in Geradengleichung einsetzen:

$$\begin{pmatrix} 2 \\ 1 \\ -2 \end{pmatrix} + (-2) \cdot \begin{pmatrix} 2 \\ -1 \\ -4 \end{pmatrix} = \begin{pmatrix} -2 \\ 3 \\ 6 \end{pmatrix}$$

$\Longrightarrow$ Der Schnittpunkt ist $(-2|3|6)$.

4 P   (2) Begründen Sie, dass g nicht senkrecht zur Ebene E verläuft.

GERADE SENK-
RECHT AUF
EBENE (KOOR-
DINATENFORM):

Abi072

Lösung:

Normalenvektor von E: $\begin{pmatrix} 2 \\ -1 \\ 2 \end{pmatrix}$

Richtungsvektor von g: $\begin{pmatrix} 2 \\ -1 \\ -4 \end{pmatrix}$

Diese Vektoren sind nicht kollinear, also steht g nicht senkrecht auf E.

Parallelitätstest:

$$\begin{pmatrix} 2 \\ -1 \\ 2 \end{pmatrix} = s \cdot \begin{pmatrix} 2 \\ -1 \\ -4 \end{pmatrix}$$

$$2 = 2s,$$

$$\Longleftrightarrow -1 = -s \text{ und}$$

$$2 = -4s$$

$$\Longleftrightarrow s = 1 \text{ und } s = -\tfrac{1}{2} \, \lightning$$

Die Vektoren sind also nicht parallel.

Prüfungsteil B: Aufgaben mit Hilfsmitteln

AUFGABE B1

In einem Produktionsprozess werden Flüssigkeiten erhitzt, eine Zeit lang bei konstanter Temperatur gehalten und anschließend wieder abgekühlt.

a) Betrachtet wird zunächst ein Vorgang, bei dem der Temperaturverlauf durchgehend gesteuert wird. In der Tabelle sind Ergebnisse einer Temperaturmessung angegeben.

Zeit in Minuten	0	2	4	10	15	20	40	60	80
Temperatur in °C	23,0	54,0	76,9	76,8	77,3	76,8	37,9	26,0	23,2

Der Temperaturverlauf kann **während des Erhitzens** und **während des Abkühlens** mithilfe der in $\mathbb{R}$ definierten Funktion f mit

$$f(t) = 23 + 20 \cdot t \cdot e^{-\frac{1}{10} \cdot t}$$

modellhaft beschrieben werden.

Dabei ist t die seit Beginn des Vorgangs vergangene Zeit in Minuten und $f(t)$ die Temperatur in °C.

> d. h. Beginn $\widehat{=}$ Zeitpunkt $t = 0$

4 P

(1) Geben Sie an, welche Temperaturen die Funktion f für den Beginn des Vorgangs und für den Zeitpunkt zwei Minuten nach diesem Beginn liefert. Bestimmen Sie jeweils die prozentuale Abweichung von den angegebenen Messwerten.

> keine schriftliche Rechnung nötig!

> d. h. bei $t = 2$

Funktionswerte mit dem GTR berechnen:

$f(0) = 23; f(2) \approx 55,7492$

$\implies$ Modellierung mit der Funktion f liefert zu Beginn des Vorgangs 23° C und 2 Minuten später etwa 55,7° C.

Prozentuale Abweichungen (GTR):

bei $t = 0$: $\dfrac{23 - 23}{23} = 0$

bei $t = 2$: $\dfrac{55,7492 - 54}{54} \approx 0{,}032 = 3{,}2\,\%$

Funktionsterm eingeben:

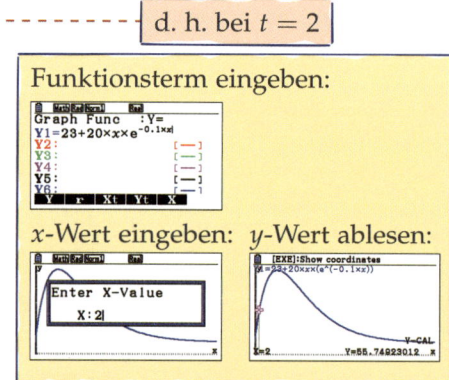

x-Wert eingeben: y-Wert ablesen:

prozentuale Abweichung des Funktionswerts $f(t)$ vom Tabellenwert $T(t)$:

$$\frac{f(t) - T(t)}{T(t)}$$

12 P

(2) Zeigen Sie rechnerisch, dass der Graph von f genau einen Extrempunkt hat.
Vergleichen Sie die zu diesem Punkt gehörende Temperatur mit den angegebenen Messwerten.
[Zur Kontrolle: $f'(t) = e^{-\frac{1}{10} \cdot t} \cdot (20 - 2 \cdot t)$]

> Rechnung schriftlich dokumentieren!

Anzahl der Extrempunkte über Monotonie bestimmen:

$$f'(t) = 20 \cdot e^{-\frac{1}{10}t} + 20t \cdot e^{-\frac{1}{10}t} \cdot \left(-\frac{1}{10}\right)$$

$$= \underbrace{e^{-\frac{1}{10} \cdot t}}_{>0} \cdot (20 - 2 \cdot t)$$

$$f'(t) = 0 \iff 20 - 2 \cdot t = 0$$

$$\iff t = 10$$

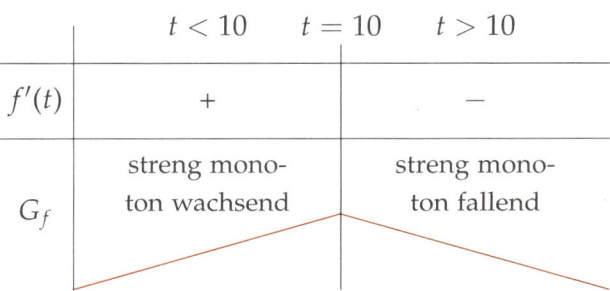

	$t < 10$	$t = 10$	$t > 10$
$f'(t)$	$+$		$-$
G_f	streng mono- ton wachsend		streng mono- ton fallend

$\Longrightarrow$ Der einzige Extrempunkt ist ein Maximum bei $t = 10$.

Vergleich des Extremwerts mit den Tabellenwerten:

Messwert an der Extremstelle: 76,8

größter Messwert: 76,9

lokaler Extremwert von f: $f(10) \approx 96,6$

$\Longrightarrow$ Die Funktion f liefert eine deutlich höhere Temperatur als alle Messwerte.

3P **(3)** Beschreiben Sie den Verlauf des Graphen von f für große Werte von t und interpretieren Sie diesen Verlauf im Sachzusammenhang.

d. h. für $t \longrightarrow \infty$

Grenzwert berechnen:

$$\lim_{t \to \infty} f(t) = \lim_{t \to \infty} 23 + 20 \cdot t \cdot e^{-\frac{1}{10} \cdot t}$$

$$= 23 + 20 \cdot \underbrace{\lim_{t \to \infty} t}_{\downarrow \atop \infty} \cdot \underbrace{e^{-\frac{1}{10} \cdot t}}_{\downarrow \atop 0}$$

$$= 23 + 20 \cdot 0$$

$$= 23$$

Grenzwert interpretieren:

Die Temperatur der Flüssigkeit nähert sich langfristig der Ausgangstemperatur von $23°C$.

Produktregel:
$$[f \cdot g]' = f' \cdot g + f \cdot g'$$

x-Wert eingeben: y-Wert ablesen:

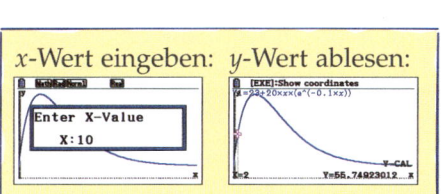

e-gewinnt-Regel:
Ein Produkt aus einer Potenzfunktion und einer e-Funktion hat dasselbe Grenzverhalten im Unendlichen wie die e-Funktion.

PRODUKTREGEL:

Abi152

EXTREMA ÜBER MONOTONIE:

Abi023

GRENZWERT OHNE RECHNUNG:

Abi011

Der Zeitabschnitt, in dem die Flüssigkeit im Produktionsprozess konstant bei 77°C gehalten wird, entspricht im Modell dem Intervall, in dem die Funktion f mindestens diese Temperatur liefert.

d. h. $f(t) \geqslant 77°C$, also Graph von f oberhalb der waagerechten Linie $y = 77$

5 P

(4) Bestimmen Sie die Zeitpunkte, zu denen dieser Zeitabschnitt beginnt und endet.

also $t \in \mathbb{R}$ mit $f(t) = 77$

Stellen Sie den konstanten Temperaturverlauf in diesem Zeitabschnitt in Abbildung 1 dar.

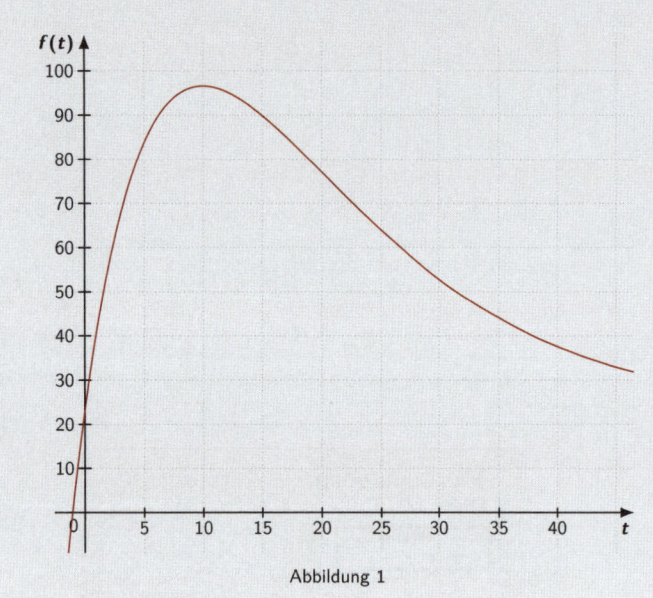

Abbildung 1

Stellen mit Funktionswert 77 mittels GTR bestimmen:

$$f(t) = 77 \implies x \overset{\text{GTR}}{\approx} 4 \text{ oder } x \overset{\text{GTR}}{\approx} 20$$

Darstellung in der Graphik:

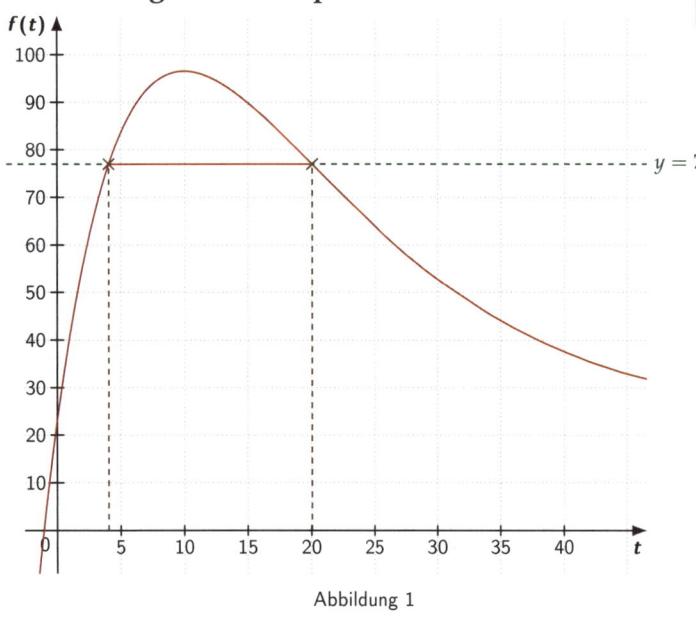

Abbildung 1

Funktionsterm in GTR eingeben

Graph Func :Y=
Y1=23+20×x×e^{-0.1×x}
Y2:   [—]
Y3:   [—]
Y4:   [—]
Y5:   [—]
Y6:   [—]

im G-Solve-Menü X-CAL wählen und den y-Wert 77 eingeben

Enter Y-Value
Y:77

1. Stelle ablesen   2. Stelle ablesen

X-CAL   X-CAL
X=4.040630216 Y=77   X=20.04954074 Y=77

Die Steuerung des Prozesses kann so variiert werden, dass sich der Temperaturverlauf während des gesamten Vorgangs für $t \geqslant 0$ durch eine der in $\mathbb{R}$ definierten Funktion f_k mit $f_k(t) = 23 + 20t \cdot e^{-\frac{1}{10} \cdot k \cdot t}$ mit $k > 0$ beschreiben lässt. Dabei ist t die seit Beginn des Vorgangs vergangene Zeit in Minuten und $f_k(t)$ die Temperatur in °C.

3P (5) Die in der Abbildung 2 dargestellten Graphen A, B und C gehören jeweils zu einem der Werte $k = 0{,}5$, $k = 2$ und $k = 5$.

Entscheiden Sie, welcher dieser Werte welchem Graphen zugeordnet werden kann.

PARAME-
TER EINER
e-FUNKTION:

Abi031

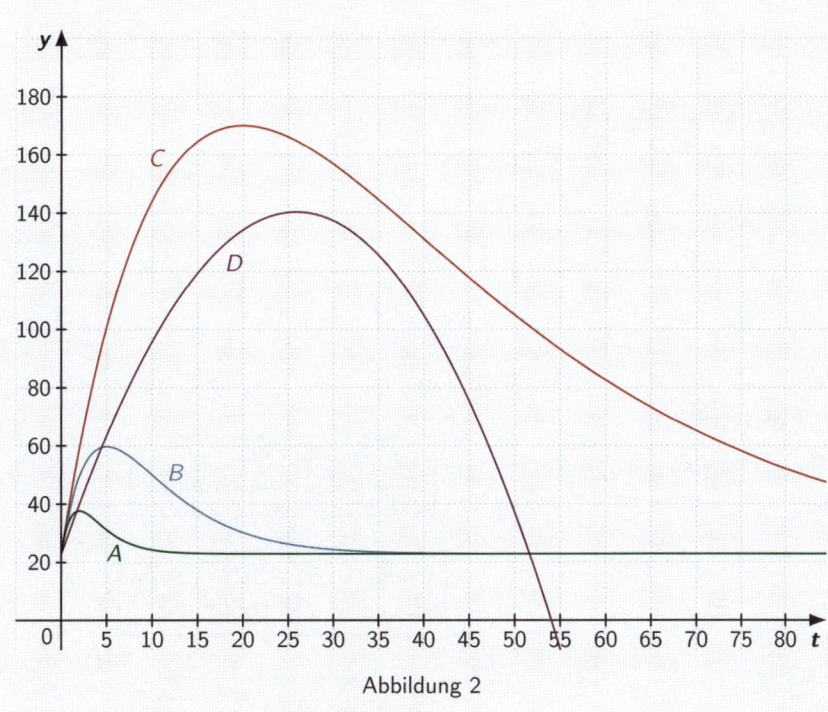

Abbildung 2

Lösung:

Parameter $k = 0{,}5 \cong$ Graph C
Parameter $k = 2 \cong$ Graph B
Parameter $k = 5 \cong$ Graph A

2P (6) Begründen Sie, dass der in der Abbildung dargestellte Graph D nicht zu einer der Funktionen f_k gehören kann.

Funktionsterme eingeben

Graphen zeichnen lassen

Lösung:

Für alle $k \in \mathbb{R}$ und alle $t > 0$ gilt

$$f_k(t) = 23 + 20 \cdot t \cdot e^{-0{,}1 \cdot k \cdot t} > 23,$$

aber der Graph D verläuft z. T. sogar unterhalb der x-Achse, also hat die zugehörige Funktion auch negative Werte und kann somit keine der Funktionen f_k sein.

b) Betrachtet wird nun ein Vorgang, bei dem die Steuerung des Temperaturverlaufs zwanzig Minuten nach Beginn des Vorgangs abgeschaltet wird. Das anschließende Abkühlen der Flüssigkeit lässt sich für $t \geqslant 20$ durch die in $\mathbb{R}$ definierte Funktion h mit

$$h(t) = c + d \cdot e^{-0{,}065 \cdot t}$$

und $c, d \in \mathbb{R}$ beschreiben.

Zu Beginn des Abkühlens soll die Temperatur 77°C und die momentane Änderungsrate der Temperatur −3,5°C pro Minute betragen.

> Beginn des Abkühlens $\stackrel{\wedge}{=} t = 20$
> Temperatur 77°C $\stackrel{\wedge}{=} h(t) = 77$
> momentane Änderungsrate $\stackrel{\wedge}{=}$ Ableitung
> Änderungsrate −3,5°C/min $\stackrel{\wedge}{=} h'(t) = -3{,}5$

6P　(1) Bestimmen Sie die passenden Werte von c und d.

KETTENREGEL:

Abi151

Ableitung von h mit der Kettenregel bestimmen:

$$h'(t) = d \cdot e^{-0{,}065 \cdot t} \cdot (-0{,}065)$$
$$\quad\; = -0{,}065d \cdot e^{-0{,}065 \cdot t}$$

Gleichungssystem für c und d aufstellen:

$$h(20) = 77 \Longleftrightarrow c + d \cdot e^{-0{,}065 \cdot 20} = 77$$
$$\Longleftrightarrow c + e^{-1{,}3}d = 77$$

> Temperatur 77°C
> zu Beginn der Abkühlung

$$h'(20) = -3{,}5 \Longleftrightarrow -0{,}065d \cdot e^{-0{,}065 \cdot 20} = -3{,}5$$
$$\Longleftrightarrow -0{,}065e^{-1{,}3}d = -3{,}5$$

> Änderungsrate −3,5°C/min
> zu Beginn der Abkühlung

PARAMETER EINER e-FUNKTION:

Abi031

Gleichungssystem lösen (von Hand oder mit GTR):

2. Gleichung:
$$-0{,}065e^{-1{,}3}d = -3{,}5$$
$$\Longleftrightarrow d = -3{,}5 : (-0{,}065e^{-1{,}3}) \approx 197{,}58$$

Einsetzen in 1. Gleichung:
$$c + e^{-1{,}3}d = 77 \Longleftrightarrow c = 77 - e^{-1{,}3}d$$
$$= 77 - 3{,}5 : 0{,}065$$
$$\approx 23{,}15$$

> **Lösung mit GTR:**
> Koeffizienten eingeben
>
>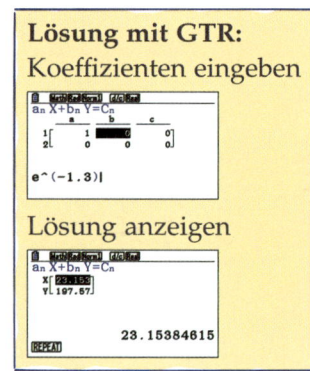
>
> **Lösung anzeigen**

5P

(2) Ermitteln Sie für diese Phase des Abkühlens im Intervall [20 ; 80] denjenigen Zeitpunkt, für den die Werte der Funktion f und der Funktion h mit $c = 23{,}15$ und $d = 197{,}58$ am stärksten voneinander abweichen.◂- -┐

Geben Sie die zugehörige Abweichung an.

> Abweichung = Differenz
> stärkste Abweichung heißt maximaler
> *Betrag* der Differenz $f(t) - h(t)$ bzw.
> $h(t) - f(t)$

nur Ergebnis vom GTR notieren!

Lösung:

stärkste Abweichung bei $t \overset{\text{GTR}}{\approx} 25{,}89$ mit Wert ca. 2,02

Extrema der Differenz bestimmen:

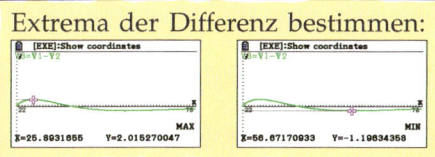

Prüfungsteil B: Aufgaben mit Hilfsmitteln

AUFGABE B1

nur LK:

Gegeben ist die Schar der in $\mathbb{R}$ definierten Funktionen f_a durch die Funktionsgleichung

$$f_a(x) = x^2 \cdot e^{-a \cdot x} \text{ mit } a > 0.$$

Der Graph von f_a wird mit G_a bezeichnet.

2P a) (1) Ermitteln Sie denjenigen Wert von a, für den der Punkt $(1|0{,}5)$ auf G_a liegt.

> **Punktprobe:**
> x-Wert des Punktes in Funktionsgleichung einsetzen und prüfen, für welche a der zugehörige y-Wert herauskommt

Lösung:

$$1^2 \cdot e^{-a \cdot 1} = 0{,}5 \Longleftrightarrow e^{-a} = 0{,}5$$
$$\Longleftrightarrow -a = \ln 0{,}5$$
$$\Longleftrightarrow a = -\ln 0{,}5 = \ln 2$$

1P (2) Berechnen Sie die Koordinaten und die Art der Extrempunkte von G_a in Abhängigkeit von a.
[Hierbei darf $f_a''(x) = (a^2 \cdot x^2 - 4 \cdot a \cdot x + 2) \cdot e^{-a \cdot x}$ ohne Nachweis verwendet werden.]
$\left[\text{Zur Kontrolle: Extremstellen von } f_a \text{ sind } x = 0 \text{ und } x = \dfrac{2}{a}.\right]$

> Art: Hoch- oder Tiefpunkt

EXTREMA ÜBER 2. ABLEITUNG:

Abi024

Nullstellen der Ableitung berechnen:

$$f_a'(x) = x^2 \cdot e^{-a \cdot x} \cdot (-a) + 2x \cdot e^{-a \cdot x}$$
$$= (2x - ax^2)e^{-a \cdot x}$$
$$= x(2 - ax)e^{-a \cdot x}$$

$$f_a'(x) = 0 \Longleftrightarrow x(2 - ax)e^{-a \cdot x} = 0$$
$$\Longleftrightarrow x = 0 \text{ oder } 2 - ax = 0$$
$$\Longleftrightarrow x = 0 \text{ oder } x = \frac{2}{a}$$

> **Produktregel:**
> $[f \cdot g]'(x) = f(x) \cdot g'(x) + f'(x) \cdot g(x)$

PRODUKTREGEL:

Abi152

> Ein Produkt ist 0, wenn einer der Faktoren 0 ist, wobei $e^x > 0$ für alle $x \in \mathbb{R}$.

Art der Extrema bestimmen:

$$f''(0) = 2 > 0 \Longrightarrow \text{Minimum von } f \text{ bei } x = 0$$

$$f''\left(\frac{2}{a}\right) = \left(a^2 \cdot \left(\frac{2}{a}\right)^2 - 4 \cdot a \cdot \frac{2}{a} + 2\right) \cdot e^{-a \cdot \frac{2}{a}}$$

$$= -2e^{-2} < 0$$

$$\Longrightarrow \text{Maximum von } f \text{ bei } x = \frac{2}{a}$$

y-Koordinaten der Extrema bestimmen:

$f_a(0) = 0 \implies$ Tiefpunkt von G_a: $(0|0)$

$f_a(\frac{2}{a}) = (\frac{2}{a})^2 \cdot e^{-a \cdot \frac{2}{a}} = \frac{4}{a^2}e^{-2} = \frac{4}{a^2 e^2}$

$\implies$ Hochpunkt von G_a: $\left(\frac{2}{a} \big| \frac{4}{a^2 e^2}\right)$

3P **(3)** Begründen Sie, dass der Hochpunkt von G_a für jeden Wert von a im ersten Quadranten liegt, und beschreiben Sie, wie sich seine Lage für wachsende Werte von a ändert.

> 1. Quadrant: $x \geqslant 0$ und $y \geqslant 0$

> Monotonie von x- und y-Koordinate als Funktionen von a

Lage des Hochpunkts im 1. Quadranten prüfen:

Wegen $a > 0$ gilt für den Hochpunkt $\left(\frac{2}{a} \big| \frac{4}{a^2 e^2}\right)$ $x = \frac{2}{a} > 0$ und $y = \frac{4}{a^2 e^2} > 0$, d. h. er liegt im 1. Quadranten.

Lage des Hochpunkts für wachsende a:

Für die x-Koordinate des Hochpunkts $x_H(a) = \frac{2}{a}$ gilt $x'_H(a) = -\frac{2}{a^2} < 0$ und $\lim\limits_{a \to \infty} x_H(a) = 0$, d. h. für wachsende a wandert der Hochpunkt nach links und nähert sich der y-Achse.

Für die y-Koordinate des Hochpunkts $y_H(a) = \frac{4}{a^2 e^2}$ gilt $y'_H(a) = -\frac{8}{a^3 e^2} < 0$ und $\lim\limits_{a \to \infty} y_H(a) = 0$, d. h. für wachsende a wandert der Hochpunkt nach unten und nähert sich der x-Achse.

Insgesamt nähert sich der Hochpunkt für wachsende a dem Tiefpunkt bei $(0|0)$.

3P **(4)** Zeigen Sie, dass die Extrempunkte von G_a für alle Werte von a auf dem Graphen der Funktion g mit $g(x) = \frac{x^2}{e^2}$ liegen.

> d. h. Hoch- und Tiefpunkte

Tiefpunkt prüfen:

$g(0) = 0 \implies$ Der Tiefpunkt von f_a liegt für jedes a auf G_g.

> x-Werte in Funktionsgleichung einsetzen und prüfen, ob die zugehörigen y-Werte rauskommen

Hochpunkte prüfen:

$g(\frac{2}{a}) = \frac{(\frac{2}{a})^2}{e^2} = \frac{4}{a^2 e^2}$

$\implies$ Der Hochpunkt von f_a liegt für jedes a auf G_g.

b) Im Folgenden sei $a = 0{,}2$ und $G_{0,2}$ sei der Graph der Funktion $f_{0,2}$.

7P (1) Für jeden Wert von b mit $0 \leqslant b \leqslant 100$ sind die Punkte $A(0|0)$ und $B(b|0)$ sowie der Punkt C gegeben. C hat die x-Koordinate b und liegt auf dem Graphen $G_{0,2}$.

Bestimmen Sie denjenigen Wert von b, für den der Flächeninhalt des Dreiecks ABC maximal ist, und geben Sie den zugehörigen Flächeninhalt an.

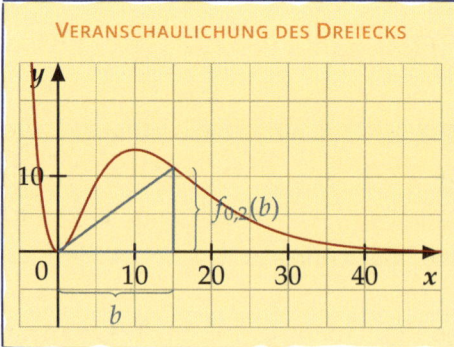

VERANSCHAULICHUNG DES DREIECKS

Flächeninhalt in Abhängigkeit von b berechnen:

$$A_{\text{Dreieck}}(b) = \frac{1}{2} \cdot b \cdot f_{0,2}(b)$$

$$= \frac{b}{2} \cdot b^2 \cdot e^{-0,2b}$$

$$= \frac{1}{2} b^3 e^{-0,2b}$$

Maximum des Flächeninhalts berechnen:

$$A'_{\text{Dreieck}}(b) = \frac{1}{2} b^3 \cdot e^{-0,2b} \cdot (-0,2) + \frac{1}{2} \cdot 3b^2 \cdot e^{-0,2b}$$

$$= (1{,}5b^2 - 0{,}1b^3)e^{-0,2b}$$

$$= b^2(1{,}5 - 0{,}1b)e^{-0,2b}$$

$$A'_{\text{Dreieck}}(b) = 0 \Longleftrightarrow b^2(1{,}5 - 0{,}1b)e^{-0,2b} = 0$$

$$\Longleftrightarrow b^2(1{,}5 - 0{,}1b) = 0$$

$$\Longleftrightarrow b^2 = 0 \text{ oder } 1{,}5 - 0{,}1b = 0$$

$$\Longleftrightarrow b = 0 \text{ oder } b = 15$$

Für $0 < b < 15$ ist $A'_{\text{Dreieck}}(b) > 0$ und für $b > 15$ ist $A'_{\text{Dreieck}}(b) < 0$

$\Longrightarrow A'_{\text{Dreieck}}(b)$ hat ein Maximum bei $b = 15$.

Der Wert des maximalen Flächeninhalts ist somit

$$A_{\text{Dreieck}}(15) = \frac{1}{2} \cdot 15^3 e^{-0,2 \cdot 15} = \frac{3375}{2e^3} \approx 84{,}02.$$

6P (2) Die x-Achse, $G_{0,2}$ und die Gerade mit der Gleichung $x = p$ mit $p > 0$ schließen ein Flächenstück ein. Bestimmen Sie die Größe dieses Flächenstücks. [Hierbei darf ohne Nachweis

$$F_{0,2}(x) = -(5 \cdot x^2 + 50 \cdot x + 250) \cdot e^{\frac{-x}{5}}$$

als eine Stammfunktion von $f_{0,2}$ verwendet werden.]

Zeigen Sie, dass der Inhalt des Flächenstücks auch für beliebig große Werte von p kleiner als 250 ist.

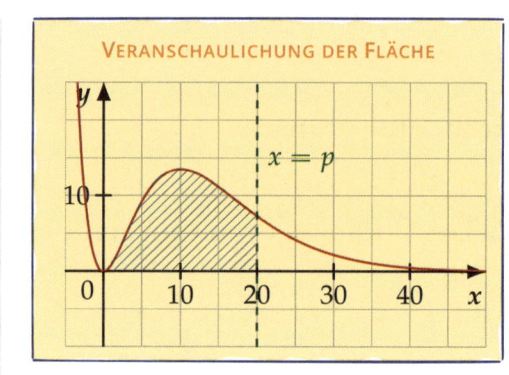

VERANSCHAULICHUNG DER FLÄCHE

KETTENREGEL:

Abi151

PRODUKTREGEL:

Abi152

EXTREMA ÜBER MONOTONIE:

Abi023

BESTIMMTES INTEGRAL:

Abi036

Fläche in Abhängigkeit von p:

$$A(p) = \int_0^p f_{0,2}(x)\,dx = \left[F_{0,2}(x)\right]_0^p = F_{0,2}(p) - F_{0,2}(0)$$

$$= -(5 \cdot p^2 + 50 \cdot p + 250) \cdot e^{\frac{-p}{5}} - \left(-(5 \cdot 0^2 + 50 \cdot 0 + 250) \cdot e^{\frac{-0}{5}}\right)$$

$$= -(5 \cdot p^2 + 50 \cdot p + 250) \cdot e^{\frac{-p}{5}} + 250$$

Obere Schranke für die Fläche unabhängig von p:

Für alle $p > 0$ ist $5 \cdot p^2 + 50 \cdot p + 250 > 0$ und $e^{\frac{-p}{5}} > 0$, also
$A(p) = 250 - (5 \cdot p^2 + 50 \cdot p + 250) \cdot e^{\frac{-p}{5}} < 250$.

c) In der Abbildung ist der Graph der Funktion k mit $k(x) = -0{,}3 \cdot x^2 \cdot e^{-0{,}2 \cdot x}$ für $0 \leqslant x \leqslant 20$ dargestellt.

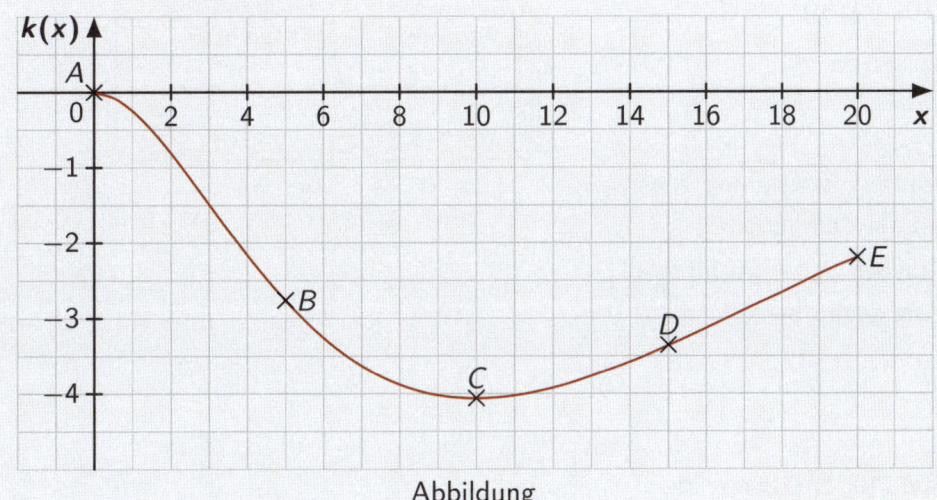

Abbildung

2 P

(1) Es gilt $k(x) = -0{,}3 \cdot f_{0,2}(x)$.

Beschreiben Sie, wie der Graph von k aus dem Graphen von $f_{0,2}$ hervorgeht.

Lösung:

Der Graph von k entsteht aus dem Graphen von $f_{0,2}$ durch Stauchung mit dem Faktor 0,3 in y-Richtung und Spiegelung an der x-Achse.

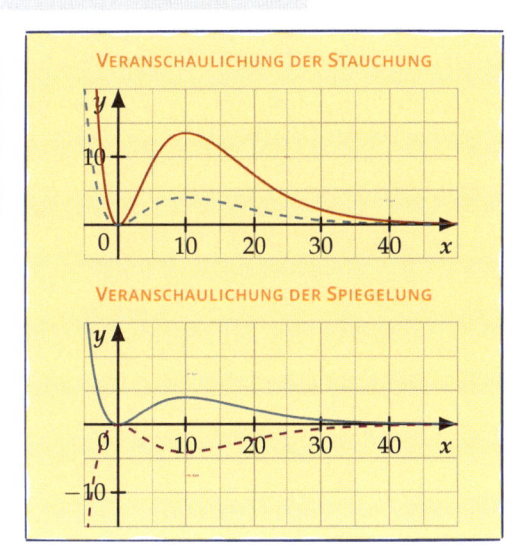

SPIEGELUNG:

Abi005

STRECKUNG:

Abi006

3P (2) Verbindet man die Punkte $A(0|0)$, $B(5|k(5))$, $C(10|k(10))$, $D(15|k(15))$ und $E(20|k(20))$ in dieser Reihenfolge durch Strecken, so liefert die Summe der Längen dieser Strecken einen Näherungswert für die Länge des in der Abbildung dargestellten Graphen von k im Intervall $[0\,;20]$. Berechnen Sie diesen Näherungswert, wobei Sie $\left|\overrightarrow{AB}\right| \approx 5{,}71$, $\left|\overrightarrow{CD}\right| \approx 5{,}05$ und $\left|\overrightarrow{DE}\right| \approx 5{,}13$ ohne Nachweis verwenden dürfen.

Lösung:

$$\left|\overrightarrow{BC}\right| = \sqrt{(10-5)^2 + (k(10)-k(5))^2} \overset{\text{GTR}}{\approx} 5{,}17$$

$\implies$ Länge des Streckenzugs: ca.
$5{,}71 + 5{,}17 + 5{,}05 + 5{,}13 = 21{,}06$

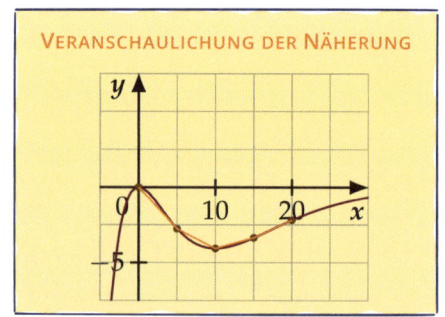

VERANSCHAULICHUNG DER NÄHERUNG

Funktionsterm eingeben:

$k(5)$ ablesen:　　$k(10)$ ablesen:

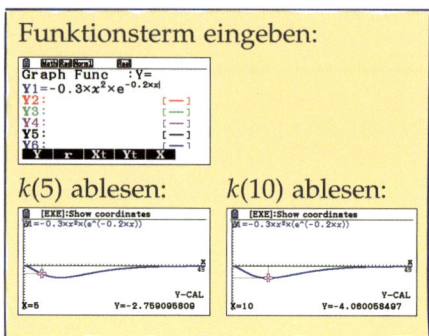

3P (3) Beschreiben Sie, wie man unter Verwendung von Strecken zwischen Punkten auf dem in der Abbildung dargestellten Graphen von k im Intervall $[0\,;20]$ dessen Länge beliebig genau berechnen kann.

Lösung:

Man unterteilt das Intervall $[0\,;20]$ durch die Wahl der Stellen $0 = x_1 < x_2 < \cdots < x_n = 20$ in n gleich große Teilintervalle und addiert die Längen der Strecken $\overline{P_{i-1}(x_{i-1}|k(x_{i-1}))P_i(x_i|k(x_i))}$ für $i \in \{1, \dots, 20\}$. Für hinreichend großes n lässt sich jede gewünschte Näherungsgenauigkeit erreichen.

Prüfungsteil B: Aufgaben mit Hilfsmitteln

AUFGABE B2

Die Zeitspanne vom Sonnenaufgang (Zeitpunkt, zu dem die Oberkante der Sonne den Horizont überschreitet) bis zum Sonnenuntergang (Zeitpunkt, zu dem die Oberkante der Sonne den Horizont unterschreitet) wird als Tageslänge bezeichnet. Sie hängt vom Ort ab und ändert sich im Verlauf des Jahres.

In der folgenden Abbildung 1 sind die Tageslängen in der kleinen ostwestfälischen Stadt Rahden für jeden ersten Tag eines Monats vom 1. Januar 2017 bis zum 1. Januar 2018 aufgetragen.

Vereinfachend wird hier angenommen, dass alle Monate die gleiche Länge von 30 Tagen haben.

Dabei entspricht $t = 0$ dem 1. Januar 2017, $t = \dfrac{1}{30} \approx 0{,}03$ entspricht dem 2. Januar 2017,..., $t = 1$ entspricht dem 1. Februar 2017, $t = 1\dfrac{1}{30} \approx 1{,}03$ entspricht dem 2. Februar 2017 usw.

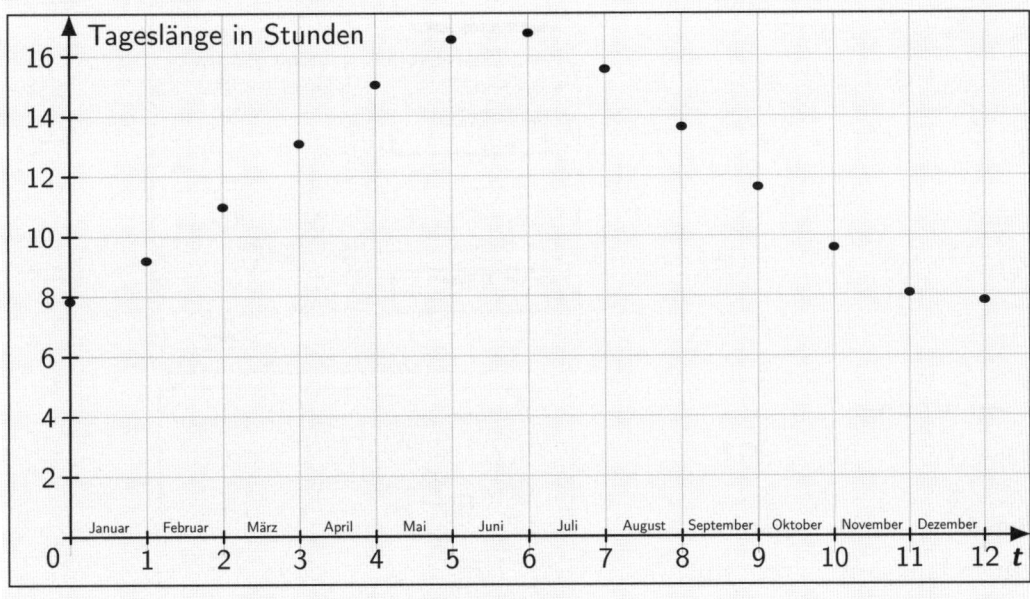

Abbildung 1

Zur Modellierung der Tageslängen in Rahden im Zeitraum vom 1. Januar 2017 bis zum 21. Juni 2017 wird von einem Schüler für $0 \leqslant t \leqslant 5{,}67$ die Funktion f mit der Gleichung

$$f(t) = -0{,}08 \cdot t^3 + 0{,}6324 \cdot t^2 + 0{,}54432 \cdot t + 8, \, t \in \mathbb{R},$$

verwendet. Dabei wird $f(t)$ als Tageslänge in Stunden aufgefasst.

4 P a) (1) Ermitteln Sie mit der Funktion f die Tageslänge von Rahden für den heutigen Tag. (3. Mai, also $t \approx 4{,}07$) und vergleichen Sie den von Ihnen berechneten Wert mit der tatsächlichen heutigen Tageslänge in Rahden von 15 Stunden und 10 Minuten.

Funktionswert berechnen:

$f(4{,}07) \overset{\text{GTR}}{\approx} 15{,}3$

Modellwert mit Messwert vergleichen:

$15{,}3\,\text{h} = 15\,\text{h}\,18\,\text{min}$

$\implies$ Die mit der Funktion f berechnete Tageslänge für den 3. Mai ist um ca. 8 Minuten länger, als die tatsächliche Tageslänge.

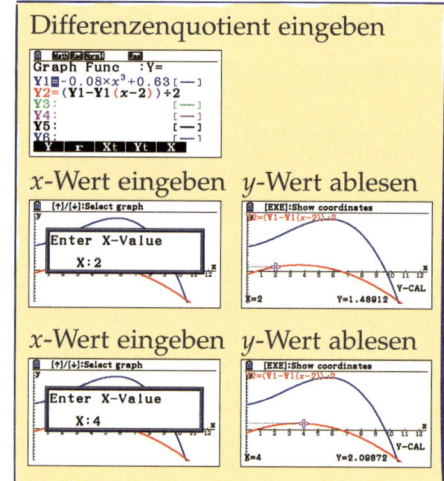

$$0{,}3\,\text{h} \cdot 60\,\tfrac{\text{min}}{\text{h}} = 18\,\text{min}$$

5 P (2) Zeigen Sie, dass der Wert des Terms $\dfrac{f(2) - f(0)}{2 - 0}$ kleiner ist als der Wert des Terms $\dfrac{f(4) - f(2)}{4 - 2}$, und interpretieren Sie diese Tatsache im Sachzusammenhang.

Vergleich der Terme:

$\dfrac{f(2) - f(0)}{2 - 0} \overset{\text{GTR}}{\approx} 1{,}49$ und $\dfrac{f(4) - f(2)}{4 - 2} \overset{\text{GTR}}{\approx} 2{,}10$

$\implies \dfrac{f(2) - f(0)}{2 - 0} < \dfrac{f(4) - f(2)}{4 - 2}$

Interpretation der Ungleichung:

Die Ungleichung $\dfrac{f(2) - f(0)}{2 - 0} < \dfrac{f(4) - f(2)}{4 - 2}$ bedeutet, dass die Tageslänge in den ersten zwei Monaten des Jahres langsamer zunimmt als zwischen Anfang März und Anfang Mai.

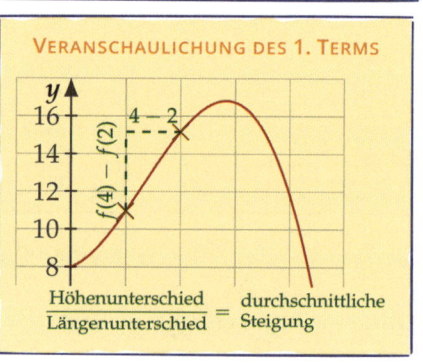

7 P (3) Vom 1. Januar 2017 bis zum 21. Juni 2017 ($t \approx 5{,}67$) werden nördlich des Äquators (und damit auch in Rahden) die Tage immer länger. Zeigen Sie rechnerisch, dass diese Tatsache durch die Funktion f zutreffend modelliert wird.

wachsende Tageslänge
$\implies$ wachsende Werte von f
$\implies f$ monoton wachsend

schriftliche Rechnung verlangt, keine Argumentation über den im GTR abgebildeten Graphen!

Lösung:

$$f'(t) = -0{,}08 \cdot 3t^2 + 0{,}6324 \cdot 2t + 0{,}54432$$
$$= -0{,}24t^2 + 1{,}2648t + 0{,}54432$$

$$f'(t) = 0 \iff t = \frac{-1{,}2648 \pm \sqrt{1{,}2648^2 - 4 \cdot (-0{,}24) \cdot 0{,}54432}}{2 \cdot (-0{,}24)}$$

$$\iff t = \frac{1{,}2648 \mp 1{,}4568}{0{,}48}$$

$$\iff t = -0{,}4 \text{ oder } t = 5{,}67$$

Zwischen diesen Nullstellen hat $f'(t)$ stets dasselbe Vorzeichen wie $f'(0) = 0{,}54432$, also gilt $f'(t) > 0$ für alle $t \in [0\,;5{,}67]$. Somit ist f in diesem Bereich streng monoton wachsend, d. h. f modelliert zutreffend die wachsenden Tageslängen zwischen 1. Januar und 21. Juni.

MONOTONIE:

Abi019

3P   **(4)** Für die zweite Ableitung f'' der Funktion f gilt folgende Aussage:

$f''(t) < 0$ für alle $t \in \mathbb{R}$ mit $t > 2{,}635$.

Interpretieren Sie die Bedeutung dieser Aussage für $2{,}635 < t < 5{,}67$ unter Berüchsichtigung von a) (3) im Sachzusammenhang.

[Hinweis: Ein Nachweis der Aussage ist nicht erforderlich.]

> 2. Ableitung = Änderungsrate der 1. Ableitung $\widehat{=}$ Geschwindigkeit der Zu- bzw. Abnahme der Tageslänge

Lösung:

Der Zeitpunkt $t = 2{,}635$ entspricht ungefähr dem 20. März. Laut a) (3) ist $f'(t) > 0$ für $2{,}635 < t < 5{,}67$, d. h. die Tageslänge nimmt zwischen 20. März und 21. Juni zu. Wegen $f''(t) < 0$ erfolgt diese Zunahme immer langsamer.

3P   **(5)** Begründen Sie, dass die Funktion f nicht zur Modellierung der Tageslängen für das gesamte Jahr 2017 geeignet ist.

Lösung:

Die Funktionswerte von f sind ab $t \approx 9{,}7$ negativ, eignen sich also nicht zur Modellierung der Tageslängen für November und Dezember.

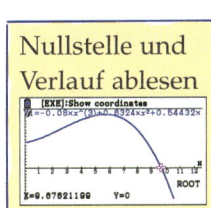

Nullstelle und Verlauf ablesen

b) Der 21. Juni 2017 ($t \approx 5{,}67$) ist der längste Tag des Jahres 2017, der 21. Dezember 2017 ($t \approx 11{,}67$) ist der kürzeste Tag des Jahres in Rahden.

Eine Freundin des Schülers schlägt vor, zur Modellierung der Tageslängen vom 21. Juni 2017 bis zum 1. Januar 2018 für $5{,}67 \leqslant t \leqslant 12$ eine ganz-rationale Funktion g dritten Grades zu verwenden, deren Ableitung g' eine quadratische Funktion von folgender Form ist:

$$g'(t) = a \cdot (t - 5{,}67) \cdot (t - 11{,}67), t \in \mathbb{R},$$

wobei a eine noch zu bestimmende reelle Zahl ist.

4 P   (1) Skizzieren Sie in der Abbildung 2 die vier zu
$a = -0{,}5$, $a = -0{,}25$, $a = 0{,}25$ und $a = 0{,}5$
gehörenden Graphen von g'.

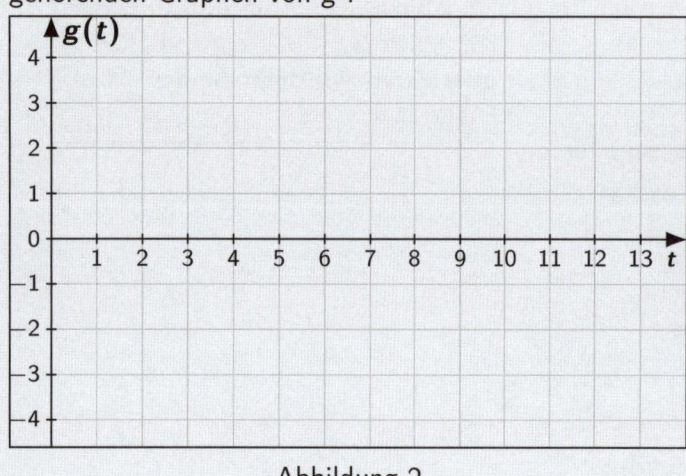

Abbildung 2

Lösung:

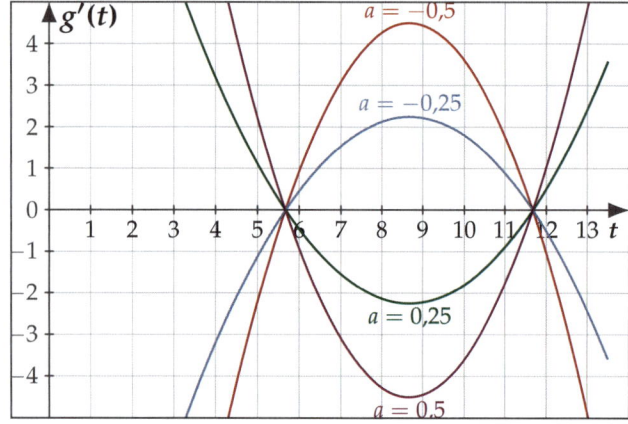

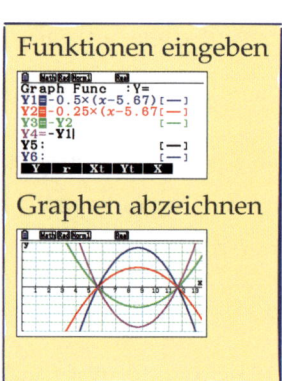

Funktionen eingeben

Graphen abzeichnen

6 P (2) Begründen Sie, dass es sinnvoll ist, von dem Ansatz $g'(t) = a \cdot (t - 5{,}67) \cdot (t - 11{,}67)$ auszugehen, wenn die Tageslängen ab dem 21. Juni 2017 durch eine ganzrationale Funktion g dritten Grades modelliert werden sollen.

Entscheiden Sie begründet, ob a zur Modellierung des gegebenen Sachzusammenhangs positiv oder negativ sein muss.

Begründung des Ansatzes:

Da der 21. Juni der längste und der 21. Dezember der kürzeste Tag ist, sollte die Funktion g Extrema bei etwa $t = 5{,}67$ und bei etwa $t = 11{,}67$ haben. Diese Stellen müssen somit Nullstellen der Ableitung sein. Hat g Grad 3, so hat g' Grad 2 und nur diese beiden Nullstellen. Der zugehörige Ableitungsterm hat also die Form $g'(t) = a \cdot (t - 5{,}67) \cdot (t - 11{,}67)$ für ein $a \in \mathbb{R}$.

Begründung des Vorzeichens von a:

Es ist $g''(t) = a \cdot (t - 5{,}67) \cdot 1 + a \cdot 1 \cdot (t - 11{,}67) = a \cdot (2t - 17{,}34)$. Für $a > 0$ ist $g''(5{,}67) = -6a < 0$, also hat dann G_g ein Maximum bei $t = 5{,}67$; für $a < 0$ ist $g''(5{,}67) = -6a > 0$, so dass G_g dann ein Minimum an dieser Stelle hätte. Da der 21. Juni der längste Tag ist, sollte also $a > 0$ gewählt werden.

8 P (3) Die Freundin des Schülers hat herausgefunden, dass am 21. Dezember 2017 die Tageslänge in Rahden 7,73 Stunden beträgt. Um den passenden Wert von a zu bestimmen, verwendet sie die Gleichung

$$f(5{,}67) + a \cdot \int_{5{,}67}^{11{,}67} (t - 5{,}67) \cdot (t - 11{,}67)\, dt = 7{,}73.$$

Interpretieren Sie diese Gleichung im Sachzusammenhang.

Bestimmen Sie den passenden Wert von a.

Interpretation der Gleichung:

Es gilt

$$a \cdot \int_{5,67}^{11,67} (t - 5,67) \cdot (t - 11,67)\, dt$$

$$= \int_{5,67}^{11,67} a \cdot (t - 5,67) \cdot (t - 11,67)\, dt$$

$$= \int_{5,67}^{11,67} g'(t)\, dt$$

$$= g(11,67) - g(5,67)$$

Damit die Tageslänge am 21. Juni bei Modellierung mit f und g gleich ausfällt, muss $g(5,67) = f(5,67)$ gelten. Damit wird die Gleichung äquivalent zu $g(11,67) = 7,73$, so dass hiermit die Tageslänge am 21. Dezember korrekt modelliert wird.

Parameter a berechnen:

$$f(5,67) + a \cdot \int_{5,67}^{11,67} (t - 5,67) \cdot (t - 11,67)\, dt = 7,73$$

$$\Longleftrightarrow a = \frac{7,73 - f(5,67)}{\int_{5,67}^{11,67} (t - 5,67) \cdot (t - 11,67)\, dt},$$

wobei $f(5,67) \overset{\text{GTR}}{\approx} 16,9$ und

$$\int_{5,67}^{11,67} (t - 5,67) \cdot (t - 11,67)\, dt \overset{\text{GTR}}{=} -36, \text{ also}$$

$$a \approx (7,73 - 16,9) : (-36) \approx 0,25$$

> **Hauptsatz der Differenzial- und Integralrechnung:**
>
> $$\int_{a}^{b} f'(x)\, dx = f(b) - f(a)$$

Integral berechnen a berechnen

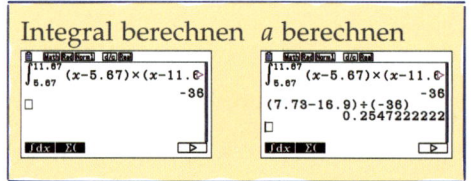

x-Wert eingeben $f(5,67)$ ablesen

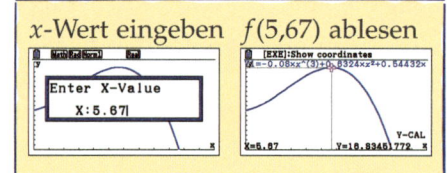

Prüfungsteil B: Aufgaben mit Hilfsmitteln

AUFGABE B3

In einem kartesischen Koordinatensystem sind die Punkte $O(0|0|0)$, $A(6|4|-2)$, $B(0|16|-8)$, $C(-6|4|-2)$ und $D(0|8|11)$ Eckpunkte eines **schiefen** Prismas[1] $OABCDEFG$ mit viereckiger Grundfläche $OABC$ (siehe Abbildung).

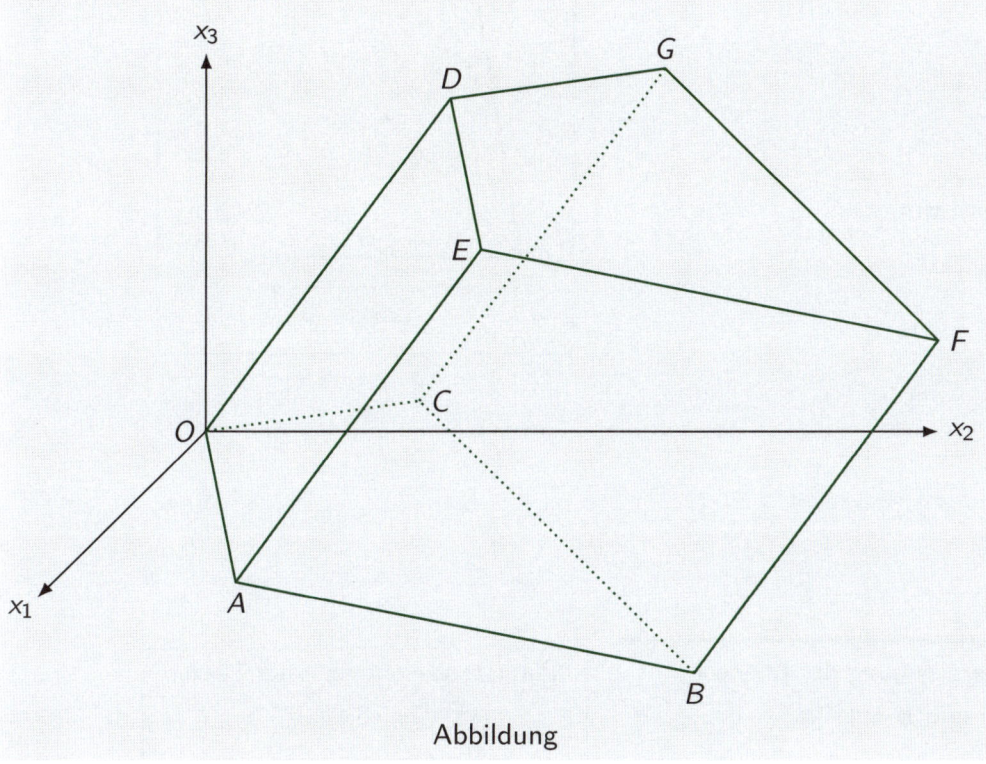

Abbildung

2P a) (1) Stellen Sie eine Parameterform der Geraden g auf, die die Punkte O und D enthält.

> **Parametergleichung einer Gerade:**
> $g : \vec{X} = \overrightarrow{OP} + \lambda \cdot \vec{v}, \lambda \in \mathbb{R}$ mit
> Stützvektor $\overrightarrow{OP}$ und
> Richtungsvektor $\vec{v}$

GERADE DURCH 2 PUNKTE:

Abi048

Richtungsvektor bestimmen:

$$\vec{v} = \overrightarrow{OD} = \begin{pmatrix} 0 \\ 8 \\ 11 \end{pmatrix}$$

Parametergleichung angeben:

$$g : \vec{X} = \overrightarrow{OO} + \lambda \cdot \vec{v} = \begin{pmatrix} 0 \\ 0 \\ 0 \end{pmatrix} + \lambda \cdot \begin{pmatrix} 0 \\ 8 \\ 11 \end{pmatrix}$$

$$\lambda \cdot \begin{pmatrix} 0 \\ 8 \\ 11 \end{pmatrix}, \lambda \in \mathbb{R}$$

---

[1] Ein Prisma besitzt eine Grundfläche und eine dazu parallele deckungsgleiche Deckfläche. Die Seitenflächen sind Parallelogramme. Bei einem schiefen Prisma stehen die Seitenkanten **nicht** senkrecht auf der Grundfläche. Das Volumen ist das Produkt aus der Grundfläche und der Höhe, die senkrecht auf der Grundfläche steht.

4P   (2) Bestimmen Sie die Koordinaten der Punkte F und G.

VEKTOR-ADDITION:

Abi044

Koordinaten von F bestimmen:

$$\overrightarrow{OF} = \overrightarrow{OB} + \overrightarrow{BF}$$

$$= \overrightarrow{OB} + \overrightarrow{OD}$$

$$= \begin{pmatrix} 0 \\ 16 \\ -8 \end{pmatrix} + \begin{pmatrix} 0 \\ 8 \\ 11 \end{pmatrix}$$

$$= \begin{pmatrix} 0 \\ 24 \\ 3 \end{pmatrix}$$

$$\implies F(0|24|3)$$

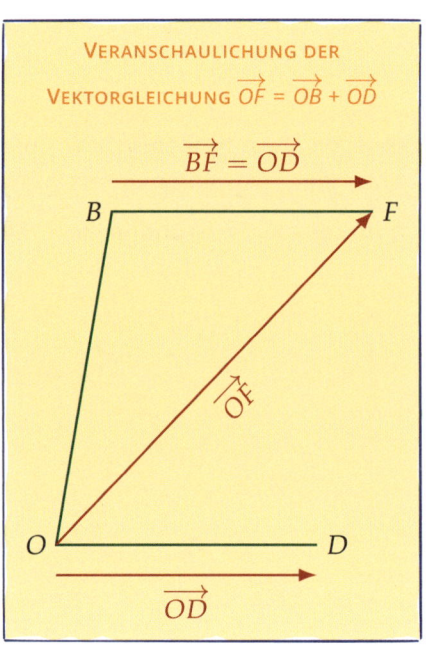

VERANSCHAULICHUNG DER VEKTORGLEICHUNG $\overrightarrow{OF} = \overrightarrow{OB} + \overrightarrow{OD}$

Koordinaten von G bestimmen:

$$\overrightarrow{OG} = \overrightarrow{OC} + \overrightarrow{CG}$$

$$= \overrightarrow{OC} + \overrightarrow{OD}$$

$$= \begin{pmatrix} -6 \\ 4 \\ -2 \end{pmatrix} + \begin{pmatrix} 0 \\ 8 \\ 11 \end{pmatrix}$$

$$= \begin{pmatrix} -6 \\ 12 \\ 9 \end{pmatrix}$$

$$\implies G(-6|12|9)$$

3P   b) (1) Stellen Sie eine Parametergleichung der Ebene H auf, die die Punkte O, A und B enthält.

Mögliche Parametergleichung:

$$H: \vec{x} = \begin{pmatrix} 0 \\ 6 \\ -3 \end{pmatrix} + r \cdot \begin{pmatrix} 3 \\ 4 \\ -2 \end{pmatrix} + s \cdot \begin{pmatrix} 0 \\ -2 \\ 1 \end{pmatrix} \quad (r, s \in \mathbb{R})$$

Parametergleichung einer Ebene:

$E : \vec{X} = \overrightarrow{OP} + \lambda \cdot \vec{v} + \mu \cdot \vec{w}, \lambda, \mu \in \mathbb{R}$

mit Stützvektor $\overrightarrow{OP}$ und Richtungsvektoren $\vec{v}$ und $\vec{w}$

PARAMETER-FORM AUS 3 PUNKTEN:

Abi050

Richtungsvektoren aus den Punkten bestimmen:

$$\vec{v} = \overrightarrow{OA} = \begin{pmatrix} 6 \\ 4 \\ -2 \end{pmatrix}$$

$$\vec{w} = \overrightarrow{OB} = \begin{pmatrix} 0 \\ 16 \\ -8 \end{pmatrix}$$

Parametergleichung aufstellen:

$$H : \vec{X} = \overrightarrow{OO} + \lambda \cdot \vec{v} + \mu \cdot \vec{w}$$

$$= \lambda \cdot \begin{pmatrix} 6 \\ 4 \\ -2 \end{pmatrix} + \mu \cdot \begin{pmatrix} 0 \\ 16 \\ -8 \end{pmatrix}, \lambda, \mu \in \mathbb{R}$$

3P (2) Zeigen Sie, dass der Punkt D auf der Geraden

$$h : \vec{x} = \begin{pmatrix} 0 \\ 6 \\ 7 \end{pmatrix} + t \cdot \begin{pmatrix} 0 \\ -1 \\ -2 \end{pmatrix}, t \in \mathbb{R}, \text{ liegt.}$$

Punktprobe mit der Geradengleichung:

$$\overrightarrow{OD} = \begin{pmatrix} 0 \\ 6 \\ 7 \end{pmatrix} + t \cdot \begin{pmatrix} 0 \\ -1 \\ -2 \end{pmatrix}$$

$$\Longleftrightarrow \begin{pmatrix} 0 \\ 8 \\ 11 \end{pmatrix} = \begin{pmatrix} 0 + t \cdot 0 \\ 6 + t \cdot (-1) \\ 7 + t \cdot (-2) \end{pmatrix}$$

$$\Longleftrightarrow \begin{pmatrix} 0 \\ 8 \\ 11 \end{pmatrix} = \begin{pmatrix} 0 \\ 6 - t \\ 7 - 2t \end{pmatrix}$$

$$0 = 0,$$

$$\Longleftrightarrow \quad 8 = 6 - t \text{ und}$$

$$11 = 7 - 2t$$

Für $t = -2$ sind alle drei Gleichungen erfüllt, also liegt D auf h.

Die Gerade h schneidet die Ebene H senkrecht. ┄┄┄┄┄┄┄ | d. h. der Richtungsvektor von h ist ein Normalenvektor von H

6P (3) Berechnen Sie die Koordinaten des Schnittpunktes S der Geraden h und der Ebene H und die Länge der Strecke $\overline{DS}$.

$$\left[\text{Zur Kontrolle: } \left| \overrightarrow{DS} \right| = \sqrt{180} \right]$$

Koordinatengleichung von H aufstellen:

Normalenvektor von H = Richtungsvektor von h

$$= \begin{pmatrix} 0 \\ -1 \\ -2 \end{pmatrix}$$

$$\Longrightarrow H : -x_2 - 2x_3 = a \text{ für ein } a \in \mathbb{R}.$$

$$O \in H \Longrightarrow 0 - 2 \cdot 0 = a \Longrightarrow a = 0$$

$$\Longrightarrow H : -x_2 - 2x_3 = 0 \text{ oder einfacher:}$$

$$H : x_2 + 2x_3 = 0.$$

Geradenparameter des Schnittpunkts S bestimmen:

$$6 - t + 2(7 - 2t) = 0 \Longleftrightarrow 20 - 5t = 0$$

$$\Longleftrightarrow t = 4$$

Geradengleichung in Ebenengleichung einsetzen:

$$h : \vec{x} = \begin{pmatrix} 0 \\ 6 \\ 7 \end{pmatrix} + t \cdot \begin{pmatrix} 0 \\ -1 \\ -2 \end{pmatrix}$$

$$\Longrightarrow x_1 = 0 + 0t, \ x_2 = 6 - t$$
$$\text{und } x_3 = 7 - 2t$$

in $H : x_2 + 2x_3 = 0$ einsetzen

SCHNITTPUNKT GERADE-EBENE:

Abi064

Schnittpunkt S bestimmen:

$$\overrightarrow{OS} = \begin{pmatrix} 0 \\ 6 \\ 7 \end{pmatrix} + 4 \cdot \begin{pmatrix} 0 \\ -1 \\ -2 \end{pmatrix}$$

$$= \begin{pmatrix} 0 \\ 2 \\ -1 \end{pmatrix}$$

$$\implies S(0|2|-1)$$

Länge von $\overrightarrow{DS}$ berechnen:

$$\overrightarrow{DS} = \overrightarrow{OS} - \overrightarrow{OD} = \begin{pmatrix} 0 \\ 2 \\ -1 \end{pmatrix} - \begin{pmatrix} 0 \\ 8 \\ 11 \end{pmatrix}$$

$$= \begin{pmatrix} 0 \\ -6 \\ -12 \end{pmatrix}, \text{ also}$$

$$\left| \overrightarrow{DS} \right| = \left| \begin{pmatrix} 0 \\ -6 \\ -12 \end{pmatrix} \right|$$

$$= \sqrt{0^2 + (-6)^2 + (-12)^2}$$

$$= \sqrt{180}$$

BETRAG EINES VEKTORS:

Abi046

7P   c) (1) Zeigen Sie, dass die Diagonalen $\overline{AC}$ und $\overline{OB}$ des Vierecks $OABC$ zueinander senkrecht sind und sich im Mittelpunkt T von $\overline{AC}$ schneiden.

         [Zur Kontrolle: $T(0|4|-2)$]

         d. h. Skalarprodukt = 0

SKALAR-PRODUKT:

Abi052

Diagonalen als Vektoren darstellen:

$$\overrightarrow{AC} = \overrightarrow{OC} - \overrightarrow{OA}$$

$$= \begin{pmatrix} -6 \\ 4 \\ -2 \end{pmatrix} - \begin{pmatrix} 6 \\ 4 \\ -2 \end{pmatrix}$$

$$= \begin{pmatrix} -12 \\ 0 \\ 0 \end{pmatrix} \text{ und}$$

$$\overrightarrow{OB} = \begin{pmatrix} 0 \\ 16 \\ -8 \end{pmatrix}$$

Orthogonalität der Vektoren prüfen:

$$\overline{AC} \perp \overline{OB} \iff \overrightarrow{AC} \perp \overrightarrow{OB}$$

$$\iff \begin{pmatrix} -12 \\ 0 \\ 0 \end{pmatrix} \circ \begin{pmatrix} 0 \\ 16 \\ -8 \end{pmatrix} = 0$$

$$\iff (-12) \cdot 0 + 0 \cdot 16 + 0 \cdot (-8) = 0$$

$$\iff 0 = 0$$

$$\implies \overline{AC} \text{ steht senkrecht auf } \overline{OB}$$

BETRAG EINES VEKTORS:

Abi046

Mittelpunkt T bestimmen:

$$\overrightarrow{OT} = \overrightarrow{OA} + \frac{1}{2}\overrightarrow{AC}$$

$$= \begin{pmatrix} 6 \\ 4 \\ -2 \end{pmatrix} + \frac{1}{2}\begin{pmatrix} -12 \\ 0 \\ 0 \end{pmatrix}$$

$$= \begin{pmatrix} 0 \\ 4 \\ -2 \end{pmatrix}$$

Prüfen, ob T of $\overline{OB}$ liegt:

$$\overline{OB} : \vec{X} = \overrightarrow{OO} + t \cdot \overrightarrow{OB} = t \cdot \begin{pmatrix} 0 \\ 16 \\ -8 \end{pmatrix}, t \in [0\,;1]$$

$$\overrightarrow{OT} = t \cdot \begin{pmatrix} 0 \\ 16 \\ -8 \end{pmatrix} \Longleftrightarrow \begin{pmatrix} 0 \\ 4 \\ -2 \end{pmatrix} = t \cdot \begin{pmatrix} 0 \\ 16 \\ -8 \end{pmatrix}$$

$$0 = t \cdot 0,$$
$$\Longleftrightarrow \quad 4 = t \cdot 16 \text{ und}$$
$$-2 = t \cdot (-8)$$

Alle drei Gleichungen sind für $t = \frac{1}{4}$ erfüllt, also liegt T auf $\overline{OB}$.

Nach Aufgabe c) (1) ist das Viereck $OABC$ ein Drachenviereck.

4 P   (2) Bestimmen Sie das Volumen des Prismas $OABCDEFG$.

> **Volumen eines Prismas:**
> $V = G \cdot h$ mit G = Grundfläche und h = Höhe (senkrecht zur Grundfläche)

Grundfläche des Prismas bestimmen:

Fläche des Drachenvierecks $OABC$ mit Diagonalen $\overline{AC}$ und $\overline{OB}$:

$$G_{\text{Prisma}} = \frac{1}{2} \cdot \left|\overrightarrow{AC}\right| \cdot \left|\overrightarrow{OB}\right|$$

$$= \frac{1}{2} \cdot \left|\begin{pmatrix} -12 \\ 0 \\ 0 \end{pmatrix}\right| \cdot \left|\begin{pmatrix} 0 \\ 16 \\ -8 \end{pmatrix}\right|$$

$$= \frac{1}{2} \cdot \sqrt{(-12)^2 + 0^2 + 0^2} \cdot \sqrt{0^2 + 16^2 + (-8)^2}$$

$$= 48\sqrt{5}$$

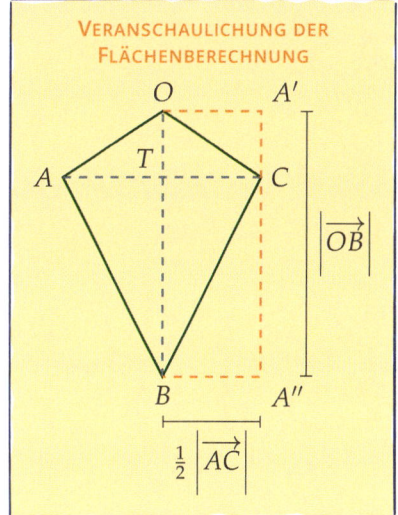

VERANSCHAULICHUNG DER FLÄCHENBERECHNUNG

Höhe des Prismas bestimmen:

$h_{\text{Prisma}} = \left|\overrightarrow{DS}\right| = \sqrt{180} = 6\sqrt{5}$ da $\overline{DS}$ senkrecht auf H (und damit auf der Grundfläche $OABC$) steht und S in der Grundfläche liegt.

Volumen des Prismas bestimmen:

$$V_{\text{Prisma}} = G_{\text{Prisma}} \cdot h_{\text{Prisma}}$$
$$= 48\sqrt{5} \cdot 6\sqrt{5}$$
$$= 1440$$

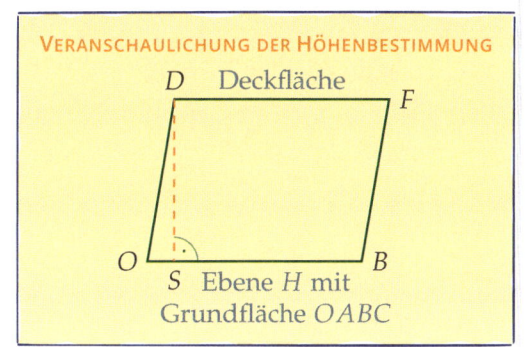

VERANSCHAULICHUNG DER HÖHENBESTIMMUNG

D Deckfläche F

O S Ebene H mit Grundfläche $OABC$ B

4P d) Die Punkte O, B, F und D liegen in der Ebene K.

Begründen Sie, dass diese Ebene das Prisma in zwei volumengleiche Teile zerlegt.

Lösung:

Die Ebene K teilt die Grundfläche $OABC$ entlang der Symmetrieachse OB in zwei deckungsgleiche Dreiecke OAB und OBC, ebenso die Deckfläche $DEFG$. So entstehen zwei Prismen als Teilflächen, die flächengleiche Grundflächen und dieselbe Höhe $\left|\overrightarrow{DS}\right|$, also auch dasselbe Volumen haben.

e) Der Punkt B wird auf der Strecke $\overline{BO}$ zum Punkt $B' \neq O$ so verschoben, dass alle Seiten des Vierecks $OAB'C$ gleich lang sind.

4P (1) Ermitteln Sie die Koordinaten von B'.

Lösung:

$$\overrightarrow{OB'} = \overrightarrow{OC} + \overrightarrow{CB'}$$

$$= \overrightarrow{OC} + \overrightarrow{OA}$$

$$= \begin{pmatrix} -6 \\ 4 \\ -2 \end{pmatrix} + \begin{pmatrix} 6 \\ 4 \\ -2 \end{pmatrix}$$

$$= \begin{pmatrix} 0 \\ 8 \\ -4 \end{pmatrix}$$

$$\implies B'(0|8|-4)$$

3P (2) Begründen Sie, dass das Viereck $OAB'C$ kein Quadrat ist.

Lösung:

$$\overrightarrow{OA} \circ \overrightarrow{OC} = \begin{pmatrix} 6 \\ 4 \\ -2 \end{pmatrix} \circ \begin{pmatrix} -6 \\ 4 \\ -2 \end{pmatrix}$$

$$= 6 \cdot (-6) + 4 \cdot 4 + (-2) \cdot (-2)$$

$$= -16 \neq 0$$

$\implies$ Der Innenwinkel des Vierecks $OAB'C$ bei O ist kein rechter Winkel

$\implies OAB'C$ ist kein Quadrat.

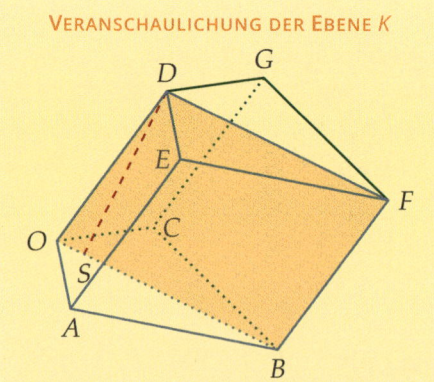

VERANSCHAULICHUNG DER EBENE K

Das vordere blaue Teilprisma hat dieselbe Grundfläche und dieselbe Höhe wie das hintere grüne Teilprisma. Also haben beide Teile das gleiche Volumen.

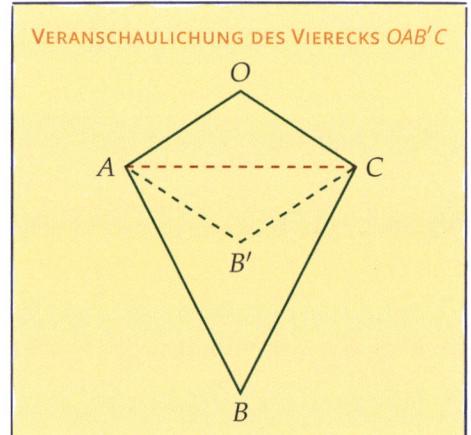

VERANSCHAULICHUNG DES VIERECKS $OAB'C$

Das Dreieck $AB'C$ ist die Spiegelung des Dreiecks ABC an der Gerade AC. Also ist $\overrightarrow{CB'} = \overrightarrow{BA}$ und $\overrightarrow{BC} = \overrightarrow{AB'}$.

BETRAG EINES VEKTORS:

Abi046

6 P   **e)** Bestimmen Sie die Koordinaten des Punktes auf der
Strecke $\overline{OA}$, der von dem Punkt D den kürzesten
Abstand besitzt.

Lösung:

allgemeiner Punkt auf $\overline{OA}$: $P_t(6t\,|\,4t\,|-2t)$ mit
$t \in [0\,;1]$

P_t liegt D am nächsten, wenn $\overrightarrow{DP_t}$ senkrecht auf $\overrightarrow{OA}$
steht, also wenn

> Geradenabschnitt von O nach A:
> $$\overrightarrow{OO} + t \cdot \overrightarrow{OA} = \begin{pmatrix} 0 \\ 0 \\ 0 \end{pmatrix} + t \cdot \begin{pmatrix} 6 \\ 4 \\ -2 \end{pmatrix}$$

SKALAR-
PRODUKT:

Abi052

$$\overrightarrow{DP_t} \circ \overrightarrow{OA} = 0 \iff \begin{pmatrix} 6t - 0 \\ 4t - 8 \\ -2t - 11 \end{pmatrix} \circ \begin{pmatrix} 6 \\ 4 \\ -2 \end{pmatrix} = 0$$

$$\iff 6t \cdot 6 + (4t - 8) \cdot 4 + (-2t - 11) \cdot (-2) = 0$$

$$\iff 56t - 10 = 0$$

$$\iff t = \frac{5}{28}.$$

$$\implies P_t\left(\tfrac{15}{14}\,\middle|\,\tfrac{5}{7}\,\middle|-\tfrac{5}{14}\right).$$

Wegen $0 \leqslant \frac{5}{28} \leqslant 1$ liegt P_t auf der Strecke $\overline{OA}$ und
ist damit der gesuchte Punkt.

Prüfungsteil B: Aufgaben mit Hilfsmitteln

AUFGABE B4

Beim Onlinebanking gibt es verschiedene Sicherheits-
vorkehrungen. Bei einer Sicherheitsabfrage muss der
Benutzer (nennen wir ihn Ben) zusätzlich zu seinem
Onlinebanking-PIN einen Zahlencode, der aus sechs
Ziffern besteht, kennen und teilweise eingeben, um sich
anzumelden.

Damit eine potenzielle Angreiferin (nennen wir sie Anna)
nicht auf Anhieb alle sechs Ziffern erfährt, werden von der
Bank bei jedem Anmeldevorgang nur zwei zufällig
ausgewählte Ziffern abgefragt. Welche der sechs Ziffern
abgefragt werden, bestimmt die Bank nach dem
Zufallsprinzip.

Ist z. B. der Code von Ben 235793 und beim Anmelden
öffnet sich folgendes Fenster,

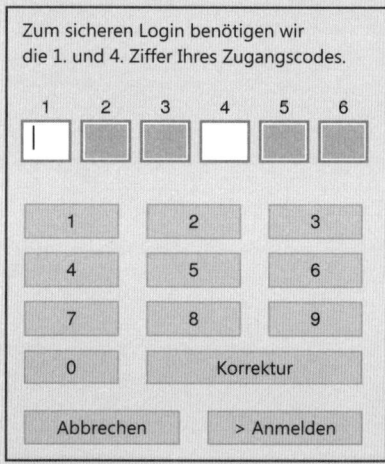

so muss Ben die Ziffern 2 und 7 eingeben. Will Anna nun
den gesamten 6-stelligen Code stehlen, muss sie mehrere
Male beim Einloggen „zuschauen". Zu diesem Zweck
installiert sie eine Schadsoftware auf Bens Computer, die
ihr bei jedem Zuschauen die Beobachtung der beiden
eingegebenen Ziffern und ihrer Position ermöglicht.

a) Die Matrix U beschreibt den Prozess aus Annas Sicht von anfangs null bekannten Ziffern (Zustand z_0) bis hin zu sechs bekannten Ziffern (Zustand z_6). Dabei beschreibt z_i den Zustand mit i bekannten Ziffern ($i = 0, 2, 3, 4, 5, 6$). Der Zustand z_1 kann nicht eintreten, da nach dem ersten „Zuschauen" sofort zwei Ziffern bekannt sind.

$$
\begin{array}{c}
\text{von} \quad z_0 \quad z_2 \quad z_3 \quad z_4 \quad z_5 \quad z_6 \qquad \text{nach}
\end{array}
$$

$$
U = \begin{pmatrix}
0 & 0 & 0 & 0 & 0 & 0 \\
1 & \frac{1}{15} & 0 & 0 & 0 & 0 \\
0 & \frac{8}{15} & \frac{3}{15} & 0 & 0 & 0 \\
0 & \frac{6}{15} & \frac{9}{15} & \frac{6}{15} & 0 & 0 \\
0 & 0 & \frac{3}{15} & \frac{8}{15} & \frac{10}{15} & 0 \\
0 & 0 & 0 & \frac{1}{15} & \frac{5}{15} & 1
\end{pmatrix}
\begin{array}{l}
z_0 \\ z_2 \\ z_3 \\ z_4 \\ z_5 \\ z_6
\end{array}
$$

> Beim Abschreiben großer Matrizen wie dieser können leicht Fehler unterlaufen. Prüfen Sie daher, dass sich die Einträge in jeder Spalte zu 1 summieren (Gesamtwahrscheinlichkeit, dass der Übergang zu einem der Zustände $z_0, \ldots, z_6$ führt).

5 P (1) Zeichnen Sie das zugehörige Übergangsdiagramm.

Lösung:

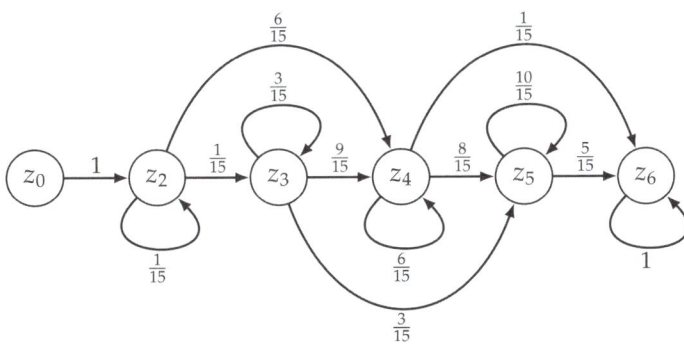

ÜBERGANGS-
DIAGRAMM
AUS MATRIX:

Abi108

6 P (2) Betrachten Sie nun die zweite Spalte der Matrix U.

Erklären Sie im Sachzusammenhang die Einträge mit dem Wert Null in dieser Spalte.

Leiten Sie die von Null verschiedenen Werte in dieser Spalte her.

Nulleinträge der 2. Spalte erklären:

Der 1. Eintrag der 2. Spalte gibt die Wahrscheinlichkeit für den Übergang von z_2 nach z_0 an. Wenn Anna bereits 2 Ziffern des Codes kennt, kann die Zahl der bekannten Ziffern beim nächsten Login-Vorgang nicht wieder auf 0 zurückgehen, daher ist der entsprechende Eintrag gleich 0.

Der 5. bzw. 6. Eintrag der 2. Spalte gibt die Wahrscheinlichkeit für den Übergang von z_2 nach z_5 bzw. z_6 an. Wenn Anna erst 2 Ziffern des Codes kennt, kann sie beim nächsten Login-Vorgang höchstens 2 weitere erfahren, so dass die Zahl der bekannten Ziffern nicht auf 5 oder 6 ansteigen kann. Deswegen sind die entsprechenden Einträge gleich 0.

Weitere Einträge der 2. Spalte erklären:

Der 2. Eintrag der 2. Spalte gibt die Wahrscheinlichkeit für den Übergang von z_2 nach z_2 an, also die Wahrscheinlichkeit, dass Anna 2 Ziffern schon kennt und beim nächsten Login-Vorgang keine neuen Ziffern erfährt. Es gibt $\binom{6}{2} = 15$ Möglichkeiten für die Abfrage von 2 der 6 Code-Ziffern, eine davon liefert genau die 2 Ziffern, die Anna schon kennt. Also ist dieser Eintrag $\frac{1}{15}$.

Der 3. Eintrag der 2. Spalte gibt die Wahrscheinlichkeit für den Übergang von z_2 nach z_3 an, also die Wahrscheinlichkeit, dass Anna 2 Ziffern schon kennt und beim nächsten Login-Vorgang genau eine neue Ziffer erfährt. Es gibt $\binom{6}{2} = 15$ Möglichkeiten für die Abfrage von 2 der 6 Code-Ziffern und $\binom{2}{1}\binom{4}{1} = 8$ Möglichkeiten, eine der 2 bekannten und eine der 4 noch unbekannten Ziffern auszuwählen. Also ist dieser Eintrag $\frac{8}{15}$.

Der 4. Eintrag der 2. Spalte gibt die Wahrscheinlichkeit für den Übergang von z_2 nach z_4 an, also die Wahrscheinlichkeit, dass Anna 2 Ziffern schon kennt und beim nächsten Login-Vorgang zwei neue Ziffern erfährt. Es gibt $\binom{6}{2} = 15$ Möglichkeiten für die Abfrage von 2 der 6 Code-Ziffern und $\binom{4}{2} = 6$ Möglichkeiten, 2 der 4 noch unbekannten Ziffern auszuwählen. Also ist dieser Eintrag $\frac{6}{15}$.

LAPLACE-FORMEL:

Abi117

b) Ben meldet sich jeden Monat fünfmal beim Onlinebanking an.

4P   (1) Bestimmen Sie $U^2 \cdot \vec{s}$ mit $\vec{s} = \begin{pmatrix} 1 \\ 0 \\ 0 \\ 0 \\ 0 \\ 0 \end{pmatrix}$

und interpretieren Sie das Ergebnis im Sachzusammenhang.

$U^2 \cdot \vec{s}$ mit GTR berechnen:

$$U^2 \cdot \vec{s} \stackrel{\text{GTR}}{=} \begin{pmatrix} 0 \\ \frac{1}{15} \\ \frac{8}{15} \\ \frac{2}{5} \\ 0 \\ 0 \end{pmatrix}$$

Ergebnis interpretieren:

Der Vektor $\vec{s}$ beschreibt den Ausgangszustand z_0, bei dem Anna keine Ziffern des Codes kennt. Multiplikation mit U^2 beschreibt den Übergang beim Beobachten zweier Login-Vorgänge. Dabei kann die Anzahl der bekannten Ziffern auf 2, 3 oder 4 ansteigen. Die entsprechenden Wahrscheinlichkeiten sind durch die Einträge $\frac{1}{15}$, $\frac{8}{15}$ und $\frac{2}{5}$ des Lösungsvektors gegeben.

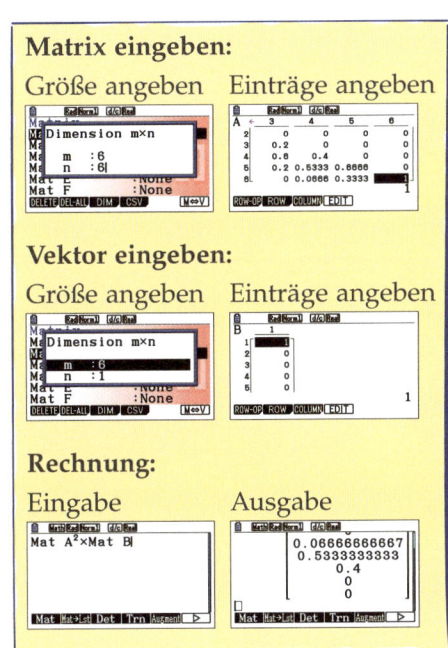

Matrix eingeben:

Größe angeben   Einträge angeben

Vektor eingeben:

Größe angeben   Einträge angeben

Rechnung:

Eingabe   Ausgabe

3P   (2) Bestimmen Sie die Wahrscheinlichkeit, dass Anna nach einem Monat den Code vollständig kennt, wenn sie vorher keine Ziffer des Codes kannte.

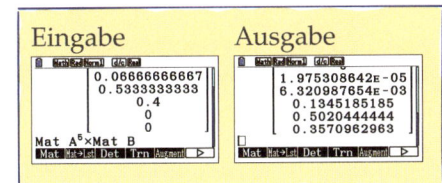

also nach 5 Anmeldungen

Lösung:

$$U^5 \cdot \begin{pmatrix} 0 \\ 0 \\ 0 \\ 0 \\ 0 \\ 1 \end{pmatrix} \stackrel{\text{GTR}}{\approx} \begin{pmatrix} 0 \\ 0{,}00002 \\ 0{,}00632 \\ 0{,}13452 \\ 0{,}50204 \\ 0{,}35710 \end{pmatrix}$$

$\implies$ Anna kennt nach einem Monat mit Wahrscheinlichkeit ca. 36 % alle 6 Ziffern.

4P   (3) Ermitteln Sie die Anzahl der Anmeldevorgänge, die Anna mindestens beobachten muss, um den Code mit mindestens 99 %iger Wahrscheinlichkeit vollständig zu kennen.

Lösung:

Es gilt $U^{15} \cdot \begin{pmatrix} 0 \\ 0 \\ 0 \\ 0 \\ 0 \\ 1 \end{pmatrix} \overset{\text{GTR}}{\approx} \begin{pmatrix} 0{,}000 \\ 0{,}000 \\ 0{,}000 \\ 0{,}000 \\ 0{,}014 \\ 0{,}986 \end{pmatrix}$ und

$U^{16} \cdot \begin{pmatrix} 0 \\ 0 \\ 0 \\ 0 \\ 0 \\ 1 \end{pmatrix} \overset{\text{GTR}}{\approx} \begin{pmatrix} 0{,}000 \\ 0{,}000 \\ 0{,}000 \\ 0{,}000 \\ 0{,}009 \\ 0{,}991 \end{pmatrix}$

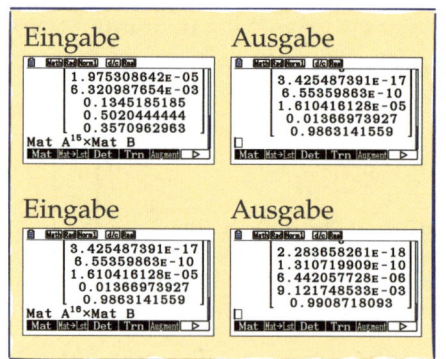

Nach 15 Anmeldungen kennt Anna mit Wahrscheinlichkeit ca. 98,6 % alle 6 Code-Ziffern, nach 16 Anmeldungen mit über 99 %. Sie muss also mindestens 16 Anmeldevorgänge beobachten.

c) Betrachtet wird ein anderer stochastischer Prozess, der durch die Matrix $A = \begin{pmatrix} 1 & 0{,}2 & 0 \\ 0 & 0{,}3 & 0 \\ 0 & 0{,}5 & 1 \end{pmatrix}$ beschrieben wird.

2 P (1) Erklären Sie die Bedeutung für den stochastischen Prozess, wenn ein Diagonalelement den Wert 1 besitzt.

Lösung:

Die Diagonalelemente sind die Übergangs-wahrscheinlichkeiten der einzelnen Zustände in sich selbst. Der Wert 1 bedeutet dann, dass das System nach erreichen des betreffenden Zustands immer in diesem Zustand bleibt.

5 P (2) Ermitteln Sie jeweils, welcher Wahrscheinlichkeitsverteilung sich der durch A beschriebene Prozess bei der Verwendung der Startverteilungen

$\vec{v_1} = \begin{pmatrix} 0{,}1 \\ 0{,}3 \\ 0{,}6 \end{pmatrix}$ und $\vec{v_2} = \begin{pmatrix} 0{,}4 \\ 0{,}5 \\ 0{,}1 \end{pmatrix}$ auf lange Sicht nähert.

Entwicklung der 1. Startverteilung:

Es ist $A^{30} \cdot \vec{v_1} \overset{\text{GTR}}{\approx} \begin{pmatrix} 0{,}186 \\ 0{,}000 \\ 0{,}814 \end{pmatrix} \overset{\text{GTR}}{\approx} A^{40} \cdot \vec{v_1}$.

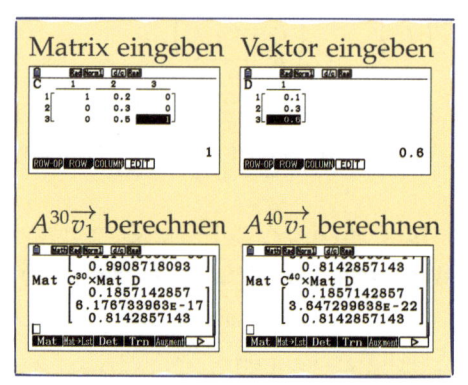

Die Verteilung nähert sich langfristig der

Verteilung $\begin{pmatrix} 0{,}186 \\ 0{,}000 \\ 0{,}814 \end{pmatrix}$.

Entwicklung der 2. Startverteilung:

Es ist $A^{30} \cdot \overrightarrow{v_2} \overset{\text{GTR}}{\approx} \begin{pmatrix} 0{,}543 \\ 0{,}000 \\ 0{,}457 \end{pmatrix} \overset{\text{GTR}}{\approx} A^{40} \cdot \overrightarrow{v_2}$. Die

Verteilung nähert sich langfristig der Verteilung

$\begin{pmatrix} 0{,}543 \\ 0{,}000 \\ 0{,}457 \end{pmatrix}$.

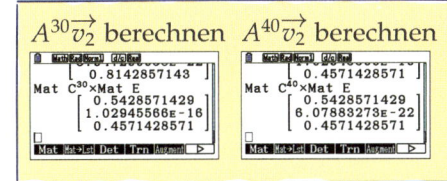

2P **(3)** Beurteilen Sie nun ohne weitere Rechnung folgende Aussage:

Auf lange Sicht gibt es für jeden stochastischen Prozess genau eine sich stabilisierende Wahrscheinlichkeitsverteilung, die unabhängig von der Startverteilung ist.

Lösung:

In c) (2) wurde ein stochastischer Prozess untersucht, bei dem zwei Startverteilungen zwei unterschiedliche sich stabilisierende Wahrscheinlichkeitsverteilungen ergaben. Also ist die Aussage falsch.

d) Eine Bank geht nach bisherigen Erfahrungen von einem Risiko von $p = 0{,}001$ aus, dass ein Konto bei der Anmeldung zum Onlinebanking angegriffen wird. Um diese Vermutung zu kontrollieren, werden 25000 Anmeldevorgänge genau untersucht.

BINOMIAL-
VERTEILUNG
ERKENNEN:

Abi123

KUMULIERTE
BINOMIALVER-
TEILUNG (GTR):

Abi122

3P **(1)** Erläutern Sie, welche Annahmen getroffen werden müssen, um diese Vorgehensweise im Folgenden mithilfe einer Binomialverteilung zu modellieren.

Merkmale:
- Anzahl Treffer bei einer Bernoulli-Kette
- gleichbleibende Trefferwahrscheinlichkeit

Lösung:

Bei jedem Anmeldevorgang werden nur zwei Fälle unterschieden: entweder es liegt ein Angriff vor oder nicht. Dabei muss stets die gleiche Wahrscheinlichkeit für einen Angriff angenommen werden.

3P **(2)** Bestimmen Sie die Wahrscheinlichkeit, dass mehr als 25 Angriffe erfolgen.

„genau": Bernoulli-Formel anwenden (bei nicht zu großen Zahlen)
„höchstens": direkt aus kumulierter Verteilungstabelle ablesen
„mindestens": Gegenwahrscheinlichkeit ablesen

Lösung:

Ist X die Anzahl der Angriffe bei den 25000 Anmeldungen, so wird X als binomialverteilt mit Parametern $n = 25000$ und $p = 0,001$ angenommen. Dann gilt

$$P(X > 25) = P(26 \leqslant X \leqslant 25000) \stackrel{\text{GTR}}{\approx} 0{,}447.$$

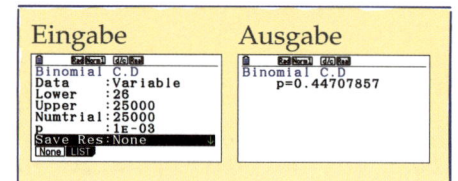

Falls mindestens 35 Angriffe registriert werden, geht man von einem Anwachsen des Risikos für einen Angriff aus.

3P

(3) Bestimmen Sie die Wahrscheinlichkeit, dass diese Annahme getroffen wird, wenn das Risiko für einen Angriff $p = 0{,}00095$ beträgt.

Lösung:

Ist X die Anzahl der Angriffe bei den 25000 Anmeldungen, so wird X jetzt als binomialverteilt mit Parametern $n = 25000$ und $p = 0{,}00095$ angenommen. Dann gilt

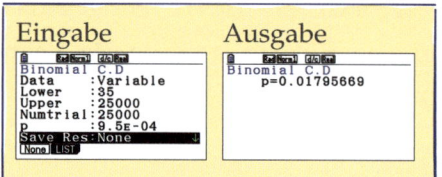

$$P(X \geqslant 35) = P(35 \leqslant X \leqslant 25000) \stackrel{\text{GTR}}{\approx} 0{,}018.$$

Bei einer Verminderung des Angriffsrisikos auf $0{,}095\,\%$ wird mit Wahrscheinlichkeit ca. $1{,}8\,\%$ trotzdem von einem Anwachsen des Risikos ausgegangen.

nur LK:

Weicht ein Stichprobenergebnis um mehr als das Dreifache der Standardabweichung vom Erwartungswert ab, so spricht man von einem extrem ungewöhnlichen Ergebnis.

4P

(3) Ermitteln Sie, wie viele Angriffe registriert werden müssen, um von einem extrem ungewöhnlichen Ergebnis zu sprechen.

Lösung:

$$E(X) = 25000 \cdot 0{,}001 = 25$$

$$\sigma(X) = \sqrt{25000 \cdot 0{,}001 \cdot (1 - 0{,}001)} \stackrel{\text{GTR}}{=} 24{,}975$$

$$E(X) + 3\sigma(X) = 99{,}925$$

$\Longrightarrow$ Es müssen mindestens 100 Angriffe registriert werden, um von einem extrem ungewöhnlichen Ergebnis zu sprechen.

ERWARTUNGSWERT:

Abi126

STANDARDABWEICHUNG:

Abi128

Prüfungsteil B: Aufgaben mit Hilfsmitteln

AUFGABE B5

In Deutschland liegt bei 1 % der Bevölkerung eine Glutenunverträglichkeit vor. Die betroffenen Personen reagieren auf den Verzehr von bestimmten Getreidesorten mit körperlichen Beschwerden.

Ob eine Glutenunverträglichkeit vorliegt oder nicht, kann mithilfe eines Schnelltests diagnostiziert werden. Zeigt das Ergebnis dieses Tests die Glutenunverträglichkeit an, so bezeichnet man es als positiv.

a) Liegt bei einer Person eine Glutenunverträglichkeit vor, so ist das Testergebnis mit einer Wahrscheinlichkeit von 98 % positiv. Liegt bei einer Person keine Glutenunverträglichkeit vor, so beträgt die Wahrscheinlichkeit dafür, dass das Testergebnis dennoch positiv ist, 4 %. Bei einer Person, die aus der Bevölkerung Deutschlands zufällig ausgewählt wurde, wird der Test durchgeführt.

4 P   (1) Erstellen Sie zu dem beschriebenen Sachzusammenhang ein beschriftetes Baumdiagramm.

Lösung:

Bezeichnungen:

U^+: Es liegt eine Glutenunverträglichkeit vor.
U^-: Es liegt keine Glutenunverträglichkeit vor.
T^+: Der Test ist positiv.
T^-: Der Test ist negativ.

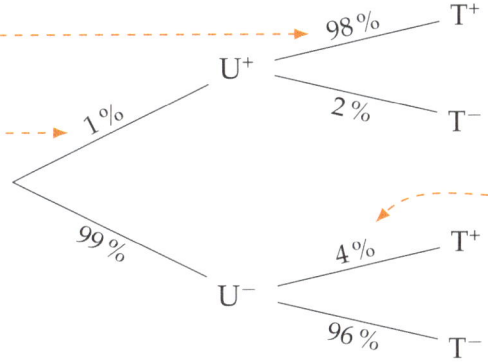

1. Pfadregel:

Abi118

4 P (2) Ermitteln Sie für folgende Ereignisse jeweils die Wahrscheinlichkeit:

A: „Bei der Person liegt eine Glutenunverträglichkeit vor und das Testergebnis ist positiv."

B: „Das Testergebnis ist negativ."

2. Pfadregel:

Abi119

Wahrscheinlichkeit von A:

$$P(A) = P(U^+ \wedge T^+)$$
$$= P(U^+) \cdot P(T^+|U^+)$$
$$= 0{,}01 \cdot 0{,}98 = 0{,}0098$$

Wahrscheinlichkeit von B:

$$P(B) = P(T^+)$$
$$= P(U^+) \cdot P(T^+|U^+) + P(U^-) \cdot P(T^+|U^-)$$
$$= P(A) + 0{,}99 \cdot 0{,}04$$
$$= 0{,}0396$$

4 P (3) Ermitteln Sie die Wahrscheinlichkeit dafür, dass eine Glutenunverträglichkeit vorliegt, wenn das Testergebnis positiv ist.

> Bedingung → bedingte Wahrscheinlichkeit

BEDINGTE WAHRSCHEIN-LICHKEIT:

Abi125

Wahrscheinlichkeit von U^+ unter der Bedingung T^+:

$$P(U^+|T^+) = \frac{P(U^+ \wedge T^+)}{P(T^+)} = \frac{P(A)}{P(B)}$$
$$= \frac{0{,}0098}{0{,}0396} \approx 0{,}247$$

b) Im Rahmen einer Studie sollen aus der Bevölkerung Deutschlands 20 000 Personen zufällig ausgewählt werden. Die Zufallsgröße X ist binomialverteilt und gibt die Anzahl der ausgewählten Personen an, bei denen eine Glutenunverträglichkeit vorliegt.

6 P (1) Bestimmen Sie für folgende Ereignisse jeweils die Wahrscheinlichkeit:

E_1: Bei genau 190 Personen liegt eine Glutenunverträglichkeit vor.

E_2: Bei mehr als 19 800 Personen liegt **keine** Glutenunverträglichkeit vor.

E_3: Mindestens 240, aber höchstens 2 400 Personen besitzen eine Glutenunverträglichkeit.

> „genau": Einzelwahrscheinlichkeit mit Bpd-Funktion
> „höchstens": kumulierte Wahrscheinlichkeit mit Bcd-Funktion
> „mindestens": entweder wie „höchstens" oder über Gegenwahrscheinlichkeit berechnen

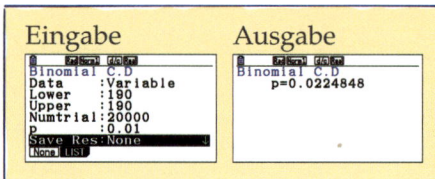

Wahrscheinlichkeit von E_1:

$$P(E_1) = P(X = 190) = P(190 \leqslant X \leqslant 190)$$
$$\overset{\text{GTR}}{\approx} 0{,}0225$$

Wahrscheinlichkeit von E_2:

$$P(E_2) = P(X < 200) = P(0 \leqslant X \leqslant 199)$$

$$\overset{\text{GTR}}{\approx} 0{,}0225$$

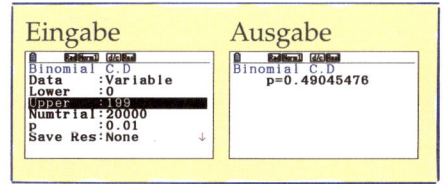

Wahrscheinlichkeit von E_3:

$$P(E_3) = P(240 \leqslant X \leqslant 2400) \overset{\text{GTR}}{\approx} 0{,}0225$$

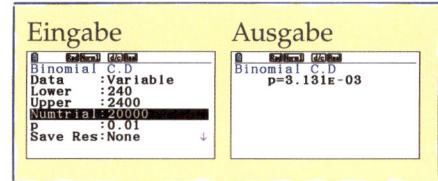

5 P   (2) Bestimmen Sie die Wahrscheinlichkeit dafür, dass die Anzahl der ausgewählten Personen, bei der eine Glutenunverträglichkeit vorliegt, um mehr als 10 % vom Erwartungswert von X abweicht.

Erwartungswert berechnen:

$$E(X) = n \cdot p = 20000 \cdot 0{,}01 = 200$$

Wahrscheinlichkeit berechnen:

$$1 - P(180 \leqslant X \leqslant 220) \overset{\text{GTR}}{\approx} 1 - 0{,}855 = 0.145$$

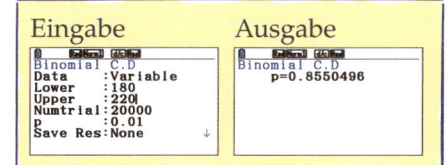

ERWAR-TUNGSWERT:

Abi126

c) Der Test wird mithilfe eines Teststreifens durchgeführt, auf dem eine Substanz als Indikator aufgebracht ist. Ist die Indikatormenge auf einem Teststreifen zu gering, so ist dieser unbrauchbar.

Der Hersteller der Teststreifen verfolgt das Ziel, dass höchstens 10 % der hergestellten Teststreifen unbrauchbar sind, und führt deshalb regelmäßig eine Qualitätskontrolle durch. Dazu wird der laufenden Produktion eine Stichprobe von 100 Teststreifen entnommen. Nur wenn sich darunter mindestens 16 unbrauchbare Teststreifen befinden, entscheidet man sich dafür, das Herstellungsverfahren zu verbessern.

4 P   (1) Wenn 10 % der hergestellten Teststreifen unbrauchbar sind, ist eine Verbesserung des Herstellungsverfahrens entsprechend der Zielvorgabe noch nicht erforderlich.
Bestimmen Sie die Wahrscheinlichkeit, dass der Hersteller sich aufgrund einer Stichprobe und seiner Entscheidungsregel in diesem Fall dennoch um eine Verbesserung des Verfahrens bemüht.

Lösung:

Ist X die Zahl der unbrauchbaren Teststreifen unter den 100 in der Stichprobe, so wird X als binomialverteilt mit Parametern $n = 100$ und $p = 0{,}1$ angenommen.

$$P(X \geqslant 16) = P(16 \leqslant X \leqslant 100) \overset{\text{GTR}}{\approx} 0{,}0399$$

4 P

(2) Durch einen Maschinendefekt sind statt 10 % nun 18 % der Teststreifen unbrauchbar.

Bestimmen Sie die Wahrscheinlichkeit, dass dieser Defekt bei Beibehaltung der Entscheidungsregel fälschlicherweise nicht bemerkt wird.

> d. h. weniger als 16 von 100 Teststreifen sind unbrauchbar

Lösung:

Ist X die Zahl der unbrauchbaren Teststreifen unter den 100 in der Stichprobe, so wird X als binomialverteilt mit Parametern $n = 100$ und $p = 0{,}18$ angenommen.

$$P(X < 16) = P(0 \leqslant X \leqslant 15) \overset{\text{GTR}}{\approx} 0{,}263$$

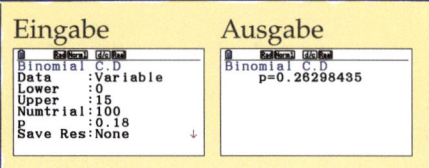

```
Eingabe              Ausgabe
Binomial C.D         Binomial C.D
Data    :Variable      p=0.26298435
Lower   :0
Upper   :15
Numtrial:100
p       :0.18
Save Res:None     ↓
```

d) Im Rahmen der Qualitätskontrolle wird u. a. die Indikatormenge auf den einzelnen Teststreifen gemessen. Tabelle 1 zeigt die absoluten Häufigkeiten der aufgetretenen Mengen bei einer Stichprobe von 100 Teststreifen.

Indikatormenge in mg	15	16	17	18	19	20
Anzahl der Teststreifen	4	9	10	48	18	11

Tabelle 1

6 P

(1) Bestimmen Sie für diese Häufigkeitsverteilung das arithmetische Mittel und die Standardabweichung.

> **arithmetisches Mittel:**
> $$\frac{\text{Summe der Werte}}{\text{Anzahl der Werte}}$$

ERWARTUNGSWERT:

Abi126

Arithmetisches Mittel berechnen:

$$\frac{4 \cdot 15 + 9 \cdot 16 + 10 \cdot 17 + 48 \cdot 18 + 18 \cdot 19 + 11 \cdot 20}{4 + 9 + 10 + 48 + 18 + 11} = \frac{1800}{100}$$
$$= 18$$

Die Teststreifen enthalten im Mittel 18 mg Indikatorsubstanz.

Summe der quadratischen Abweichungen vom Mittelwert berechnen:

$$4 \cdot (15 - 18)^2 + 9 \cdot (16 - 18)^2 + 10 \cdot (17 - 18)^2$$
$$+ 48 \cdot (18 - 18)^2 + 18 \cdot (19 - 18)^2$$
$$+ 11 \cdot (20 - 18)^2$$
$$= 144$$

> **Standardabweichung:**
> $$\sqrt{\frac{\text{Summe der quadratischen Abweichungen}}{\text{Anzahl der Werte}}}$$

STANDARDABWEICHUNG:

Abi128

Standardabweichung berechnen:

$$\sqrt{\frac{144}{4 + 9 + 10 + 48 + 18 + 11}} = \sqrt{1{,}44}$$
$$= 1{,}2$$

Die Indikatormenge pro Teststreifen weist eine Standardabweichung von 1,2 mg auf.

3P   (2)   Bei einer früheren Qualitätskontrolle lagen das arithmetische Mittel bei 18 mg und die Standardabweichung bei 4,3 mg.

Erläutern Sie unter Berücksichtigung Ihrer Ergebnisse aus (1), welche Rückschlüsse sich aus diesen Kenngrößen auf die Qualitätsentwicklung des Produktionsverfahrens ziehen lassen.

Lösung:

Die Teststreifen enthalten im Mittel genausoviel Indikatorsubstanz wie bei bei der früheren Qualitätskontrolle; die Indikatormenge pro Teststreifen schwankt aber deutlich weniger. Das Produktionsverfahren ist somit verlässlicher geworden.

nur LK:

d) Die Indikatormenge auf den Teststreifen ist normalverteilt mit einem Erwartungswert von 20 mg und einer Standardabweichung von 4,0 mg. Ein Teststreifen ist unbrauchbar, wenn die Indikatormenge auf dem Teststreifen kleiner als 15 mg ist.

3P

(1) Bestimmen Sie die Wahrscheinlichkeit dafür, dass ein Teststreifen unbrauchbar ist.
[Kontrolllösung: 10,56 %]

Lösung:

Sei X die Indikatormenge auf einem ausgewählten Teststreifen in mg.

$P(X < 15) \overset{\text{GTR}}{\approx} 0{,}10564948$

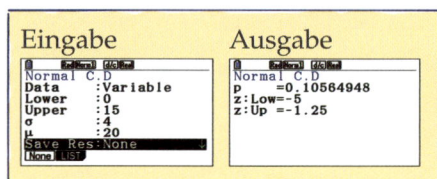

5P

(2) Durch eine Verbesserung konnte die Wahrscheinlichkeit dafür, dass ein zufällig ausgewählter Teststreifen aufgrund der Indikatormenge unbrauchbar ist, halbiert werden. Der Erwartungswert für die Indikatormenge blieb dabei unverändert.

d. h. $P(X < 15) \approx 0{,}0528$

Bestimmen Sie die geänderte Standardabweichung durch systematisches Probieren auf eine Nachkommastelle genau.

Für $\sigma = 3{,}0$ ergibt sich $P(X < 15) \overset{\text{GTR}}{\approx} 0{,}0478$, für $\sigma = 3{,}1$ hingegen $P(X < 15) \overset{\text{GTR}}{\approx} 0{,}0534$. Somit liegt die neue Standardabweichung bei etwa 3,1.

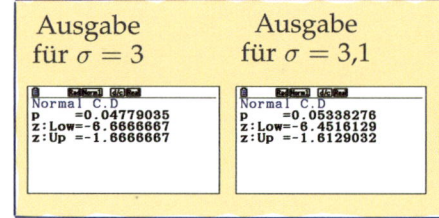

Sie möchten gleich testen, ob Sie die Prüfung 2017 auch ohne Hilfe lösen können?

Hier geht's zum Download.

Prf117

Aufgabe 1

a) Ein Schüler beobachtet in einem Experiment insgesamt sechs Tage lang die Vermehrung von Pantoffeltierchen in einer Nährlösung. Zur Modellierung der Anzahl der Pantoffeltierchen während der ersten drei Tage verwendet er für $0 \leqslant t \leqslant 3$ die Funktion N_1 mit der Gleichung

$$N_1(t) = 500 \cdot e^{0{,}6 \cdot t}, \; t \in \mathbb{R}.$$

Dabei wird t als Maßzahl zur Einheit 1 Tag und $N_1(t)$ als Anzahl der Pantoffeltierchen zum Zeitpunkt t aufgefasst.

Der Graph von N_1 ist in der Abbildung dargestellt.

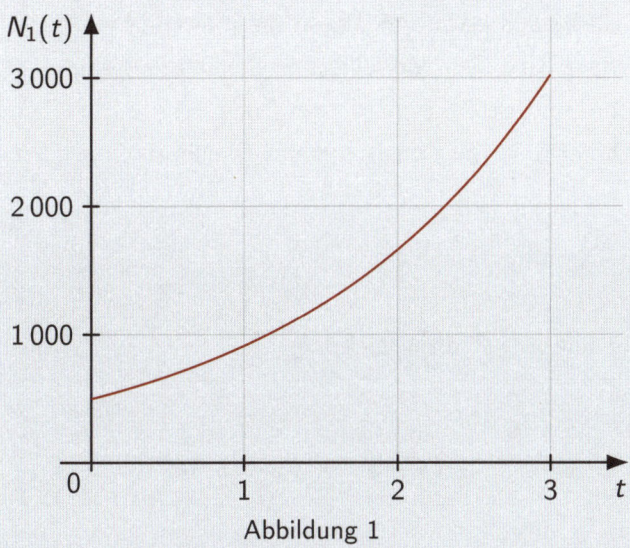

Abbildung 1

(1) Berechnen Sie den Funktionswert von N_1 an der Stelle $t = 3$ und interpretieren Sie diesen Wert im Sachzusammenhang.

(2) Bestimmen Sie rechnerisch den Zeitpunkt, zu dem 2 000 Pantoffeltierchen in der Nährlösung vorhanden sind.

(3) Berechnen Sie, um wie viele Tiere pro Tag die Anzahl der Pantoffeltierchen in der Nährlösung während der ersten drei Tage durchschnittlich wächst.

(4) Begründen Sie, warum eine Funktion mit dem Funktionsterm $500 \cdot e^{0{,}6 \cdot t}$ nur für einen begrenzten Zeitraum zur Modellierung der Anzahl der Pantoffeltierchen geeignet ist.

(3 + 4 + 3 + 4 Punkte)

Während der ersten drei Tage (für $0 \leqslant t \leqslant 3$) wird im Modell des Schülers die momentane Änderungsrate der Anzahl der Pantoffeltierchen durch die Funktion r_1 mit der Gleichung

$$r_1(t) = 300 \cdot e^{0{,}6 \cdot t}, \; t \in \mathbb{R},$$

beschrieben. Dabei wird $r_1(t)$ als Maßzahl zur Einheit 1 Tier pro Tag aufgefasst.

b) Für die Funktion r_1 und die zugehörige Ableitungsfunktion r_1' gilt für alle $t \in \mathbb{R}$ die Aussage:

$r_1(t) > 0$ und $r_1'(t) > 0$.

[Die Gültigkeit dieser Aussage müssen Sie nicht nachweisen.]

Interpretieren Sie die Bedeutung dieser Aussage im Sachzusammenhang.

(6 Punkte)

nur LK:

(2) Ermitteln Sie die größte momentane Änderungsrate der Anzahl der Pantoffeltierchen in der Nährlösung in den ersten drei Tagen.

(4 Punkte)

c) Bei der weiteren Beobachtung erkennt der Schüler, dass nach etwa drei Tagen die momentane Änderungsrate der Anzahl der Pantoffeltierchen geringer wird. Zur Modellierung der momentanen Änderungsrate der Anzahl der Pantoffeltierchen nach dem dritten Tag bis zum Ende der Beobachtung (also für $3 \leqslant t \leqslant 6$) verwendet der Schüler die Funktion r_2 mit der Gleichung

$r_2(t) = 300 \cdot e^{3,6-0,6 \cdot t}$, $t \in \mathbb{R}$.

Dabei wird $r_2(t)$ als Maßzahl zur Einheit 1 Tier pro Tag aufgefasst.

(1) Zeigen Sie, dass für die Funktionen r_1 und r_2 für alle $a \in \mathbb{R}$ die Gleichung
$r_2(3 + a) = r_1(3 - a)$ gilt.

(2) Interpretieren Sie die Bedeutung der Gleichung $r_2(3 + a) = r_1(3 - a)$, $0 \leqslant a \leqslant 3$, im Sachzusammenhang.

(3) Zeigen Sie, dass die Funktion F mit der Gleichung $F(x) = -\dfrac{5}{3} \cdot e^{3,6-0,6 \cdot x}$ eine

Stammfunktion der Funktion f mit der Gleichung $f(x) = e^{3,6-0,6 \cdot x}$ ist.

(4) Bestimmen Sie, wie viele Pantoffeltierchen in der Nährlösung im Laufe des vierten Tages (d. h. im Intervall $[3\,;4]$) hinzukommen, wenn die momentane Änderungsrate der Anzahl der Pantoffeltierchen für $3 \leqslant t \leqslant 6$ durch die Funktion r_2 beschrieben wird.

(5) Ermitteln Sie ausgehend von den Funktionen N_1 und r_2 eine Gleichung der Funktion N_2, durch die die Anzahl der Pantoffeltierchen nach dem dritten Tag bis zum Ende der Beobachtung beschrieben werden kann.
$\left[\text{Zur Kontrolle: } N_2(t) = 1\,000 \cdot e^{1,8} - 500 \cdot e^{3,6-0,6 \cdot t}\right]$

(6) Der Schüler verwendet die Funktion N_2 auch zur Modellierung der Anzahl der Pantoffeltierchen für $t \geqslant 6$.
Begründen Sie, dass in diesem Modell die Anzahl der Pantoffeltierchen in der Nährlösung zu keinem Zeitpunkt größer als 6050 wird.

(5 + 4 + 4 + 6 + 7 + 4 Punkte)

Tipps Abitur 2015, Aufgabe 1

a) (1) Setzen Sie $t = 3$ in den Funktionsterm von N_1 ein und erklären Sie das Ergebnis mithilfe der Einheit 1 Tag für t-Werte und Anzahl der Pantoffeltierchen für die Funktionswerte.

    (2) Für den gesuchten Zeitpunkt t gilt $N_1(t) = 2\,000$. Lösen Sie diese Gleichung (schriftlich oder mit GTR).

    (3) Wachstumsrate der Anzahl der Pantoffeltierchen entspricht Steigung des Graphen von N_1. Verwenden Sie die Formel

$$\text{durchschnittliche Steigung} = \frac{\text{Wertedifferenz}}{\text{Intervalllänge}}.$$

    (4) Bedenken Sie das Verhalten der Funktion N_1 für $t \longrightarrow \infty$.

b) Positive Änderungsrate entspricht steigender Anzahl. Die Ableitung der Änderungsrate gibt an, wie sich die Änderungsrate entwickelt: positive Ableitung bedeutet, die Änderungsrate nimmt zu, d. h. die Anzahl der Tiere wächst *immer schneller* an (und umgekehrt).

    nur LK:

    (2) Gesucht ist das globale Maximum von r_1 auf dem Intervall $[0\,;3]$. Beachten Sie, dass dieses Maximum nicht bei einem Hochpunkt liegt, sondern am Intervallrand.

c) (1) Schreiben Sie die Gleichung unter Verwendung der Funktionsterme für r_1 und r_2 aus und formen Sie um, bis klar wird, dass es sich (unabhängig von a) um eine wahre Aussage handelt.

    (2) Der Übergang $r_1(t) \longrightarrow r_1(3 - t)$ bedeutet Spiegelung an der Achse $t = 3$. Die Funktionswerte von r_2 für $3 \leqslant t \leqslant 6$ entwickeln sich also wie die Werte von r_1, wenn man dessen Graphen von $t = 3$ rückwärts bis $t = 0$ durchläuft.

    (3) Leiten Sie $F(x)$ ab und vergleichen Sie das Ergebnis mit $f(x)$.

    (4) Die Gesamtänderung im Intervall $[a\,;b]$ ist das Integral von a bis b über die Änderungsrate. Für die Berechnung des Integrals benötigen Sie eine Stammfunktion der Änderungsrate r_2, die Sie durch Anpassung der Stammfunktion aus Teilaufgabe c) (3) erhalten.

    (5) N_2 muss eine Stammfunktion von r_2 sein. Gehen Sie von der in Teilaufgabe c) (4) verwendeten Stammfunktion aus und fügen Sie eine additive Konstante hinzu, sodass die Funktionen N_1 und N_2 bei $t = 3$ denselben Wert haben.

    (6) Schätzen Sie die Funktion $N_2(t)$ nach oben ab, indem Sie berücksichtigen, dass $500 \cdot e^{3,6-0,6 \cdot t}$ für alle $t \in \mathbb{R}$ positiv ist.

Lösungen Abitur 2015, Aufgabe 1

a) (1) $N_1(3) = 500 \cdot e^{0,6 \cdot 3}$

$\qquad = 500 \cdot e^{1,8}$

$\qquad \approx 3\,024,82$

$\implies$ Drei Tage nach Beginn des Experiments befinden sich etwa 3 025 Pantoffeltierchen in der Nährlösung.

(2) $N_1(t) = 2\,000 \iff 500 \cdot e^{0,6 \cdot t} = 2\,000$

$\qquad\qquad \iff e^{0,6 \cdot t} = \dfrac{2\,000}{500} = 4$

$\qquad\qquad \iff 0,6 \cdot t = \ln(4)$

$\qquad\qquad \iff t = \dfrac{\ln(4)}{0,6} \approx 2,31$

$\implies$ Eine Population von 2 000 Pantoffeltierchen wird nach ungefähr 2,31 Tagen erreicht.

(3) $W = \dfrac{N_1(3) - N_1(0)}{3}$

$\qquad \approx \dfrac{3\,024,82 - 500}{3}$

$\qquad = \dfrac{2\,524,82}{3}$

$\qquad \approx 841,61$

$\implies$ Die Pantoffeltierchenpopulation wächst in den drei ersten Tagen um durchschnittlich ca. 842 pro Tag.

(4) Es gilt $\lim\limits_{t \to \infty} N_1(t) = \infty$, wohingegen die Pantoffeltierchenpopulation in Wirklichkeit nur begrenzt anwachsen kann.

b) $r_1(t) > 0$ für alle $t \in \mathbb{R}$ bedeutet, dass die Anzahl der Pantoffeltierchen stetig ansteigt.

$r_1'(t) > 0$ für alle $t \in \mathbb{R}$ bedeutet, dass die Pantoffeltierchenpopulation immer schneller anwächst.

MONOTONIE:

Abi019

nur LK:

(2) Die Funktion r_2 ist streng monoton wachsend, also ist der größte Wert auf $[0\,;3]$

$r_1(3) = 300 \cdot e^{0,6 \cdot 3} \approx 1814,89$.

$\implies$ Am Ende des 3. Tages erreicht die momentane Änderungsrate ihren größten Wert mit ca. 1815 Tieren pro Tag.

EXTREMA ÜBER MONOTONIE:

Abi023

c) (1) $r_2(3 + a) = 300 \cdot e^{3,6 - 0,6 \cdot (3+a)}$

$\qquad\qquad = 300 \cdot e^{3,6 - 1,8 - 0,6 \cdot a}$

$\qquad\qquad = 300 \cdot e^{1,8 - 0,6 \cdot a}$

$\qquad\qquad = 300 \cdot e^{0,6 \cdot (3 - a)}$

$\qquad\qquad = r_1(3 - a)$

(2) Die Entwicklung der Population im Zeitraum $0 \leqslant t \leqslant 3$ wird im Zeitraum $3 \leqslant t \leqslant 6$ rückwärts durchlaufen, so dass die Änderungsrate der Pantoffeltierchenpopulation nach ihrem Maximalwert bei $t = 3$ bis zum Ende der sechs Tage wieder auf den Anfangswert absinkt.

KETTENREGEL:

Abi151

(3) $F'(x) = -\dfrac{5}{3} \cdot e^{3,6-0,6 \cdot x} \cdot (-0,6) = e^{3,6-0,6 \cdot x} = f(x)$

$\Longrightarrow F$ ist eine Stammfunktion von f.

BESTIMMTES INTEGRAL:

Abi036

(4) $\displaystyle\int_{3}^{4} r_2(t)\,dt = \int_{3}^{4} 300 \cdot e^{3,6-0,6 \cdot t}\,dt$

$\qquad = 300 \cdot \displaystyle\int_{3}^{4} e^{3,6-0,6 \cdot t}\,dt$

$\qquad = 300 \cdot \Big[F(x)\Big]_{3}^{4}$

$\qquad = 300 \cdot (F(4) - F(3))$

$\qquad = 300 \cdot \left(-\dfrac{5}{3}\right) \cdot \left(e^{3,6-0,6 \cdot 4} - e^{3,6-0,6 \cdot 3}\right)$

$\qquad = -500 \cdot \left(e^{3,6-2,4} - e^{3,6-1,8}\right)$

$\qquad = -500 \cdot \left(e^{1,2} - e^{1,8}\right) \approx 1\,364,77$

Es kommen im Laufe des vierten Tages etwa 1 365 Pantoffeltierchen hinzu.

(5) N_2 ist eine Stammfunktion von r_2, also ist $N_2(t) = 300 \cdot F(t) + c$ für ein $c \in \mathbb{R}$.

$N_2(3) = N_1(3) \iff -500 \cdot e^{3,6-0,6 \cdot 3} + c = 500 \cdot e^{1,8}$

$\qquad\qquad\quad \iff c = 500 \cdot e^{1,8} + 500 \cdot e^{3,6-0,6 \cdot 3}$

$\qquad\qquad\quad \iff c = 500 \cdot e^{1,8} + 500 \cdot e^{1,8}$

$\qquad\qquad\quad \iff c = 1\,000 \cdot e^{1,8}$

$\Longrightarrow N_2(t) = 300 \cdot F(t) + 1\,000 \cdot e^{1,8} = 1\,000 \cdot e^{1,8} - 500 \cdot e^{3,6-0,6 \cdot t}$.

(6) Da $e^x > 0$ für alle $x \in \mathbb{R}$ gilt, folgt $500 \cdot e^{3,6-0,6 \cdot t} > 0$ für alle $t \in \mathbb{R}$ und somit

$N_2(t) = 1\,000 \cdot e^{1,8} - 500 \cdot e^{3,6-0,6 \cdot t} < 1\,000 \cdot e^{1,8} \approx 6\,049,6 < 6\,050.$

Deshalb bleibt in diesem Modell die Anzahl der Pantoffeltierchen durch 6 050 nach oben beschränkt.

Aufgabe 2

Eine Familie will ihren Bedarf an Wärmeenergie (thermischer Energie) für Heizung und Warmwasser teilweise durch eine thermische Solaranlage (kurz: Solaranlage) decken. Anhand der Angaben des Solaranlagenherstellers und der Verbrauchswerte der Familie aus dem letzten Kalenderjahr wurde das folgende Modell für ein beispielhaftes Kalenderjahr aufgestellt.

Die Leistung der Solaranlage wird durch die Funktion f mit der Gleichung

$$f(t) = t^4 - 24t^3 + 144t^2 + 400, \quad t \in \mathbb{R},$$

und der thermische Leistungsbedarf der Familie (kurz: Leistungsbedarf) durch die Funktion g mit der Gleichung

$$g(t) = -t^4 + 26t^3 - 167{,}5t^2 - 12{,}5t + 2\,053, \; t \in \mathbb{R},$$

modelliert, und zwar für das Zeitintervall $[0\,;12]$, das dem Kalenderjahr entspricht.

Dabei fasst man t als Maßzahl zur Einheit 1 Monat und $f(t)$ sowie $g(t)$ als Maßzahlen zur Einheit 1 Kilowattstunde pro Monat [kWh/Monat] auf. (Im Modell umfasst jeder Monat 30 Tage.) Der Zeitpunkt $t = 0$ entspricht dem Beginn des Kalenderjahres. Die Graphen von f und g sind in der Abbildung auf der nächsten Seite dargestellt.

a) (1) Vergleichen Sie die Graphen von f und g im Sachzusammenhang.

   (2) Berechnen Sie $\dfrac{f(0)}{g(0)}$ und interpretieren Sie den Wert im Sachzusammenhang.

   (3) Zeigen Sie, dass die Leistung der Solaranlage zu den Zeitpunkten $t_1 = 3$ und $t_2 = 9{,}5$ dem Leistungsbedarf der Familie entspricht.

   (5 + 5 + 4 Punkte)

b) (1) Bestimmen Sie den Zeitpunkt der maximalen Leistung der Solaranlage und berechnen Sie den Maximalwert.

   (2) Ermitteln Sie den Zeitpunkt im Intervall $[0\,;12]$, zu dem der durch g beschriebene Leistungsbedarf der Familie innerhalb eines Kalenderjahres am stärksten abnimmt.

   (8 + 10 Punkte)

Durch das Integral $\int_a^b f(t)\,dt$ ist im Sachzusammenhang die aus der Solaranlage im Zeitintervall $[a\,;b]$

abrufbare Energie und durch das Integral $\int_a^b g(t)\,dt$ der Energiebedarf der Familie im Zeitintervall $[a\,;b]$

für $0 \leqslant a < b \leqslant 12$ in Kilowattstunden [kWh] gegeben.

c) (1) Geben Sie eine Gleichung einer Stammfunktion G von g an und berechnen Sie den Energiebedarf der Familie für das Kalenderjahr.

(2) Im Intervall $[3\,;9{,}5]$ wird der Leistungsbedarf der Familie zu jedem Zeitpunkt durch die Solaranlage gedeckt. Die den Bedarf übersteigende Leistung der Solaranlage soll in diesem Zeitraum zusätzlich zum Heizen eines Gartenpools genutzt werden.
Ermitteln Sie die Energie, die zum Heizen des Gartenpools im Intervall $[3\,;9{,}5]$ zur Verfügung steht.

(3) Skizzieren Sie in der Abbildung 1 die Fläche, welche durch den Zähler des folgenden Bruches bestimmt wird, und interpretieren Sie das Ergebnis der folgenden Berechnung im Sachzusammenhang.

$$\frac{\displaystyle\int_0^{12} f(t)\,dt - \int_3^{9{,}5} (f(t) - g(t))\,dt}{\displaystyle\int_0^{12} g(t)\,dt} \approx 0{,}575$$

(6 + 6 + 6 Punkte)

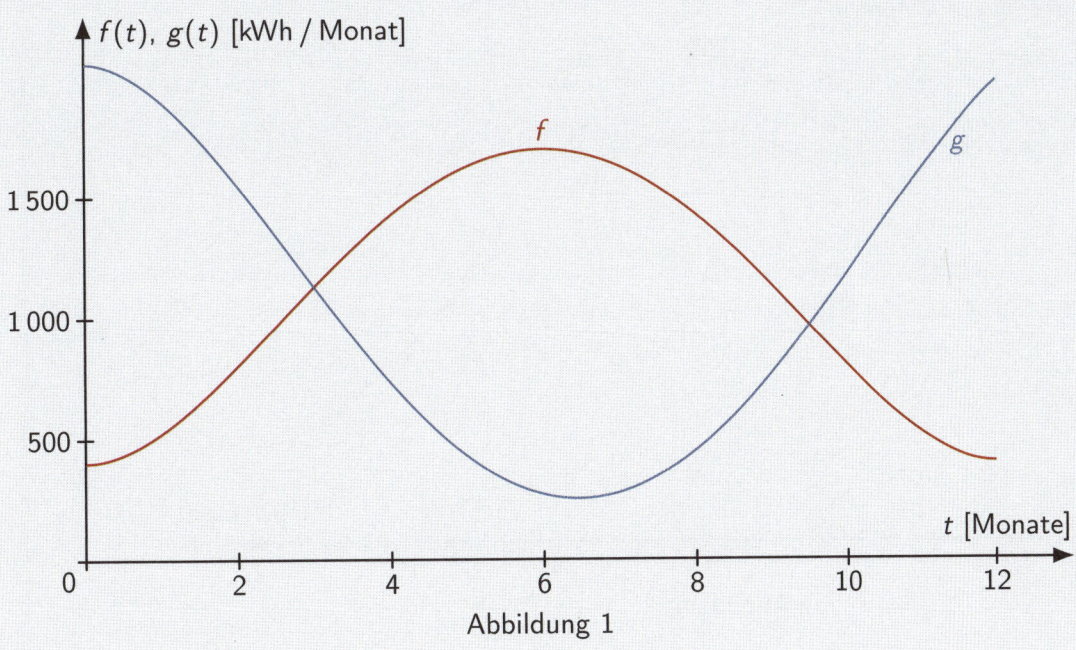

Abbildung 1

c) Die Leistung der Solaranlage ist abhängig von der Neigung der
aufgestellten Solarmodule. Die Funktion f mit der Gleichung

$$f_a(t) = a \cdot \left(t^4 - 24t^3 + 144t^2 + 400\right) - 400 \cdot \left(a^2 - 1\right),$$

$t \in \mathbb{R}, 0{,}5 \leqslant a \leqslant 1{,}5,$

modelliert im Intervall $[0\,;12]$ diese Leistung für ein Kalenderjahr, wobei der Parameter a eine Kennzahl für die Neigung
der Solarmodule ist. Jedem Wert des Parameters a kann über
die Gleichung $w = 116 - 66 \cdot a$ die Maßzahl für den entsprechenden Neigungswinkel in Grad zugeordnet werden.

In der Abbildung 2 sind beispielhaft für zwei Werte von a die Graphen der jeweils zugehörigen
Funktionen f_a sowie der Graph von g dargestellt.

(1) Zeigen Sie, dass f eine der Funktionen f_a ist, und berechnen Sie den zugehörigen
Neigungswinkel w der Solarmodule.

(2) Weisen Sie nach, dass die in einem Jahr aus der Solaranlage abrufbare Energie für $a = 1{,}364$
(d. h. $w = 26°$) am größten ist.

(3) Der Solaranlagenhersteller behauptet, dass eine Solaranlage mit einem Neigungswinkel von
$50°$ den Leistungsbedarf der Familie (ohne Heizung des Gartenpools!) in dem Kalenderjahr
besser deckt als eine Solaranlage mit einem Neigungswinkel von $26°$.
Begründen Sie die Behauptung anhand der Graphen in Abbildung 2.
[Eine Rechnung wird hier nicht verlangt.]

$(4 + 9 + 5 \ Punkte)$

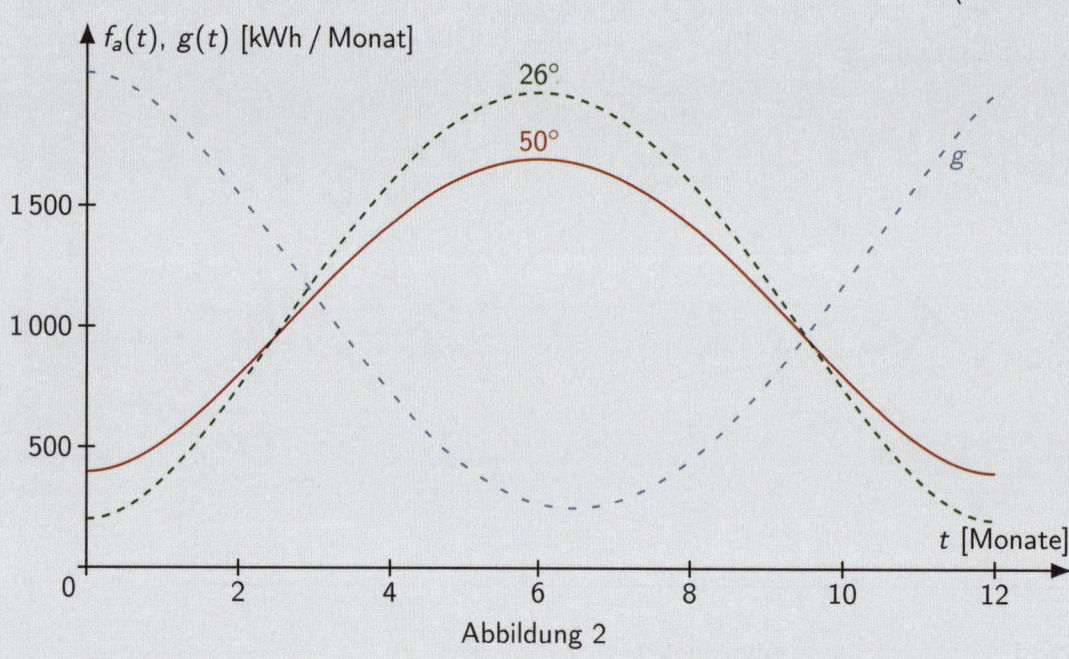

Abbildung 2

Tipps Abitur 2015, Aufgabe 2

a) (1) Dort, wo G_f oberhalb von G_g verläuft, liefert die Solaranlage mehr Leistung als die Familie benötigt, und umgekehrt. Geben Sie die entsprechenden Bereiche an.

   (2) Die Werte $f(0)$ und $g(0)$ geben die Leistung der Anlage und den Leistungsbedarf zum Zeitpunkt $t = 0$ an, also zum Jahresbeginn. Der angegebene Bruch beschreibt deren Verhältnis.

   (3) Bestimmen Sie die Schnittpunkte der Graphen von f und g mit dem GTR.

b) (1) Gesucht ist das Maximum von f, das mithilfe des GTR bestimmt wird und anschließend mit eigenen Worten im Sachzusammenhang beschrieben werden muss.

   (2) Zu- oder Abnahme des Leistungsbedarfs ist durch die Änderungsrate, also durch $g'(t)$, gegeben. Abnahme heißt negative Änderungsrate, also $g'(t) < 0$. *Stärkste* Abnahme heißt negatives *Minimum* von g'. Berechnen Sie die Ableitung und nutzen Sie den GTR für die Bestimmung des Minimums.

c) (1) Für jedes $n \neq -1$ ist $\frac{1}{n+1} t^{n+1}$ eine Stammfunktion von t^n. Fügen Sie die Stammfunktion von g aus geeigneten Vielfachen der Stammfunktionen der einzelnen Summanden zusammen und verwenden Sie den Hauptsatz der Differenzial- und Integralrechnung:
$$\int_a^b f(x)\, dx = F(b) - F(a).$$

   (2) Die überschüssige Leistung im Intervall $[3;9{,}5]$ ist die Differenz $f(t) - g(t)$. Integrieren Sie diese von $t = 3$ bis $t = 9{,}5$, um die überschüssige Energie zu berechnen.
   [Alternativ können Sie den Energiebedarf von der verfügbaren Energie abziehen; beide müssen zuerst mit dem GTR berechnet werden.]

   (3) Integrale über f stellen die von der Solaranlage zur Verfügung gestellte Energie dar (über den Zeitraum, der durch die Integrationsgrenzen gegeben ist); Integrale über g sind als Energiebedarf zu deuten. Beachten Sie, dass $\int_3^{9,5} (f(t) - g(t))\, dt$ gemäß Teilaufgabe c) (2) die für die Poolheizung verwendete Energie darstellt.

nur LK:

c) (1) Vergleichen Sie die Leitkoeffizienten (Koeffizient von t^4) von f_a und f und verwenden Sie den Zusammenhang zwischen w und a aus der Aufgabenstellung.

   (2) Berechnen Sie die abrufbare Energie als Funktion von a und Bestimmen Sie dann ihre Maximalstelle.

   (3) Vergleichen Sie die Graphen zu den Neigungswinkeln $26°$ und $50°$ außerhalb des Bereichs $[3;9{,}5]$, in dem die Poolheizung betrieben wird.

Lösungen Abitur 2015, Aufgabe 2

a) (1) Die Leistung der Solaranlage ist Anfang des Jahres minimal (bei 400 kWh / Monat), steigt dann bis Mitte des Jahre zu einem Maximalwert von ca. 1 600 kWh / Monat an und sinkt dann bis zum Jahresende wieder auf den Minimalwert. Der Leistungsbedarf der Familie entwickelt sich im Verlauf des Jahres gegenläufig dazu: Bei anfänglich 2 053 kWh / Monat geht er bis Juli auf einen Minimalwert von ca. 250 kWh / Monat zurück, um dann wieder bis Jahresende anzusteigen.

Im Frühling und im Sommer wird der Leistungsbedarf der Familie durch die Solaranlage (sogar mit Überschuss) gedeckt, während im Winter die Leistung der Solaranlage nicht für die Versorgung der Familie ausreicht.

(2) $\dfrac{f(0)}{g(0)} = \dfrac{400}{2\,053} \approx 0{,}195$

$\implies$ Die Solaranlage deckt am Anfang des Jahres etwa 19,5 % des Leistungsbedarfs der Familie.

(3) $f(3) = 3^4 - 24 \cdot 3^3 + 144 \cdot 3^2 + 400 = 1\,129$ und

$g(3) = -3^4 + 26 \cdot 3^3 - 167{,}5 \cdot 3^2 - 12{,}5 \cdot 3 + 2\,053 = 1\,129$

$\implies f(3) = g(3)$.

$f(9{,}5) = 9{,}5^4 - 24 \cdot 9{,}5^3 + 144 \cdot 9{,}4^2 + 400 = 964{,}0625$ und

$g(9{,}5) = -9{,}5^4 + 26 \cdot 9{,}5^3 - 167{,}5 \cdot 9{,}5^2 - 12{,}5 \cdot 9{,}5^2 + 2\,053 = 964{,}0625$

$\implies f(9{,}5) = g(9{,}5)$.

$\implies$ Zu den Zeitpunkten $t_1 = 3$ und $t_2 = 9{,}5$ entspricht die Leistung der Solaranlage dem Leistungsbedarf der Familie.

b) (1) $f'(t) = 4t^3 - 72t^2 + 288t$.

$$f'(t) = 0 \iff 4t^3 - 72t^2 + 288t = 0$$
$$\iff 4t \cdot (t^2 - 18t + 72) = 0$$
$$\iff 4t = 0 \text{ oder } t^2 - 18t + 72 = 0$$
$$\iff t = 0 \text{ oder } t = \frac{18 \pm \sqrt{(-18)^2 - 4 \cdot 1 \cdot 72}}{2 \cdot 1}$$
$$\iff t = 0 \text{ oder } t = 6 \text{ oder } t = 12$$

$f''(t) = 12t^2 - 144t + 288$.

$f''(0) = 288 > 0 \implies$ lokales Minimum bei $t = 0$.

$f''(6) = 12 \cdot 6^2 - 144 \cdot 6 + 288 = -144 < 0 \implies$ lokales Maximum bei $t = 6$.

$f''(12) = 12 \cdot 12^2 - 144 \cdot 12 + 288 = 288 > 0 \implies$ lokales Minimum bei $t = 12$.

Der Zeitpunkt der maximalen Leistung der Solaranlage ist bei $t = 6$, also Ende Juni.

$f(6) = 6^4 - 24 \cdot 6^3 + 144 \cdot 6^2 + 400 = 1\,696$

$\implies$ Maximale Leistung der Solaranlage: 1 696 kWh.

EXTREMA ÜBER
2. ABLEITUNG:

Abi024

(2) $g'(t) = -4t^3 + 78t^2 - 335t - 12{,}5$

$\implies g''(t) = -12t^2 + 156t - 335$

$g''(t) = 0 \iff -12t^2 + 156t - 335 = 0$

$$\iff t = \frac{-156 \pm \sqrt{156^2 - 4 \cdot (-12) \cdot (-335)}}{2 \cdot (-12)}$$

$$\iff t = 6{,}5 \pm \sqrt{\frac{43}{3}}$$

$g'''(t) = -24t + 156 \implies g'''\left(6{,}5 - \sqrt{\frac{43}{3}}\right) \approx 90{,}86 > 0$ und

$g'''\left(6{,}5 + \sqrt{\frac{43}{3}}\right) \approx -90{,}86 < 0$

$\implies$ lokales Minimum von g' bei $t = 6{,}5 - \sqrt{\frac{43}{3}} \approx 2{,}71$ und lokales Maximum bei

$t = 6{,}5 + \sqrt{\frac{43}{3}} \approx 10{,}29$.

$\implies$ Der Leistungsbedarf der Familie nimmt ungefähr zum Zeitpunkt $t = 2{,}71$ am stärksten ab, d. h. gegen Ende März.

c) (1) Stammfunktion von g:

STANDARD-FUNKTIONEN INTEGRIEREN:

Abi033

$$G(t) = -\frac{1}{5}t^5 + 26 \cdot \frac{1}{4}t^4 - 167{,}5 \cdot \frac{1}{3}t^3 - 12{,}5 \cdot \frac{1}{2}t^2 + 2\,053t$$

$$= -\frac{1}{5}t^5 + \frac{13}{2}t^4 - \frac{335}{6}t^3 - 6{,}25t^2 + 2\,053t.$$

Energiebedarf der Familie für das Kalenderjahr:

$$\int_0^{12} g(t)\,dt = \Big[G(t)\Big]_0^{12}$$

$$= G(12) - G(0)$$

$$= 12\,273{,}6$$

$\implies$ Die Familie verbraucht pro Kalenderjahr $13\,173{,}6\,\text{kWh}$ thermische Energie.

(2) $\displaystyle\int_3^{9,5} (f(t) - g(t))\,dt = \int_3^{9,5}\left(2t^4 - 50t^3 + 311{,}5t^2 + 12{,}5t - 1\,653\right)dt$

FLÄCHE ZWISCHEN GRAPHEN:

Abi037

$$= \left[\frac{2}{5}t^5 - \frac{25}{2}t^4 + \frac{623}{6}t^3 + 6{,}25t^2 - 1\,653t\right]_3^{9,5}$$

$$= \left(\frac{2}{5} \cdot 9{,}5^5 - \frac{25}{2} \cdot 9{,}5^4 + \frac{623}{6} \cdot 9{,}5^3 + 6{,}25 \cdot 9{,}5^2 - 1\,653 \cdot 9{,}5\right)$$

$$- \left(\frac{2}{5} \cdot 3^5 - \frac{25}{2} \cdot 3^4 + \frac{623}{6} \cdot 3^3 + 6{,}25 \cdot 3^2 - 1\,653 \cdot 3\right)$$

$$= 3\,022{,}62 - (-3\,014{,}55)$$

$$= 6\,037{,}17$$

$\implies$ Im Intervall $[3; 9{,}5]$ bleiben $6\,037{,}17\,\text{kWh}$ Energie zum Heizen des Gartenpools.

(3)

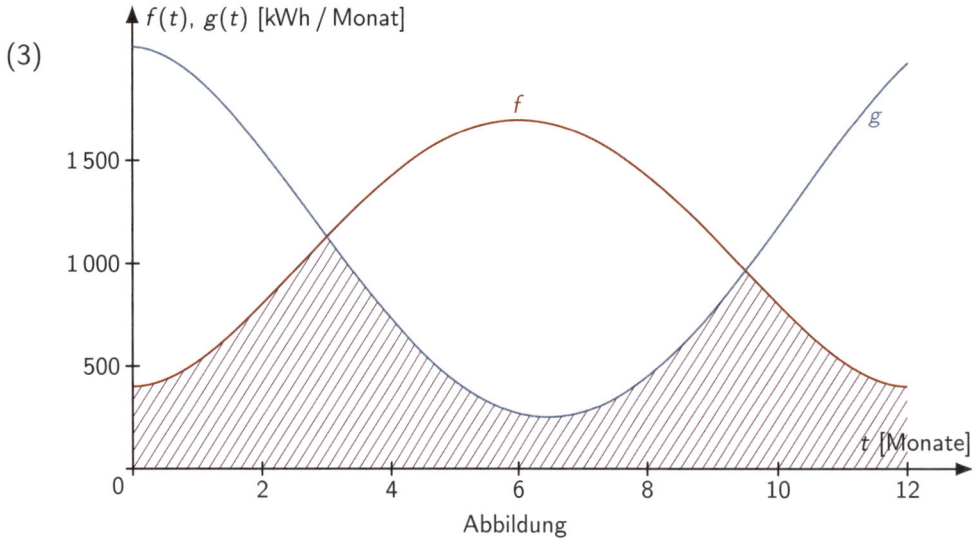

Abbildung

Die schraffierte Fläche entspricht der im Jahresverlauf von der Solaranlage bereitgestellten Energie abzüglich der Heizenergie für den Gartenpool. Der Nenner des angegebenen Bruches beschreibt den gesamten Jahresbedarf der Familie an Energie. Die Berechnung zeigt also, dass die Solaranlage etwa 57,5 % des Energiebedarfs (ohne Berücksichtigung der Poolheizung) deckt.

nur LK:

c) (1) Für $a = 1$ ergibt sich $f_a(t) = t^4 - 24t^3 + 144t^2 + 400 = f(t)$. Wegen $w = 116 - 66 \cdot 1 = 50$ ist der zugehörige Neigungswinkel 50°.

(2) Eine Stammfunktion von f_a ist durch

$$F_a(t) = a \cdot \left(\frac{1}{5}t^5 - 24 \cdot \frac{1}{4}t^4 + 144 \cdot \frac{1}{3}t^3 + 400t \right) - 400 \cdot \left(a^2 - 1 \right) t$$

$$= a \cdot \left(\frac{1}{5}t^5 - 6t^4 + 48t^3 + 400t \right) - 400 \cdot \left(a^2 - 1 \right) t$$

gegeben. Also ist die abrufbare Energie

$$E(a) = \int_0^{12} f_a(t)\, dt$$

$$= F_a(12) - F_a(0)$$

$$= a \cdot \left(\frac{1}{5} \cdot 12^5 - 6 \cdot 12^4 + 48 \cdot 12^3 + 400 \cdot 12 \right) - 400 \cdot \left(a^2 - 1 \right) \cdot 12$$

$$= -4800a^2 + 13094,4a + 4800$$

Scheitelstelle der Parabel:

$E'(a) = -9600a + 13094,4 = 0 \Longleftrightarrow a = 13094,4 : 9600 = 1,364$

$\Longrightarrow$ Für $a = 1,364$ ergibt sich die maximale abrufbare Energie.

(3) Die Fläche unter dem Leistungsgraphen für 50° außerhalb der Zeit von $t = 3$ bis $t = 9,5$, in der die Poolheizung läuft, ist größer als die entsprechende Fläche unter dem Leistungsgraphen für 26°. Somit wird bei einem Neigungswinkel von 50° ein höherer Anteil des Leistungsbedarfs gedeckt.

STANDARD-
FUNKTIONEN
INTEGRIEREN:

Abi033

BESTIMMTES
INTEGRAL:

Abi036

Aufgabe 3

In einem kartesischen Koordinatensystem sind die Punkte $O(0|0|0)$, $A(9|12|0)$, $B(-3|21|0)$, $C(-12|9|0)$ und $S(-1{,}5|10{,}5|15)$ Eckpunkte der Pyramide $OABCS$, deren Grundfläche das Viereck $OABC$ ist (siehe Abbildung).

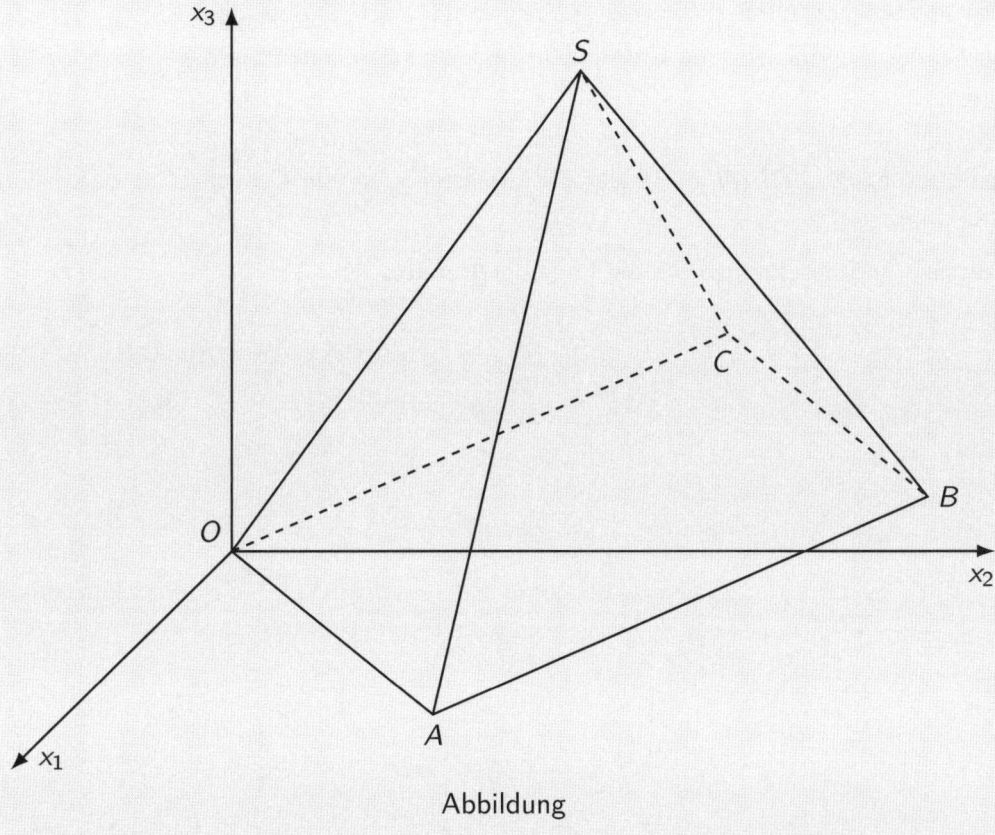

Abbildung

Im Folgenden darf verwendet werden, dass die Seitendreiecke der Pyramide zueinander kongruent sind.

a) (1) Zeigen Sie, dass das Viereck $OABC$ ein Quadrat ist.

    (2) Berechnen Sie das Volumen und die Oberfläche der Pyramide $OABCS$.

(6 + 8 Punkte)

b) (1) Zeigen Sie, dass der Punkt $R(5|15|0)$ auf der Strecke $\overline{AB}$ liegt.

    (2) Zeigen Sie, dass die Strecke $\overline{OR}$ die Grundfläche der Pyramide im Verhältnis 5 : 1 bzw. 1 : 5 teilt.

    (3) Leiten Sie eine Parameter- und eine Koordinatengleichung der Ebene E her, die durch die Punkte O, $Q(1|1|2)$ und R festgelegt ist.
    [Mögliches Ergebnis: $E : 3x_1 - x_2 - x_3 = 0$]

(3 + 5 + 7 Punkte)

c) (1) Bestimmen Sie die Koordinaten des Schnittpunktes P der Geraden g durch S und A mit der Ebene E aus Teilaufgabe b) (3).

[Zur Kontrolle: Der Schnittpunkt ist $P(5,5|11,5|5)$.]

(2) Weisen Sie nach, dass die Strecken $\overline{OP}$ und $\overline{BP}$ senkrecht zur Geraden g verlaufen.

(3) Begründen Sie, dass der Streckenzug $\overline{OPB}$ ein kürzester Weg von O nach B über den Mantel der Pyramide (Mantel: Oberfläche ohne Grundfläche) ist, und berechnen Sie die Länge des Streckenzuges.

(4) Es gibt einen weiteren Streckenzug $\overline{ONB}$ ($N \neq P$), der ein kürzester Weg von O nach B über den Mantel der Pyramide ist.

Begründen Sie diese Aussage und beschreiben Sie die Lage des Punktes N.

(6 + 4 + 6 + 5 Punkte)

Tipps Abitur 2015, Aufgabe 3

a) (1) Stellen Sie drei Seiten als Vektoren dar. Zeigen Sie, dass drei der vier Innenwinkel $90°$ betragen (mittels Skalarprodukt) und dass die Diagonalen senkrecht aufeinander stehen oder zwei benachbarte Seiten gleich lang sind (Beträge der entsprechenden Vektoren).

   (2) Aufgrund der Kongruenz steht S senkrecht über dem Mittelpunkt der Grundfläche. Die Höhe einer Seitenfläche ist der Abstand von S zum Mittelpunkt der Grundseite (das ist *nicht* die Höhe der Pyramide!).

b) (1) Parametrisieren Sie die Strecke $\overline{AB}$ als Abschnitt der Gerade $g : \vec{x} = \overrightarrow{OA} + t \cdot \overrightarrow{AB}, t \in \mathbb{R}$. Prüfen Sie dann, ob es ein $t \in [0\,;1]$ gibt, für das $\overrightarrow{OA} + t \cdot \overrightarrow{AB} = \overrightarrow{OR}$ gilt.

   (2) Berechnen Sie die Fläche des Dreiecks OAR und vergleichen Sie mit der Grundfläche $OABC$, siehe dazu Teilaufgabe a) (2). Beachten Sie: das Verhältnis $1 : 5$ bedeutet, dass von der Gesamtfläche $\frac{1}{6}$ auf den kleineren und $\frac{5}{6}$ auf den größeren Teil entfallen.

   (3) Verwenden Sie $\overrightarrow{OQ}$ und $\overrightarrow{OR}$ als Richtungsvektoren für die Parametergleichung und ermitteln Sie daraus einen Normalenvektor der Ebene (mithilfe des Skalarprodukts über ein lineares Gleichungssystem oder mit dem Vektorprodukt). Wenn Sie einen Normalenvektor $\vec{n} = \begin{pmatrix} n_1 \\ n_2 \\ n_3 \end{pmatrix}$ ermittelt haben, dann erhalten Sie eine Koordinatengleichung der Form $n_1 x_1 + n_2 x_2 + n_3 x_3 + a = 0$, bei der nur noch der Parameter $a \in \mathbb{R}$ bestimmt werden muss.

c) (1) Bestimmen Sie eine Gleichung der Gerade durch S und A und setzen Sie einen allgemeinen Punkt dieser Gerade in die Koordinatengleichung aus Teilaufgabe b) (3) ein. Die Lösung dieser Gleichung ist der Parameterwert, den Sie in die Geradengleichung einsetzen müssen, um den Ortsvektor des gesuchten Schnittpunkts zu erhalten.

   (2) Berechnen Sie die Skalarprodukte von $\overrightarrow{OP}$ und $\overrightarrow{BP}$ mit dem Richtungsvektor der Gerade g.

   (3) Der kürzeste Weg von O nach B über die Mantelfläche der Pyramide muss entweder $\overline{AS}$ oder $\overline{CS}$ überqueren. Aufgrund der Symmetrie führt ein kürzester Weg über AS. Dieser setzt sich zusammen aus der kürzesten Verbindung von O zur Strecke AS (d. h. zur Gerade g) und der kürzesten Verbindung von AS nach B. Nutzen Sie das Ergebnis aus Teilaufgabe c) (2), um zu zeigen, dass diese kürzeste Verbindung über den Punkt P geht.

   (4) Beachten Sie die Symmetrie der Pyramide.

Lösungen Abitur 2015, Aufgabe 3

a) (1) Schenkel des Winkels bei O: $\overrightarrow{OC} = \begin{pmatrix} -12 \\ 9 \\ 0 \end{pmatrix}$ und $\overrightarrow{OA} = \begin{pmatrix} 9 \\ 12 \\ 0 \end{pmatrix}$

$\implies \overrightarrow{OC} \circ \overrightarrow{OA} = (-12) \cdot 9 + 9 \cdot 12 + 0 \cdot 0 = 0 \implies$ rechter Winkel bei O.

Schenkel des Winkels bei A:

$\overrightarrow{AO} = -\overrightarrow{OA} = \begin{pmatrix} -9 \\ -12 \\ 0 \end{pmatrix}$ und $\overrightarrow{AB} = \begin{pmatrix} -3 - 9 \\ 21 - 12 \\ 0 \end{pmatrix} = \begin{pmatrix} -12 \\ 9 \\ 0 \end{pmatrix}$

$\implies \overrightarrow{AO} \circ \overrightarrow{AB} = (-9) \cdot (-12) + (-12) \cdot 9 + 0 \cdot 0 = 0 \implies$ rechter Winkel bei A.

Schenkel des Winkels bei B:

$\overrightarrow{BC} = \begin{pmatrix} -12 - (-3) \\ 9 - 21 \\ 0 \end{pmatrix} = \begin{pmatrix} -9 \\ -12 \\ 0 \end{pmatrix}$ und $\overrightarrow{BA} = \begin{pmatrix} -3 - 9 \\ 21 - 12 \\ 0 \end{pmatrix} = \begin{pmatrix} -12 \\ 9 \\ 0 \end{pmatrix}$

$\implies \overrightarrow{BC} \circ \overrightarrow{BA} = (-9) \cdot (-12) + (-12) \cdot 9 + 0 \cdot 0 = 0 \implies$ rechter Winkel bei B.

Somit hat $OABC$ drei rechte Winkel $\implies OABC$ ist ein Rechteck.

Diagonalen: $\overrightarrow{OB} = \begin{pmatrix} -3 \\ 21 \\ 0 \end{pmatrix}$ und $\overrightarrow{CA} = \begin{pmatrix} 9 - (-12) \\ 12 - 9 \\ 0 - 0 \end{pmatrix} = \begin{pmatrix} 21 \\ 3 \\ 0 \end{pmatrix}$

$\implies \overrightarrow{OB} \circ \overrightarrow{CA} = (-3) \cdot 21 + 21 \cdot 3 + 0 \cdot 0 = 0$

$\implies$ Das Rechteck $OABC$ ist ein Quadrat.

(2) Länge der Grundseite $\overline{OA}$: $\left| \overrightarrow{OA} \right| = \sqrt{9^2 + 12^2 + 0^2} = \sqrt{225} = 15$.

$\implies$ Grundfläche: $\left| \overrightarrow{OA} \right|^2 = 225$

Die Grundfläche $OABC$ liegt in der Ebene $x_3 = 0$

$\implies$ Höhe der Pyramide = x_3-Koordinate von $S = 15$.

Das Volumen der Pyramide $OABCS$ ist somit

$\frac{1}{3} \cdot$ Grundfläche $\cdot$ Höhe $= \frac{1}{3} \cdot 225 \cdot 15$

$= 1125\,[\text{Volumeneinheiten}]$.

Da die vier Seitendreiecke kongruent sind, liegt die Spitze der Pyramide senkrecht über dem Mittelpunkt der quadratischen Grundfläche und alle Seitendreiecke sind gleichschenklig. Die Höhe des Seitendreiecks OAS über der Grundseite $\overline{OA}$ ist daher der Abstand der Spitze S zum Mittelpunkt M der Grundseite $\overline{OA}$.

$\frac{1}{2}\overrightarrow{OA} = \begin{pmatrix} 4{,}5 \\ 6 \\ 0 \end{pmatrix} \implies M(4{,}5|6|0)$.

SKALAR-
PRODUKT:

Abi052

BETRAG EINES
VEKTORS:

Abi046

Höhe von OAS über $\overrightarrow{OA}$:

$$d(M,S) = \left|\overrightarrow{MS}\right|$$

$$= \left|\begin{pmatrix} -1,5 - 4,5 \\ 10,5 - 6 \\ 15 - 0 \end{pmatrix}\right| = \left|\begin{pmatrix} -6 \\ 4,5 \\ 15 \end{pmatrix}\right|$$

$$= \sqrt{(-6)^2 + 4,5^2 + 15^2}$$

$$= \sqrt{281,25}$$

$\Longrightarrow$ Fläche eines Seitendreiecks: $\dfrac{1}{2} \cdot \left|\overrightarrow{OA}\right| \cdot \left|\overrightarrow{MS}\right| = \dfrac{1}{2} \cdot 15 \cdot \sqrt{281,25} \approx 125,78$.

Also beträgt die Gesamtoberfläche der Pyramide (Grundfläche und vier Seitenflächen) etwa $225 + 4 \cdot 125,78 = 728,12$ Flächeneinheiten.

b) (1) $\overrightarrow{AB} = \begin{pmatrix} -12 \\ 9 \\ 0 \end{pmatrix}$ (s.o.)

$$\overrightarrow{AR} = \begin{pmatrix} 5 - 9 \\ 15 - 12 \\ 0 - 0 \end{pmatrix} = \begin{pmatrix} -4 \\ 3 \\ 0 \end{pmatrix}$$

$\Longrightarrow \overrightarrow{AB} = 3 \cdot \overrightarrow{AR}$

$\Longrightarrow R$ liegt auf der Strecke $\overline{AB}$.

(2) Die Grundfläche der Pyramide ist ein Quadrat. OAR ist also ein rechtwinkliges Dreieck und seine Fläche ist:

$$F_{OAR} = \frac{1}{2} \cdot \left|\overrightarrow{OA}\right| \cdot \left|\overrightarrow{AR}\right| \text{ mit}$$

$$\left|\overrightarrow{OA}\right| = 15 \text{ (s.o.) und } \left|\overrightarrow{AR}\right| = \sqrt{(-4)^2 + 3^2} = \sqrt{25} = 5.$$

$\Longrightarrow F_{OAR} = \frac{1}{2} \cdot 15 \cdot 5 = 37,5$.

Außerdem hat die Grundfläche den Flächeninhalt $225\,\text{LE}$ (s.o.), d. h. die restliche Teilfläche $ORBC$ hat den Flächeninhalt $225 - 37,5 = 187,5$. Das Verhältnis der größeren zur kleineren Teilfläche ist somit $\dfrac{187,5}{37,5} = 5 : 1$.

(3) Parametergleichung:

$$E : \vec{X} = \overrightarrow{OO} + \lambda \cdot \overrightarrow{OR} + \mu \cdot \overrightarrow{OQ} = \begin{pmatrix} 0 \\ 0 \\ 0 \end{pmatrix} + \lambda \cdot \begin{pmatrix} 5 \\ 15 \\ 0 \end{pmatrix} + \mu \cdot \begin{pmatrix} 1 \\ 1 \\ 2 \end{pmatrix}, \ \lambda \in \mathbb{R}, \ \mu \in \mathbb{R}.$$

Die Vektoren $\overrightarrow{OR} = \begin{pmatrix} 5 \\ 15 \\ 0 \end{pmatrix}$ und $\overrightarrow{OQ} = \begin{pmatrix} 1 \\ 1 \\ 2 \end{pmatrix}$ spannen die Ebene E auf.

PARAMETER-FORM AUS 3 PUNKTEN:

Abi050

Sei $\vec{n} = \begin{pmatrix} n_1 \\ n_2 \\ n_3 \end{pmatrix}$ ein Normalenvektor von E. $\vec{n}$ steht senkrecht auf $\overrightarrow{OR}$ und $\overrightarrow{OQ}$, also gilt

NORMALENVEKTOR ÜBER SKALARPRODUKT:

Abi053

$$\vec{n} \circ \overrightarrow{OR} = 0 \iff 5 \cdot n_1 + 15 \cdot n_2 + 0 \cdot n_3 = 0$$
$$\iff 5n_1 + 15n_2 = 0 \iff n_1 + 3n_2 = 0 \text{ und}$$
$$\vec{n} \circ \overrightarrow{OQ} = 0 \iff 1 \cdot n_1 + 1 \cdot n_2 + 2 \cdot n_3 = 0 \iff n_1 + n_2 + 2n_3 = 0.$$

Wählen wir im linearen Gleichungssystem

I: $n_1 + 3n_2 \quad\quad = 0$

II: $n_1 + \ n_2 + 2n_3 = 0$

$n_2 = 1$, so folgt aus I $n_1 = -3$ und somit aus II: $-3 + 1 + 2n_3 = 0 \iff n_3 = 1$.

KOORDINATENGLEICHUNG AUS PUNKT UND NORMALENVEKTOR:

$\implies$ Normalenvektor: $\vec{n} = \begin{pmatrix} -3 \\ 1 \\ 1 \end{pmatrix}$

$\implies E : -3x_1 + x_2 + x_3 = c$ für ein $c \in \mathbb{R}$.

$O(0|0|0) \in E \implies c = 0$

$\implies$ Koordinatengleichung: $E : -3x_1 + x_2 + x_3 = 0$.

Abi055

c) (1) Eine Paramtergleichung der Gerade g ist

$g : \vec{X} = \overrightarrow{OA} + t \cdot \overrightarrow{AS}, t \in \mathbb{R}$ mit

GERADE DURCH 2 PUNKTE:

$\overrightarrow{OA} = \begin{pmatrix} 9 \\ 12 \\ 0 \end{pmatrix}$ und $\overrightarrow{AS} = \begin{pmatrix} -1,5 - 9 \\ 10,5 - 12 \\ 15 - 0 \end{pmatrix} = \begin{pmatrix} -10,5 \\ -1,5 \\ 15 \end{pmatrix}$, also

Abi048

$g : \vec{X} = \begin{pmatrix} 9 \\ 12 \\ 0 \end{pmatrix} + t \cdot \begin{pmatrix} -10,5 \\ -1,5 \\ 15 \end{pmatrix}, t \in \mathbb{R}$

$\implies$ allgemeiner Geradenpunkt: $P_t(9 - 10,5t | 12 - 1,5t | 15t)$.

$P_t \in E \iff -3(9 - 10,5t) + 12 - 1,5t + 15t = 0$
$$\iff -15 + 45t = 0$$
$$\iff t = \frac{15}{45} = \frac{1}{3}$$

$\implies P\left(9 - 10,5 \cdot \frac{1}{3} \middle| 12 - 1,5 \cdot \frac{1}{3} \middle| 15 \cdot \frac{1}{3}\right) = P(5,5|11,5|5)$.

SCHNITTPUNKT GERADE-EBENE:

Abi064

(2) $\overrightarrow{OP} = \begin{pmatrix} 5,5 \\ 11,5 \\ 5 \end{pmatrix}$ und $\overrightarrow{BP} = \begin{pmatrix} -3 - 5,5 \\ 21 - 11,5 \\ 0 - 5 \end{pmatrix} = \begin{pmatrix} -8,5 \\ 9,5 \\ -5 \end{pmatrix}$,

also ist

SKALARPRODUKT:

$\overrightarrow{OP} \circ \overrightarrow{AS} = 5,5 \cdot (-10,5) + 11,5 \cdot (-1,5) + 5 \cdot 15 = -57,75 - 17,25 + 75 = 0$ und

$\overrightarrow{BP} \circ \overrightarrow{AS} = -8,5 \cdot (-10,5) + 9,5 \cdot (-1,5) + (-5) \cdot 15 = 89,25 - 14,25 - 75 = 0$

$\implies$ Die Strecken $\overline{OP}$ und $\overline{BP}$ verlaufen senkrecht zur Geraden g.

Abi052

(3) Nach Teilaufgabe c (2) stehen $\overrightarrow{OP}$ und $\overrightarrow{BP}$ senkrecht auf $\overline{AS}$, also ist $\overline{OP}$ die kürzeste Verbindung von O zu $\overline{AS}$ und $\overline{PB}$ ist die kürzeste Verbindung von $\overline{AS}$ zu B. Somit ist der Streckenzug $\overline{OPB}$ die kürzeste Verbindung von O nach B über die Kante $\overline{AS}$.

Jede Verbindung von O nach B über die Mantelfläche der Pyramide muss entweder über $\overline{AS}$ oder über $\overline{CS}$ laufen, wobei die kürzeste Verbindung von O nach B über $\overline{CS}$ aus Symmetriegründen genauso lang ist, wie über $\overline{AS}$.

Somit ist der Streckenzug $\overline{OPB}$ eine kürzeste Verbindung von O nach B über die Mantelfläche der Pyramide. Seine Länge ist

BETRAG EINES VEKTORS:

Abi046

$$
\begin{aligned}
L_{OPB} &= \left|\overrightarrow{OP}\right| + \left|\overrightarrow{BP}\right| \\
&= \sqrt{5{,}5^2 + 11{,}5^2 + 5^2} + \sqrt{(-8{,}5)^2 + 9{,}5^2 + (-5)^2} \\
&= \sqrt{187{,}5} + \sqrt{187{,}5} \\
&\approx 27{,}39 \, [\text{LE}]
\end{aligned}
$$

(4) Die Pyramide $OABCS$ ist spiegelsymmetrisch um die Ebene E_{OBS} durch O, B und S, sodass der Streckenzug ONB über den Spiegelpunkt N von P bezüglich E_{OBS} genauso lang ist, wie der Streckenzug OPB. N liegt auf der Seitenkante $\overline{CS}$ auf der gleichen Höhe wie P, nämlich bei $x_3 = 5$.

nur LK:

Aufgabe 3

Für jede positive reelle Zahl a sind eine Funktion f_a mit der Gleichung
$f_a(x) = (x^2 + ax + 1) \cdot e^x$, $x \in \mathbb{R}$, und eine Funktion p_a mit der Gleichung
$p_a(x) = x^2 + (a + 2)x + a + 1$, $x \in \mathbb{R}$, gegeben.

Die Graphen von $f_{2,5}$ und $p_{2,5}$ sind in der Abbildung 1 dargestellt.

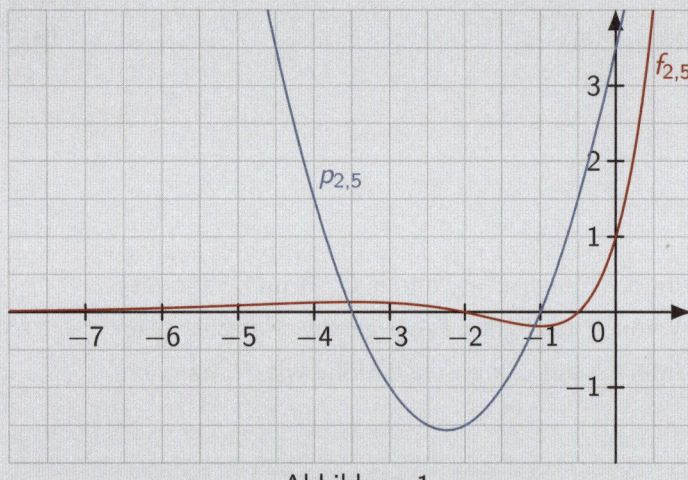

Abbildung 1

Es sei nun a eine beliebige positive reelle Zahl.

a) (1) Ermitteln Sie das Intervall auf der x-Achse, für das der Graph der Funktion p_a unterhalb der x-Achse verläuft.

   [Zur Kontrolle: Das gesuchte Intervall ist $]-1 - a\,;\,-1[.]$

   (2) Zeigen Sie: Es gilt: $f_a'(x) = p_a(x) \cdot e^x$ für alle $x \in \mathbb{R}$.

   (3) Bestimmen Sie die Stellen, an denen die Funktion f_a ein lokales Maximum bzw. Minimum besitzt.

   (5 + 5 + 6 Punkte)

b) (1) Bestimmen Sie dasjenige $a > 0$, für das die Funktion f_a genau eine Nullstelle hat.

   (2) Berechnen Sie die zugehörige Nullstelle.

   (5 + 3 Punkte)

c) Betrachten Sie nun die Funktion k mit der Gleichung $k(x) = e^x$, $x \in \mathbb{R}$, und die Funktion h_a mit der Funktionsgleichung $h_a(x) = f_a(x) - k(x) = (a^2 + ax) \cdot e^x$, $x \in \mathbb{R}$.

   (1) Ermitteln Sie mithilfe eines Integrationsverfahrens eine Stammfunktion der Funktion h_a.

[Zur Kontrolle: Zum Beispiel ist die Funktion H_a mit der Gleichung $H_a(x) = (x^2 + (a-2)x + 2 - a) \cdot e^x$ eine Stammfunktion von h_a.]

(2) Berechnen Sie in Abhängigkeit von a den Inhalt $A(a)$ der Fläche, die von den Graphen der Funktionen f_a und k eingeschlossen wird.

[Zur Kontrolle: $A(a) = |2 - a - (a+2) \cdot e^{-a}|$]

(6 + 6 Punkte)

d) Für alle $a = 2{,}5$ erhält man die Funktion $f_{2,5} =$ mit der Gleichung

$$f_{2,5}(x) = \left(x^2 + 2{,}5x + 1\right) \cdot e^x, x \in \mathbb{R}.$$

(1) Emitteln Sie mithilfe von c) (1) eine Stammfunktion der Funktion $f_{2,5}$

[Zur Kontrolle: Zum Beispiel ist die Funktion $F_{2,5}$ mit der Gleichung $F_{2,5}(x) = (x^2 + 0{,}5x + 0{,}5) \cdot e^x$ eine Stammfunktion von $f_{2,5}$.]

(2) Berechnen Sie den Inhalt der Fläche, die von dem Graphen der Funktion $f_{2,5}$ und der x-Achse eingeschlossen wird.

[Zur Kontrolle: Der gesuchte Flächeninhalt beträgt ungefähr 0,17 $[FE]$]

(3) In der *Abbildung 2* ist die Fläche schraffiert, die von den Graphen der Funktionen $f_{2,5}$ und k eingeschlossen wird. Die x-Achse teilt diese Fläche.

Berechnen Sie das Verhältnis der größeren zur kleineren Teilfläche.

(4 + 6 + 4 Punkte)

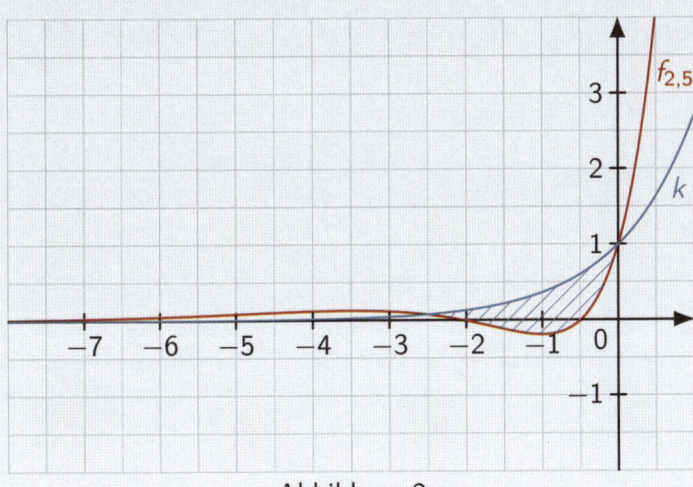

Abbildung 2

Tipps Abitur 2015, Aufgabe 3

a) (1) Der gesuchte Bereich erstreckt sich zwischen den beiden Nullstellen, die Sie mithilfe der quadratischen Lösungsformel berechnen.

   (2) Berechnen Sie $f_a'(x)$ mit der Produktregel und vergleichen Sie dann mit $p_a(x) \cdot e^x$.

   (3) Bestimmen Sie das Monotonieverhalten von f_a unter Verwendung von a) (1) und a) (2).

b) (1) Sie können entweder beide Nullstellen berechnen und gleichsetzen oder die Diskriminante gleich null setzen.

   (2) Verwenden Sie die quadratische Lösungsformel.

c) (1) Wenden Sie zweimal die partielle Integration an (Produktintegration von $(x^2 + ax) \cdot e^x$).

   (2) Berechnen Sie die Schnittstellen der Graphen von f_a und k und integrieren Sie die Differenz $f_a(x) - k(x)$ über den Bereich zwischen den Schnittstellen und unter Verwendung von c) (1).

d) (1) Integrieren Sie gliedweise die Summe $f_{2,5}(x) = (x^2 + 2,5x)e^x + e^x = h_a(x) + e^x$.

   (2) Die Integrationsgrenzen sind die Nullstellen von $f_{2,5}$, die Sie über die quadratische Lösungsformel erhalten.

   (3) Die Teilfläche unterhalb der x-Achse wurde in d) (2) berechnet, die Gesamtfläche ergibt sich aus c) (2). Mithilfe dieser Daten ermitteln Sie die Fläche oberhalb der x-Achse und daraus das gesuchte Verhältnis.

Lösungen Abitur 2015, Aufgabe 3

a) (1) $p_a(x) = 0 \iff x^2 + (a+2)x + a + 1 = 0$

$$\iff x = \frac{-(a+2) \pm \sqrt{(a+2)^2 - 4(a+1)}}{2}$$

$$\iff x = -1 - a \text{ oder } x = -1$$

Die nach oben geöffnete Parabel ragt zwischen ihren Nullstellen unter die x-Achse, also im Bereich $[-1-a\,;-1]$.

NULLSTELLEN (REGELFALL):

Abi001

(2) $f_a'(x) = \left(x^2 + ax + 1\right) \cdot e^x + (2x + a) \cdot e^x$

$$= \left(x^2 + (2+a)x + 1 + a\right) \cdot e^x$$

$$= p_a(x) \cdot e^x$$

PRODUKTREGEL:

Abi152

(3) Nach a) (2) hat $f_a'(x)$ dasselbe Vorzeichen wie $p_a(x)$, also nach a) (1) negativ für $x \in [-1-a\,;-1]$ und sonst positiv. Somit weist f_a folgendes Monotonieverhalten auf:

EXTREMA ÜBER MONOTONIE:

Abi023

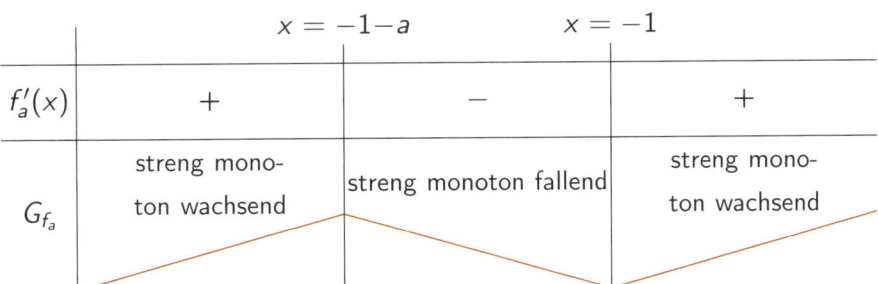

	$x = -1-a$		$x = -1$	
$f_a'(x)$	$+$	$-$		$+$
G_{f_a}	streng monoton wachsend	streng monoton fallend		streng monoton wachsend

$\implies$ lokales Maximum bei $x = -1 - a$ und lokales Minimum bei $x = -1$

b) (1) $f_a(x) = 0 \iff \left(x^2 + ax + 1\right) \cdot e^x = 0$

$$\iff x^2 + ax + 1 = 0$$

Diskriminante: $a^2 - 4 \cdot 1 \cdot 1 = a^2 - 4$

Es gibt genau eine Lösung, wenn

$a^2 - 4 = 0 \iff a = \pm 2$ ist. Da a positiv vorausgesetzt wird, heißt das $a = 2$.

NULLSTELLEN (REGELFALL):

Abi001

(2) $x^2 + 2x + 1 = 0 \iff (x+1)^2 = 0 \iff x = -1$

c) (1) Es ist $h_a(x) = h_1(x) \cdot k(x)$ mit $h_1(x) = x^2 + ax$ und $k(x) = e^x$, $h_1'(x) = 2x + a$ und $k'(x) = e^x$.

$$\int h_a(x)\,dx = h_1(x) \cdot e^x - \int h_1'(x) \cdot e^x \, dx$$

$$= \left(x^2 + ax\right) e^x - \int (2x + a) \cdot e^x \, dx$$

$$= \left(x^2 + ax\right) e^x - \left((2x + a) \cdot e^x - \int 2 \cdot e^x \, dx\right)$$

$$= \left(x^2 + ax - 2x - a\right) e^x + 2e^x$$

$$= \left(x^2 + (a-2)x - a + 2\right) e^x$$

$\implies H_a(x) = \left(x^2 + (a-2)x - a + 2\right) e^x$ definiert eine Stammfunktion von h_a.

PARTIELL INTEGRIEREN:

Abi040

(2) Schnittstellen von f_a und k:

$$f_a(x) = k(x) \Longleftrightarrow \left(x^2 + ax + 1\right) \cdot e^x = e^x$$

$$\Longleftrightarrow x^2 + ax = 0$$

$$\Longleftrightarrow x(x + a) = 0$$

$$\Longleftrightarrow x = 0 \text{ oder } x = -a$$

$$A(a) = \left| \int_{-a}^{0} f_a(x) - k(x)\,dx \right|$$

$$= |H_a(0) - H_a(-a)|$$

$$= \left| 2 - a - \left(a^2 + (a - 2) \cdot (-a) - a + 2\right) e^{-a} \right|$$

$$= \left| 2 - a - (a + 2)e^{-a} \right| \ \left[= 2 - a - (a + 2)e^{-a} \right]$$

BESTIMMTES
INTEGRAL:

Abi036

d) (1) $f_{2,5}(x) = h_{2,5}(x) + e^x$

$$\Longrightarrow F_{2,5}(x) = H_{2,5}(x) + e^x = \left(x^2 + (2,5 - 2)x - 2,5 + 3\right) e^x = \left(x^2 + 0,5x + 0,5\right) e^x$$

definiert eine Stammfunktion von $f_{2,5}$.

INTEGRA-
TIONSREGELN:

Abi035

(2) Nullstellen von $f_{2,5}$:

$$f_{2,5}(x) = 0 \Longleftrightarrow \left(x^2 + 2,5x + 1\right) \cdot e^x = 0$$

$$\Longleftrightarrow x^2 + 2,5x + 1 = 0$$

$$\Longleftrightarrow x = \frac{-2,5 \pm \sqrt{2,5^2 - 4}}{2}$$

$$\Longleftrightarrow x = -2 \text{ oder } x = -0,5$$

$$\left| \int_{-2}^{-0,5} f_{2,5}(x)\,dx \right| = |F_{2,5}(-0,5) - F_{2,5}(-2)|$$

$$= \left| \left((-0,5)^2 + 0,5 \cdot (-0,5) + 0,5\right) e^{-0,5} - \left((-2)^2 + 0,5 \cdot (-2) + 0,5\right) e^{-2} \right|$$

$$= \left| 0,5e^{-0,5} - 3,5e^{-2} \right|$$

$$\approx 0,17$$

NULLSTELLEN
(REGELFALL):

Abi001

BESTIMMTES
INTEGRAL:

Abi036

(3) Gesamtfläche: $A(2,5) = \left| 2 - 2,5 - (2,5 + 2)e^{-2,5} \right| = 0,5 \left(1 + 9e^{-2,5}\right)$ nach c) (2)

Fläche unterhalb der x-Achse: $\left| 0,5e^{-0,5} - 3,5e^{-2} \right|$ nach d) (2)

$\Longrightarrow$ Fläche oberhalb der x-Achse: $0,5 \left(1 + e^{-2,5}\right) - \left| 0,5e^{-0,5} - 3,5e^{-2} \right| \approx 0,70$

$\Longrightarrow$ Verhältnis: $0,70 : 0,17 \approx 4,12$

Aufgabe 4

Im Folgenden betrachten wir die Entwicklung von Wolfspopulationen. Dabei beschränken wir uns **ausschließlich** auf die **weiblichen** Mitglieder einer Population, die aus Welpen (w), jungen Fähen (j) sowie ausgewachsenen Fähen (a) bestehen soll. Alle Fähen sind vermehrungsfähig. Die Welpen entwickeln sich ein Jahr nach der Geburt zu jungen Fähen und ein Jahr später zu ausgewachsenen Fähen.

Die folgende Tabelle zeigt die Verteilung einer in der Wildnis lebenden Population für die Jahre 2013 und 2014:

	2013	2014
w	65	52
j	8	26
a	20	16

Tabelle

Modellhaft lässt sich die Entwicklung mit der Matrix A beschreiben:

$$\begin{array}{c} \text{von:} \quad w \quad j \quad a \\ \text{nach:} \\ \begin{matrix} w \\ j \\ a \end{matrix} \quad A = \begin{pmatrix} 0 & 1{,}5 & 2 \\ b & 0 & 0 \\ 0 & 0{,}5 & 0{,}6 \end{pmatrix} \end{array}$$

a) (1) Begründen Sie mit den Daten aus der Tabelle, dass $b = 0{,}4$ gilt.

   (2) Interpretieren Sie die weiteren von Null verschiedenen Einträge in der Matrix A im Sachzusammenhang.

   (3 + 4 Punkte)

b) (1) Berechnen Sie die Verteilungen, die nach diesem Modell in den Jahren 2015 und 2016 zu erwarten sind.

   (2) Bestimmen Sie die Verteilung, die nach diesem Modell im Jahr 2012 vorgelegen hätte.

   (3) Zeigen Sie, dass sich in diesem Modell die Population aus 2011 nicht bestimmen lässt.

   (4) Ein Biologe behauptet, dass weniger als 15 % aller Welpen mindestens ein Alter von drei Jahren erreichen.
   Prüfen Sie, ob nach der obigen Modellierung mit der Matrix A die Behauptung des Biologen zutrifft.

   (4 + 5 + 3 + 4 Punkte)

c) Wölfe, die in einem Tierpark leben, haben andere Überlebens- und Fortpflanzungsraten. Für einen Tierpark kann die Entwicklung seiner Wolfspopulation durch die folgende Matrix B modelliert werden:

$$B = \begin{pmatrix} 0 & 1 & 0{,}1 \\ 0{,}8 & 0 & 0 \\ 0 & 0{,}75 & 0{,}7 \end{pmatrix}$$

(1) Beschreiben Sie im Sachzusammenhang die Einträge in der zweiten Spalte der Matrix B im Vergleich zu den Einträgen in der zweiten Spalte der Matrix A.

(2) Wegen der räumlichen Beschränkung will die Tierparkleitung die Gesamtzahl der Wölfe konstant halten. Das soll durch eine strikte Geburtenkontrolle gewährleistet werden.

Zeigen Sie, dass eine von $\begin{pmatrix} 0 \\ 0 \\ 0 \end{pmatrix}$ verschiedene stationäre Verteilung existiert, d. h. eine

Verteilung, die sich innerhalb eines Jahres nicht ändert.

(3) Ermitteln Sie die kleinstmögliche Gesamtpopulation mit stationärer Verteilung

$$\vec{n} = \begin{pmatrix} n_1 \\ n_2 \\ n_3 \end{pmatrix} \neq \begin{pmatrix} 0 \\ 0 \\ 0 \end{pmatrix} \text{ mit natürlichen Zahlen } n_1, n_2 \text{ und } n_3.$$

(2 + 7 + 4 Punkte)

d) Für die Population in dem obigen Tierpark wird eine neue Modellierung gewählt: Die Entwicklungsstufe der Welpen wird mit der Überlebensrate von 80 % beibehalten, die Entwicklungsstufen der jungen Fähen und ausgewachsenen Fähen werden zu einer Stufe zusammengefasst. Die neue Modellierung soll durch die Matrix

$$C = \begin{pmatrix} 0 & g \\ 0{,}8 & h \end{pmatrix}$$

mit $g > 0$ und $0 \leqslant h < 1$ dargestellt werden. Die Population der Welpen und Fähen soll mit insgesamt 19 Tieren konstant bleiben.

(1) Zeigen Sie, dass in dem neuen Modell eine stationäre Verteilung mit 11 Welpen nicht vorkommen kann.

(2) Zeigen Sie, dass sich für $g = \dfrac{5}{14}$ und $h = \dfrac{5}{7}$ eine stationäre Verteilung mit 5 Welpen und 14 Fähen ergibt.

(3) Mit den Werten aus Teilaufgabe (2) ist $C = \begin{pmatrix} 0 & \frac{5}{14} \\ 0{,}8 & \frac{5}{7} \end{pmatrix}$. Ein Taschenrechner liefert z. B.

$$C^{17} = \begin{pmatrix} 0{,}2222222218 & 0{,}2777777779 \\ 0{,}6222222226 & 0{,}7777777777 \end{pmatrix}$$

Die Potenzen C^n der Matrix C streben mit wachsendem n gegen die Matrix

$$G = \begin{pmatrix} \frac{2}{9} & \frac{5}{18} \\ \frac{28}{45} & \frac{7}{9} \end{pmatrix}.$$

Mithilfe der Matrix G lässt sich die langfristige Entwicklung einer Population ermitteln. Leider fallen in einem Jahr alle fünf Welpen der Population einer Infektionskrankheit zum Opfer. Daraufhin beschließt die Tierparkleitung die Anschaffung von vier zusätzlichen Fähen. Ermitteln Sie die langfristige Entwicklung der neuen Population.

(7 + 2 + 5 Punkte)

Tipps Abitur 2015, Aufgabe 4

a) (1) Entnehmen Sie der Tabelle, wie viele junge Fähen 2014 aus wie vielen Welpen des Vorjahres hervorgegangen sind und zeigen Sie, dass das Verhältnis 0,4 beträgt.

(2) Beachten Sie, dass die Übergangszeit stets ein Jahr beträgt. Übergänge von w nach j bzw. von j nach a bedeuten Überleben bis zur nächsten Entwicklungsstufe; Übergang von a nach w bedeutet Fortpflanzung.

b) (1) Multiplizieren Sie die Übergangsmatrix mit dem Zustandsvektor $\begin{pmatrix} 52 \\ 26 \\ 16 \end{pmatrix}$ von 2014, um die Verteilung von 2015 zu erhalten. Analog berechnen Sie die Verteilung von 2016 aus der von 2015.

(2) Lösen Sie das lineare Gleichungssystem $\begin{pmatrix} 0 & 1{,}5 & 2 \\ 0{,}4 & 0 & 0 \\ 0 & 0{,}5 & 0{,}6 \end{pmatrix} \cdot \begin{pmatrix} x \\ y \\ z \end{pmatrix} = \begin{pmatrix} 65 \\ 8 \\ 20 \end{pmatrix}$.

(3) Zeigen Sie, dass die zu Teilaufgabe b) (2) analoge Gleichung keine Lösung hat, die im Sachzusammenhang sinnvoll ist.

(4) Um drei Jahre zu überleben, sind drei Übergänge erforderlich: $w \longrightarrow j \longrightarrow a \longrightarrow a$. Multiplizieren Sie die entsprechenden Wahrscheinlichkeiten und prüfen Sie, ob das Ergebnis unterhalb von 15 % liegt.

c) (1) Die zweite Spalte beschreibt die Übergänge von j nach w, j und a. Deuten Sie die veränderten Einträge der Matrix B im Hinblick auf die Geburten- und Überlebensrate.

(2) Lösen Sie das lineare Gleichungssystem $B \cdot \begin{pmatrix} x \\ y \\ z \end{pmatrix} = \begin{pmatrix} x \\ y \\ z \end{pmatrix}$. Die Lösung ist nicht eindeutig, sondern es bleibt ein freier Parameter.

(3) Wählen Sie eine Lösung aus Teilaufgabe c) (2), so dass alle Einträge möglichst kleine natürliche Zahlen sind.

d) (1) Sind 11 der 19 Tiere Welpen, so bleiben 8 Fähen. Zeigen Sie, dass die Gleichung $C \cdot \begin{pmatrix} 11 \\ 8 \end{pmatrix} = \begin{pmatrix} 11 \\ 8 \end{pmatrix}$ für keine Parameter $g > 0$ und $h \in [0\,;1[$ gewährleistet ist.

(2) Zeigen Sie, dass $C \cdot \begin{pmatrix} 5 \\ 14 \end{pmatrix} = \begin{pmatrix} 5 \\ 14 \end{pmatrix}$ gilt, wenn $g = \dfrac{5}{14}$ und $h = \dfrac{5}{7}$ ist.

(3) Die alte Population war die stationäre Verteilung aus 5 Welpen und 14 Fähen. Die neue Population wird durch den Zustandsvektor $\begin{pmatrix} 0 \\ 18 \end{pmatrix}$ dargestellt. Berechnen Sie $G \cdot \begin{pmatrix} 0 \\ 18 \end{pmatrix}$ und interpretieren Sie das Ergebnis.

Lösungen Abitur 2015, Aufgabe 4

a) (1) Aus 65 Welpen im Jahr 2013 gingen im Folgejahr 26 Jungfähen hervor, das macht eine Übergangsquote von $\frac{26}{65} = 0{,}4$.

(2) $a_{12} = 1{,}5 \implies$ Eine junge Fähe bringt in einem Jahr durchschnittlich 1,5 Welpen zur Welt.

$a_{13} = 2 \implies$ Ausgewachsene Fähen bringen durchschnittlich 2 Welpen pro Jahr hervor.

$a_{32} = 0{,}5 \implies$ Die Hälfte der jungen Fähen reifen zu ausgewachsenen Fähen heran.

$a_{33} = 0{,}6 \implies$ Die ausgewachsenen Fähen haben eine Überlebensrate von 60 %.

b) (1) Verteilung für 2015:

MATRIX-VEK-
TOR-MULTI-
PLIKATION
(DIMENSION 3):

Abi101

$$\begin{pmatrix} 0 & 1{,}5 & 2 \\ 0{,}4 & 0 & 0 \\ 0 & 0{,}5 & 0{,}6 \end{pmatrix} \cdot \begin{pmatrix} 52 \\ 26 \\ 16 \end{pmatrix} = \begin{pmatrix} 0 \cdot 52 + 1{,}5 \cdot 26 + 2 \cdot 16 \\ 0{,}4 \cdot 52 + 0 \cdot 26 + 0 \cdot 16 \\ 0 \cdot 52 + 0{,}5 \cdot 26 + 0{,}6 \cdot 16 \end{pmatrix}$$

$$= \begin{pmatrix} 71 \\ 20{,}8 \\ 22{,}6 \end{pmatrix}.$$

Verteilung für 2016:

$$\begin{pmatrix} 0 & 1{,}5 & 2 \\ 0{,}4 & 0 & 0 \\ 0 & 0{,}5 & 0{,}6 \end{pmatrix} \cdot \begin{pmatrix} 71 \\ 20{,}8 \\ 22{,}6 \end{pmatrix} = \begin{pmatrix} 0 \cdot 71 + 1{,}5 \cdot 20{,}8 + 2 \cdot 22{,}6 \\ 0{,}4 \cdot 71 + 0 \cdot 20{,}8 + 0 \cdot 22{,}6 \\ 0 \cdot 71 + 0{,}5 \cdot 20{,}8 + 0{,}6 \cdot 22{,}6 \end{pmatrix}$$

$$= \begin{pmatrix} 76{,}4 \\ 28{,}4 \\ 23{,}96 \end{pmatrix}.$$

Die erwartete Populationsentwicklung ist demnach wie folgt:

	2015	2016
w	71	76
j	21	28
a	23	24

3×3-GLEI-CHUNGSSYSTEM:

Abi043

(2) Für die Verteilung $\begin{pmatrix} x \\ y \\ z \end{pmatrix}$ im Jahr 2012 gilt im Modell laut Tabelle

$$A \cdot \begin{pmatrix} x \\ y \\ z \end{pmatrix} = \begin{pmatrix} 65 \\ 8 \\ 20 \end{pmatrix}$$

$$\iff \begin{pmatrix} 0 & 1{,}5 & 2 \\ 0{,}4 & 0 & 0 \\ 0 & 0{,}5 & 0{,}6 \end{pmatrix} \cdot \begin{pmatrix} x \\ y \\ z \end{pmatrix} = \begin{pmatrix} 65 \\ 8 \\ 20 \end{pmatrix}$$

$$\iff \begin{pmatrix} 0 \cdot x + 1{,}5 \cdot y + 2 \cdot z \\ 0{,}4 \cdot x + 0 \cdot y + 0 \cdot z \\ 0 \cdot x + 0{,}5 \cdot y + 0{,}6 \cdot z \end{pmatrix} = \begin{pmatrix} 52 \\ 26 \\ 16 \end{pmatrix}$$

$$\iff \begin{pmatrix} 1{,}5y + 2z \\ 0{,}4x \\ 0{,}5y + 0{,}6z \end{pmatrix} = \begin{pmatrix} 65 \\ 8 \\ 20 \end{pmatrix}$$

$$\iff \begin{cases} \text{I:} & 1{,}5y + 2z = 65 \\ \text{II:} & 0{,}4x = 8 \\ \text{III:} & 0{,}5y + 0{,}6z = 20 \end{cases}$$

Aus II folgt $x = \dfrac{8}{0{,}4} = 20$.

I−3·III: $0{,}2z = 5 \implies z = \dfrac{5}{0{,}2} = 25$.

Damit folgt aus I: $1{,}5y + 2 \cdot 25 = 65 \implies 1{,}5y = 15 \implies y = 10$.

Im Jahr 2012 gab es also laut Modell 20 Welpen, 10 junge Fähen und 25 ausgewachsene Fähen.

(3) Angenommen, es gäbe eine Verteilung $\begin{pmatrix} x' \\ y' \\ z' \end{pmatrix}$ für das Jahr 2011, die laut Modell zur

Verteilung $\begin{pmatrix} 20 \\ 10 \\ 25 \end{pmatrix}$ im Jahr 2012 führt. Dann folgt

$$\begin{pmatrix} 0 & 1{,}5 & 2 \\ 0{,}4 & 0 & 0 \\ 0 & 0{,}5 & 0{,}6 \end{pmatrix} \cdot \begin{pmatrix} x' \\ y' \\ z' \end{pmatrix} = \begin{pmatrix} 20 \\ 10 \\ 25 \end{pmatrix}$$

$$\iff \begin{pmatrix} 0 \cdot x' + 1{,}5 \cdot y' + 2 \cdot z' \\ 0{,}4 \cdot x' + 0 \cdot y' + 0 \cdot z' \\ 0 \cdot x' + 0{,}5 \cdot y' + 0{,}6 \cdot z' \end{pmatrix} = \begin{pmatrix} 20 \\ 10 \\ 25 \end{pmatrix}$$

$$\iff \begin{pmatrix} 1{,}5y' + 2z' \\ 0{,}4x' \\ 0{,}5y' + 0{,}6z' \end{pmatrix} = \begin{pmatrix} 20 \\ 10 \\ 25 \end{pmatrix}$$

$$\iff \begin{cases} \text{I:} & 1{,}5y' + 2z' = 20 \\ \text{II:} & 0{,}4x' = 10 \\ \text{III:} & 0{,}5y' + 0{,}6z' = 25 \end{cases}$$

$\Longrightarrow$ I$-$3$\cdot$III: $0{,}2z' = -55 \Longrightarrow z = \dfrac{-55}{0{,}2} = -275.$

Die Verteilung von 2011 müsste also eine negative Anzahl von ausgewachsenen Fähen aufweisen, was nicht möglich ist.

(4) Von 100 Welpen entwickeln sich innerhalb des ersten Jahres $a_{21} \cdot 100 = 0{,}4 \cdot 100 = 40$ zu jungen Fähen. Davon überleben $a_{32} \cdot 40 = 0{,}5 \cdot 40 = 20$ bis zum Ende des zweiten Jahres. Davon überleben wiederum $a_{33} \cdot 20 = 0{,}6 \cdot 20 = 12$ Stück das dritte Jahr. Nach dem Modell erreichen also 12 % der Welpen mindestens ein Alter von 3 Jahren, d. h. die Behauptung des Biologen trifft laut Modell zu.

c) (1) $b_{12} = 1 < 1{,}5 = a_{12} \Longrightarrow$ Die durchschnittliche jährliche Geburtenrate der jungen Fähen ist im Tierpark geringer als in der Wildnis. Sie liegt nämlich bei 1 Welpen pro Jahr statt 1,5.

$b_{32} = 0{,}75 > 0{,}5 = a_{32} \Longrightarrow$ Die durchschnittliche Überlebensrate der jungen Fähen ist im Tierpark höher als in der Wildnis. Sie liegt nämlich bei 75 % statt 50 %.

(2) Sei $\begin{pmatrix} a \\ b \\ c \end{pmatrix}$ eine stationäre Verteilung. Dann gilt

$$A \cdot \begin{pmatrix} x \\ y \\ z \end{pmatrix} = \begin{pmatrix} x \\ y \\ z \end{pmatrix}$$

$$\Longleftrightarrow B = \begin{pmatrix} 0 & 1 & 0{,}1 \\ 0{,}8 & 0 & 0 \\ 0 & 0{,}75 & 0{,}7 \end{pmatrix} \cdot \begin{pmatrix} x \\ y \\ z \end{pmatrix} = \begin{pmatrix} x \\ y \\ z \end{pmatrix}$$

$$\Longleftrightarrow \begin{pmatrix} 0 \cdot x + 1 \cdot y + 0{,}1 \cdot z \\ 0{,}8 \cdot x + 0 \cdot y + 0 \cdot z \\ 0 \cdot x + 0{,}75 \cdot y + 0{,}7 \cdot z \end{pmatrix} = \begin{pmatrix} x \\ y \\ z \end{pmatrix}$$

$$\Longleftrightarrow \begin{pmatrix} y + 0{,}1z \\ 0{,}8x \\ 0{,}75y + 0{,}7z \end{pmatrix} = \begin{pmatrix} x \\ y \\ z \end{pmatrix}$$

$$\Longleftrightarrow \begin{cases} y + 0{,}1z = x \\ 0{,}8x = y \\ 0{,}75y + 0{,}7z = z \end{cases}$$

$$\Longleftrightarrow \begin{cases} \text{I:} & -x + y + 0{,}1z = 0 \\ \text{II:} & 0{,}8x - y = 0 \\ \text{III:} & 0{,}75y - 0{,}3z = 0 \end{cases}$$

II liefert $y = 0{,}8x$, also folgt aus I: $-x + 1 \cdot 0{,}8x + 0{,}1z = 0$

$\Longrightarrow -0{,}2x + 0{,}1z = 0 \Longrightarrow z = 2x.$

Für jedes $x \neq 0$ ist also $\begin{pmatrix} x \\ 0{,}8x \\ 2x \end{pmatrix}$ eine von $\begin{pmatrix} 0 \\ 0 \\ 0 \end{pmatrix}$ verschiedene stationäre Verteilung.

(3) Nach Aufgabe c (2) ist jede stationäre Verteilung von der Form $\begin{pmatrix} x \\ 0{,}8x \\ 2x \end{pmatrix}$ für ein $x \in \mathbb{R}_0^+$. Das

kleinste solche x mit $0{,}8x \in \mathbb{N}$ ist $x = 5$.

Also ergibt sich die kleinstmögliche Population mit natürlichen Zahlen aus $\vec{n} = \begin{pmatrix} 5 \\ 4 \\ 10 \end{pmatrix}$ mit 19

Tieren.

d) (1) Sei $V = \begin{pmatrix} 11 \\ 8 \end{pmatrix}$ eine Verteilung mit 11 Welpen und $19 - 11 = 8$ Fähen.

**MATRIX-VEK-
TOR-MULTI-
PLIKATION
(DIMENSION 2):**

Abi100

Wäre V eine stationäre Verteilung in dem neuen Modell, so wäre $C \cdot V = V$, also

$$\begin{pmatrix} 0 & g \\ 0{,}8 & h \end{pmatrix} \cdot \begin{pmatrix} 11 \\ 8 \end{pmatrix} = \begin{pmatrix} 11 \\ 8 \end{pmatrix}$$

$$\iff \begin{cases} 0 \cdot 11 + g \cdot 8 = 11 \\ 0{,}8 \cdot 11 + h \cdot 8 = 8 \end{cases}$$

$$\iff \begin{cases} g = \dfrac{11}{8} \\ h = -\dfrac{0{,}8}{8} = -0{,}1 \end{cases}$$

$h = -0{,}1$ steht im Widerspruch zu $0 \leqslant h < 1$. Eine stationäre Verteilung mit 11 Welpen kann daher im neuen Modell nicht vorkommen.

(2) Es gilt

$$\begin{pmatrix} 0 & \frac{5}{14} \\ 0{,}8 & \frac{5}{7} \end{pmatrix} \cdot \begin{pmatrix} 5 \\ 14 \end{pmatrix} = \begin{pmatrix} 0 \cdot 5 + \frac{5}{14} \cdot 14 \\ 0{,}8 \cdot 5 + \frac{5}{7} \cdot 14 \end{pmatrix} = \begin{pmatrix} 5 \\ 14 \end{pmatrix}$$

$\implies$ Es gibt eine stationäre Verteilung mit 5 Welpen und 14 Fähen.

(3) Die neue Population besteht aus 0 Welpen und $14 + 4 = 18$ Fähen. Langfristig stellt sich folgende Verteilung ein:

$$\begin{pmatrix} \frac{2}{9} & \frac{5}{18} \\ \frac{28}{45} & \frac{7}{9} \end{pmatrix} \cdot \begin{pmatrix} 0 \\ 18 \end{pmatrix} = \begin{pmatrix} \frac{2}{9} \cdot 0 + \frac{5}{18} \cdot 18 \\ \frac{28}{45} \cdot 0 + \frac{7}{9} \cdot 18 \end{pmatrix} = \begin{pmatrix} 5 \\ 14 \end{pmatrix},$$

d. h. die Population entwickelt sich wieder zurück zum Ausgangszustand mit 5 Welpen und 14 Fähen.

Aufgabe 5

Eine Firma stellt Bodenfliesen aus Keramik her. Damit eine Fliese als „1. Wahl" gilt, muss sie strenge Qualitätsnormen erfüllen. Alle anderen Fliesen werden als „2. Wahl" bezeichnet. Eine Fliese ist erfahrungsgemäß mit einer Wahrscheinlichkeit von $p = 0,2$ „2. Wahl" (d. h. mit der Wahrscheinlichkeit von 0,8 „1. Wahl"), unabhängig von allen anderen Fliesen. Jede Packung enthält 20 Fliesen.

a) (1) Berechnen Sie die Wahrscheinlichkeit dafür, dass in einer Packung genau vier „2. Wahl"-Fliesen enthalten sind.

(2) Berechnen Sie die Wahrscheinlichkeit dafür, dass in einer Packung mindestens 90 % der Fliesen die Qualität „1. Wahl" haben.

(3) Bestimmen Sie die Wahrscheinlichkeit dafür, dass in einer Packung die Anzahl der „2. Wahl"-Fliesen höchstens um 2 von der erwarteten Anzahl abweicht.

(2 + 3 + 4 Punkte)

b) Die 20 Fliesen einer Packung wurden in 4 Reihen mit jeweils 5 Fliesen verlegt.

(1) Bestimmen Sie die Wahrscheinlichkeit $\tilde{p}$ dafür, dass eine zufällig ausgewählte Reihe nur „1. Wahl"-Fliesen enthält.
[Kontrollergebnis $\tilde{p} = 0{,}32768$]

(2) Ermitteln Sie die Wahrscheinlichkeit dafür, dass es mindestens eine Reihe gibt, die nur „1. Wahl"-Fliesen enthält.

(3) In einer Reihe wurden sogar genau zwei Fliesen der Qualität „2. Wahl" verlegt.
Bestimmen Sie die Wahrscheinlichkeit dafür, dass diese Fliesen direkt nebeneinanderliegen.

(2 + 5 + 6 Punkte)

c) Für besonders anspruchsvolle Kunden soll eine Sorte „Premium" angeboten werden, die nur aus „1. Wahl"-Fliesen besteht.

Dazu will die Firma die „2. Wahl"-Fliesen aus der Produktion aussortieren. Für einen ersten Sortiervorgang wird ein Testgerät verwendet, das allerdings nicht immer optimal funktioniert:

Das Testgerät erkennt eine „2. Wahl"-Fliese mit einer Wahrscheinlichkeit von 0,9 und sortiert sie aus. Andererseits wird eine „1. Wahl"-Fliese mit einer Wahrscheinlichkeit von 0,05 zu Unrecht als „2. Wahl" aussortiert.

(1) Stellen Sie die Situation grafisch dar (mit einer Vierfeldertafel oder einem Baumdiagramm mit allen Pfadwahrscheinlichkeiten).

Geben Sie die Wahrscheinlichkeit an, mit der das Testgerät eine zufällige ausgewählte Fliese als „1. Wahl" einstuft (also nicht aussortiert).

(2) Bestimmen Sie die Wahrscheinlichkeit dafür, dass eine Fliese, die bei der Prüfung nicht aussortiert wurde, in Wirklichkeit eine „2. Wahl"-Fliese ist.

(8 + 4 Punkte)

d) Die Maschine, mit der die Fliesen hergestellt werden, wird neu eingestellt, da die „2. Wahl"-Wahrscheinlichkeit von $p = 0,2$ zu groß ist. Der Produktionsleiter möchte mit einem Test überprüfen, ob die neue Einstellung tatsächlich zu einer Verringerung des Ausschussanteils geführt hat. Er entnimmt daher der Tagesproduktion der neu eingestellten Maschine zufällig 100 Fliesen und lässt die Anzahl der „2. Wahl"-Fliesen in dieser Stichprobe bestimmen.

(1) Ermitteln Sie einen geeigneten Hypothesentest (geben Sie geeignete Hypothesen an, begründen Sie die Wahl von H_0 und ermitteln Sie eine Entscheidungsregel) für die genannte Stichprobe von 100 Fliesen mit einer Irrtumswahrscheinlichkeit von höchstens 5 %.

(2) Die Wahrscheinlichkeit für „2. Wahl"-Fliesen wurde durch die neue Einstellung tatsächlich auf $p = 0,15$ gesenkt.
Ermitteln Sie die Wahrscheinlichkeit dafür, dass Ihre Entscheidungsregel aus (1) zu einer Fehlentscheidung führt.

(11 + 5 Punkte)

Tabellen zur Abiturprüfung 2015

Tabelle 1: σ-Regeln für Binomialverteilungen

Eine mit den Parametern n und p binomialverteilte Zufallsgröße X hat den Erwartungswert $\mu = n \cdot p$ und die Standardabweichung $\sigma = \sqrt{n \cdot p \cdot (1 - p)}$. Wenn die Laplace-Bedingung $\sigma > 3$ erfüllt ist, gelten die σ-Regeln:

$P(\mu - 1{,}64\sigma \leqslant X \leqslant \mu + 1{,}64\sigma) \approx 0{,}90$	$P(\mu - 1{,}64\sigma \leqslant X) \approx 0{,}95$
	$P(X \leqslant \mu + 1{,}64\sigma) \approx 0{,}95$
$P(\mu - 1{,}96\sigma \leqslant X \leqslant \mu + 1{,}96\sigma) \approx 0{,}95$	$P(\mu - 1{,}96\sigma \leqslant X) \approx 0{,}975$
	$P(X \leqslant \mu + 1{,}96\sigma) \approx 0{,}975$
$P(\mu - 2{,}58\sigma \leqslant X \leqslant \mu + 2{,}58\sigma) \approx 0{,}99$	$P(\mu - 2{,}58\sigma \leqslant X) \approx 0{,}995$
	$P(X \leqslant \mu + 2{,}58\sigma) \approx 0{,}995$

$P(\mu - 1\sigma \leqslant X \leqslant \mu + 1\sigma) \approx 0{,}683$	$P(\mu - 1\sigma \leqslant X) \approx 0{,}841$
	$P(X \leqslant \mu + 1\sigma) \approx 0{,}841$
$P(\mu - 2\sigma \leqslant X \leqslant \mu + 2\sigma) \approx 0{,}954$	$P(\mu - 2\sigma \leqslant X) \approx 0{,}977$
	$P(X \leqslant \mu + 2\sigma) \approx 0{,}977$
$P(\mu - 3\sigma \leqslant X \leqslant \mu + 3\sigma) \approx 0{,}997$	$P(\mu - 3\sigma \leqslant X) \approx 0{,}999$
	$P(X \leqslant \mu + 3\sigma) \approx 0{,}999$

Tabelle 2: Kumulierte Binomialverteilung für $n = 10$ und $n = 20$

$$F(n; p; k) = B(n; p; 0) + \cdots + B(n; p; k) = \binom{n}{0} p^0 (1-p)^{n-0} + \cdots + \binom{n}{k} p^k (1-p)^{n-k}$$

n	k	0,02	0,05	0,08	0,1	0,15	0,2	0,25	0,3	0,5		n
10	0	0,8171	0,5987	0,4344	0,3487	0,1969	0,1074	0,0563	0,0282	0,0010	9	10
	1	0,9838	0,9139	0,8121	0,7361	0,5443	0,3758	0,2440	0,1493	0,0107	8	
	2	0,9991	0,9885	0,9599	0,9298	0,8202	0,6778	0,5256	0,3828	0,0547	7	
	3		0,9990	0,9942	0,9872	0,9500	0,8791	0,7759	0,6496	0,1719	6	
	4		0,9999	0,9994	0,9984	0,9901	0,9672	0,9219	0,8497	0,3770	5	
	5				0,9999	0,9986	0,9936	0,9803	0,9527	0,6230	4	
	6					0,9999	0,9991	0,9965	0,9894	0,8281	3	
	7						0,9999	0,9996	0,9984	0,9453	2	
	8	Nicht aufgeführte Werte sind (auf 4 Dez.) 1,0000							0,9999	0,9893	1	
	9									0,9990	0	
20	0	0,6676	0,3585	0,1887	0,1216	0,0388	0,0115	0,0032	0,0008	0,0000	19	20
	1	0,9401	0,7358	0,5169	0,3917	0,1756	0,0692	0,0243	0,0076	0,0000	18	
	2	0,9929	0,9245	0,7879	0,6769	0,4049	0,2061	0,0913	0,0355	0,0002	17	
	3	0,9994	0,9841	0,9294	0,8670	0,6477	0,4114	0,2252	0,1071	0,0013	16	
	4		0,9974	0,9817	0,9568	0,8298	0,6296	0,4148	0,2375	0,0059	15	
	5		0,9997	0,9962	0,9887	0,9327	0,8042	0,6172	0,4164	0,0207	14	
	6			0,9994	0,9976	0,9781	0,9133	0,7858	0,6080	0,0577	13	
	7			0,9999	0,9996	0,9941	0,9679	0,8982	0,7723	0,1316	12	
	8				0,9999	0,9987	0,9900	0,9591	0,8867	0,2517	11	
	9					0,9998	0,9974	0,9861	0,9520	0,4119	10	
	10						0,9994	0,9961	0,9829	0,5881	9	
	11						0,9999	0,9991	0,9949	0,7483	8	
	12							0,9998	0,9987	0,8684	7	
	13								0,9997	0,9423	6	
	14									0,9793	5	
	15	Nicht aufgeführte Werte sind (auf 4 Dez.) 1,0000								0,9941	4	
	16									0,9987	3	
	17									0,9998	2	
n		0,98	0,95	0,92	0,9	0,85	0,8	0,75	0,7	0,5	k	n

p

Bei grau unterlegtem Eingang, d. h. $p \geqslant 0{,}5$, gilt: $F(n; p; k) = 1 -$ abgelesener Wert.

Tabelle 3: Kumulierte Binomialverteilung für $n = 100$

$$F(n;p;k) = B(n;p;0) + \cdots + B(n;p;k) = \binom{n}{0}p^0(1-p)^{n-0} + \cdots + \binom{n}{k}p^k(1-p)^{n-k}$$

n	k	0,05	0,07	0,1	0,15	1/6	0,2	0,25	0,27	0,3	1/3	0,4	n
	0	0,0059	0,0007	0,0000	0,0000	0,0000	0,0000	0,0000	0,0000	0,0000	0,0000	0,0000	99
	1	0,0371	0,0060	0,0003	0,0000	0,0000	0,0000	0,0000	0,0000	0,0000	0,0000	0,0000	98
	2	0,1183	0,0258	0,0019	0,0000	0,0000	0,0000	0,0000	0,0000	0,0000	0,0000	0,0000	97
	3	0,2578	0,0744	0,0078	0,0001	0,0000	0,0000	0,0000	0,0000	0,0000	0,0000	0,0000	96
	4	0,4360	0,1632	0,0237	0,0004	0,0001	0,0000	0,0000	0,0000	0,0000	0,0000	0,0000	95
	5	0,6160	0,2914	0,0576	0,0016	0,0004	0,0000	0,0000	0,0000	0,0000	0,0000	0,0000	94
	6	0,7660	0,4443	0,1172	0,0047	0,0013	0,0001	0,0000	0,0000	0,0000	0,0000	0,0000	93
	7	0,8720	0,5988	0,2061	0,0122	0,0038	0,0003	0,0000	0,0000	0,0000	0,0000	0,0000	92
	8	0,9369	0,7340	0,3209	0,0275	0,0095	0,0009	0,0000	0,0000	0,0000	0,0000	0,0000	91
	9	0,9718	0,8380	0,4513	0,0551	0,0213	0,0023	0,0000	0,0000	0,0000	0,0000	0,0000	90
	10	0,9885	0,9092	0,5832	0,0994	0,0427	0,0057	0,0001	0,0000	0,0000	0,0000	0,0000	89
	11	0,9957	0,9531	0,7030	0,1635	0,0777	0,0126	0,0004	0,0001	0,0000	0,0000	0,0000	88
	12	0,9985	0,9776	0,8018	0,2473	0,1297	0,0253	0,0010	0,0002	0,0000	0,0000	0,0000	87
	13	0,9995	0,9901	0,8761	0,3474	0,2000	0,0469	0,0025	0,0006	0,0001	0,0000	0,0000	86
	14	0,9999	0,9959	0,9274	0,4572	0,2874	0,0804	0,0054	0,0014	0,0002	0,0000	0,0000	85
	15		0,9984	0,9601	0,5683	0,3877	0,1285	0,0111	0,0033	0,0004	0,0000	0,0000	84
	16		0,9994	0,9794	0,6725	0,4942	0,1923	0,0211	0,0068	0,0010	0,0001	0,0000	83
	17		0,9998	0,9900	0,7633	0,5994	0,2712	0,0376	0,0133	0,0022	0,0002	0,0000	82
	18		0,9999	0,9954	0,8372	0,6965	0,3621	0,0630	0,0243	0,0045	0,0005	0,0000	81
	19			0,9980	0,8935	0,7803	0,4602	0,0995	0,0420	0,0089	0,0011	0,0000	80
	20			0,9992	0,9337	0,8481	0,5595	0,1488	0,0684	0,0165	0,0024	0,0000	79
	21			0,9997	0,9607	0,8998	0,6540	0,2114	0,1057	0,0288	0,0048	0,0000	78
	22			0,9999	0,9779	0,9369	0,7389	0,2864	0,1552	0,0479	0,0091	0,0001	77
	23				0,9881	0,9621	0,8109	0,3711	0,2172	0,0755	0,0164	0,0003	76
	24				0,9939	0,9783	0,8686	0,4617	0,2909	0,1136	0,0281	0,0006	75
	25				0,9970	0,9881	0,9125	0,5535	0,3737	0,1631	0,0458	0,0012	74
	26				0,9986	0,9938	0,9442	0,6417	0,4620	0,2244	0,0715	0,0024	73
	27				0,9994	0,9969	0,9658	0,7224	0,5516	0,2964	0,1066	0,0046	72
	28				0,9997	0,9985	0,9800	0,7925	0,6379	0,3768	0,1524	0,0084	71
100	29				0,9999	0,9993	0,9888	0,8505	0,7172	0,4623	0,2093	0,0148	70
	30					0,9997	0,9939	0,8962	0,7866	0,5491	0,2766	0,0248	69
	31					0,9999	0,9969	0,9307	0,8446	0,6331	0,3525	0,0398	68
	32						0,9984	0,9554	0,8909	0,7107	0,4344	0,0615	67
	33						0,9993	0,9724	0,9261	0,7793	0,5188	0,0913	66
	34						0,9997	0,9836	0,9518	0,8371	0,6019	0,1303	65
	35						0,9999	0,9906	0,9697	0,8839	0,6803	0,1795	64
	36						0,9999	0,9948	0,9817	0,9201	0,7511	0,2386	63
	37							0,9973	0,9893	0,9470	0,8123	0,3068	62
	38							0,9986	0,9940	0,9660	0,8630	0,3822	61
	39							0,9993	0,9968	0,9790	0,9034	0,4621	60
	40							0,9997	0,9983	0,9875	0,9341	0,5433	59
	41							0,9999	0,9992	0,9928	0,9566	0,6225	58
	42							0,9999	0,9996	0,9960	0,9724	0,6967	57
	43								0,9998	0,9979	0,9831	0,7635	56
	44								0,9999	0,9989	0,9900	0,8211	55
	45									0,9995	0,9943	0,8689	54
	46									0,9997	0,9969	0,9070	53
	47									0,9999	0,9983	0,9362	52
	48									0,9999	0,9991	0,9577	51
	49										0,9996	0,9729	50
	50										0,9998	0,9832	49
	51										0,9999	0,9900	48
	52											0,9942	47
	53											0,9968	46
	54											0,9983	45
	55											0,9991	44
	56				Nicht aufgeführte Werte sind (auf 4 Dez.) 1,0000							0,9996	43
	57											0,9998	42
	58											0,9999	41
n		0,95	0,93	0,9	0,85	5/6	0,8	0,8	0,7	0,7	2/3	0,6	k / n

Bei grau unterlegtem Eingang, d. h. $p \geqslant 0{,}5$, gilt: $F(n;p;k) = 1 - $ abgelesener Wert.

Tabelle 8: Normalverteilung

$\Phi(z) = 0, \ldots$

$\Phi(-z) = 1 - \Phi(z)$

z	0	1	2	3	4	5	6	7	8	9
0,0	0,5000	0,5040	0,5080	0,5120	0,5160	0,5199	0,5239	0,5279	0,5319	0,5359
0,1	0,5398	0,5438	0,5478	0,5517	0,5557	0,5596	0,5636	0,5675	0,5714	0,5753
0,2	0,5793	0,5832	0,5871	0,5910	0,5948	0,5987	0,6026	0,6064	0,6103	0,6141
0,3	0,6179	0,6217	0,6255	0,6293	0,6331	0,6368	0,6406	0,6443	0,6480	0,6517
0,4	0,6554	0,6591	0,6628	0,6664	0,6700	0,6736	0,6772	0,6808	0,6844	0,6879
0,5	0,6915	0,6950	0,6985	0,7019	0,7054	0,7088	0,7123	0,7157	0,7190	0,7224
0,6	0,7257	0,7291	0,7324	0,7357	0,7389	0,7422	0,7454	0,7486	0,7517	0,7549
0,7	0,7580	0,7611	0,7642	0,7673	0,7704	0,7734	0,7764	0,7794	0,7823	0,7852
0,8	0,7881	0,7910	0,7939	0,7967	0,7995	0,8023	0,8051	0,8078	0,8106	0,8133
0,9	0,8159	0,8186	0,8212	0,8238	0,8264	0,8289	0,8315	0,8340	0,8365	0,8389
1,0	0,8413	0,8438	0,8461	0,8485	0,8508	0,8531	0,8554	0,8577	0,8599	0,8621
1,1	0,8643	0,8665	0,8686	0,8708	0,8729	0,8749	0,8770	0,8790	0,8810	0,8830
1,2	0,8849	0,8869	0,8888	0,8907	0,8925	0,8944	0,8962	0,8980	0,8997	0,9015
1,3	0,9032	0,9049	0,9066	0,9082	0,9099	0,9115	0,9131	0,9147	0,9162	0,9177
1,4	0,9192	0,9207	0,9222	0,9236	0,9251	0,9265	0,9279	0,9292	0,9306	0,9319
1,5	0,9332	0,9345	0,9357	0,9370	0,9382	0,9394	0,9406	0,9418	0,9429	0,9441
1,6	0,9452	0,9463	0,9474	0,9484	0,9495	0,9505	0,9515	0,9525	0,9535	0,9545
1,7	0,9554	0,9564	0,9573	0,9582	0,9591	0,9599	0,9608	0,9616	0,9625	0,9633
1,8	0,9641	0,9649	0,9656	0,9664	0,9671	0,9678	0,9686	0,9693	0,9699	0,9706
1,9	0,9713	0,9719	0,9726	0,9732	0,9738	0,9744	0,9750	0,9756	0,9761	0,9767
2,0	0,9772	0,9778	0,9783	0,9788	0,9793	0,9798	0,9803	0,9808	0,9812	0,9817
2,1	0,9821	0,9826	0,9830	0,9834	0,9838	0,9842	0,9846	0,9850	0,9854	0,9857
2,2	0,9861	0,9864	0,9868	0,9871	0,9875	0,9878	0,9881	0,9884	0,9887	0,9890
2,3	0,9893	0,9896	0,9898	0,9901	0,9904	0,9906	0,9909	0,9911	0,9913	0,9916
2,4	0,9918	0,9920	0,9922	0,9925	0,9927	0,9929	0,9931	0,9932	0,9934	0,9936
2,5	0,9938	0,9940	0,9941	0,9943	0,9945	0,9946	0,9948	0,9949	0,9951	0,9952
2,6	0,9953	0,9955	0,9956	0,9957	0,9959	0,9960	0,9961	0,9962	0,9963	0,9964
2,7	0,9965	0,9966	0,9967	0,9968	0,9969	0,9970	0,9971	0,9972	0,9973	0,9974
2,8	0,9974	0,9975	0,9976	0,9977	0,9977	0,9978	0,9979	0,9979	0,9980	0,9981
2,9	0,9981	0,9982	0,9982	0,9983	0,9984	0,9984	0,9985	0,9985	0,9986	0,9986
3,0	0,9987	0,9987	0,9987	0,9988	0,9988	0,9989	0,9989	0,9989	0,9990	0,9990
3,1	0,9990	0,9991	0,9991	0,9991	0,9992	0,9992	0,9992	0,9992	0,9993	0,9993
3,2	0,9993	0,9993	0,9994	0,9994	0,9994	0,9994	0,9994	0,9995	0,9995	0,9995
3,3	0,9995	0,9995	0,9995	0,9996	0,9996	0,9996	0,9996	0,9996	0,9996	0,9997
3,4	0,9997	0,9997	0,9997	0,9997	0,9997	0,9997	0,9997	0,9997	0,9997	0,9998
3,5	0,9998	0,9998	0,9998	0,9998	0,9998	0,9998	0,9998	0,9998	0,9998	0,9998
3,6	0,9998	0,9998	0,9999	0,9999	0,9999	0,9999	0,9999	0,9999	0,9999	0,9999
3,7	0,9999	0,9999	0,9999	0,9999	0,9999	0,9999	0,9999	0,9999	0,9999	0,9999
3,8	0,9999	0,9999	0,9999	0,9999	0,9999	0,9999	0,9999	0,9999	0,9999	0,9999

Beispiele für den Gebrauch:

$\Phi(2,32) = 0,9898$

$\Phi(-0,9) = 1 - \Phi(0,9) = 0,1841$

$\Phi(z) = 0,994 \implies z = 2,51$

Tipps Abitur 2015, Aufgabe 5

a) (1) Betrachten Sie eine Packung Fliesen als Bernoulli-Kette der Länge 10 mit „2. Wahl"-Fliesen als Treffer und benutzen Sie die Bernoulli-Formel für genau 4 Treffer.

(2) Betrachten Sie „1. Wahl"-Fliesen als Treffer, übersetzen Sie den Prozentsatz in eine konkrete Anzahl und entnehmen Sie die Wahrscheinlichkeit der passenden Tabelle.

(3) Bestimmen Sie erst die erwartete Anzahl, d. h. den Erwartungswert und bestimmen Sie $P(X \leqslant E(X) + 2) - P(X < E(X) - 2)$ mithilfe der Tabellen.

b) (1) Betrachten Sie eine Reihe als Bernoulli-Kette der Länge 5 mit „1. Wahl"-Fliesen als Treffer. Verwenden Sie dann die Bernoulli-Formel. Sie können dieses Ereignis auch als Pfad in einem Baumdiagramm betrachten und die 1. Pfadregel benutzen.

(2) Betrachten Sie die 4 Reihen als Bernoulli-Kette der Länge 4 mit der Trefferwahrscheinlichkeit aus b) (1).

(3) Ermitteln Sie die Anzahl der Belegungsmöglichkeiten, bei denen zwei Fliesen 2. Wahl nebeneinander liegen und vergleichen Sie mit der Anzahl aller möglichen Belegungen für eine Reihe von 5 Fliesen. Die Laplace-Formel liefert die gesuchte Wahrscheinlichkeit.

c) (1) Wählen Sie im Baumdiagramm als 1. Stufe des Zufallsexperiments die Fliesenart (1. Wahl / 2. Wahl) und als 2. Stufe die Bewertung durch das Testgerät. Verwenden Sie die dann 2. Pfadregel (alle passenden Pfadwahrscheinlichkeiten addieren).

(2) Gesucht ist die bedingte Wahrscheinlichkeit für das Ereignis „2. Wahl" unter der Bedingung, dass die Fliese aussortiert wurde.

d) (1) Der Test soll nachweisen, dass der Ausschussanteil gesunken ist, d. h. die Wahrscheinlichkeit, dass aufgrund des Tests irrtümlich von einem gesenkten Ausschussanteil ausgegangen wird, soll höchstens 5 % sein. Legen Sie die Nullhypothese entsprechend fest und verwenden Sie die Tabelle, um den Ablehnungsbereich zu ermitteln.

(2) Lesen die Wahrscheinlichkeit des Annahmebereichs aus d) (1) bei $p = 0,15$ aus der Tabelle ab und verwenden Sie die Formel für die Gegenwahrscheinlichkeit.

Lösungen Abitur 2015, Aufgabe 5

a) Sei X die Anzahl der „2. Wahl"-Fliesen in einer Packung. X ist binomialverteilt mit $n = 20$ und $p = 0{,}2$.

(1) $P(X = 4) = \binom{20}{4} \cdot (0{,}2)^4 \cdot (0{,}8)^{16} \approx 0{,}2182 = 21{,}82\,\%$.

(2) 90 % der 20 Fliesen sind $90\,\% \cdot 20 = 18$ Fliesen. Es sind genau dann mindestens 18 Fliesen „1. Wahl", wenn höchstens 2 Fliesen „2. Wahl" sind.
$P(X \leqslant 2) \overset{\text{Tabelle 2}}{\approx} 0{,}2061$

$\implies$ Mit einer Wahrscheinlichkeit von ca. 20,6 % sind mindestens 90 % der Fliesen in der Packung „1. Wahl".

(3) $E(X) = 20 \cdot 0{,}2 = 4$

$$
\begin{aligned}
\implies P(|X - E(X)| \leqslant 2) &= P(2 \leqslant X \leqslant 6) \\
&= P(X \leqslant 6) - P(X \leqslant 1) \\
&\overset{\text{Tabelle}}{\approx} 0{,}9133 - 0{,}0692 \\
&= 0{,}8441 = 84{,}41\,\%
\end{aligned}
$$

b) (1) $\widetilde{p} = 0{,}8^5 \approx 0{,}32768$

(2) Sei Y die Anzahl der Reihen, die nur „1. Wahl"-Fliesen enthalten. Y ist binomialverteilt mit $n = 4$ und $p = 0{,}32768$.

$$
\begin{aligned}
P(Y \geqslant 1) &= 1 - P(Y = 0) \\
&= 1 - \binom{4}{0} \cdot \widetilde{p}^0 \cdot (1 - \widetilde{p})^4 \\
&= 1 - (1 - 0{,}32768)^4 \\
&\approx 0{,}79568.
\end{aligned}
$$

$\implies$ Mit etwa 79,6 % Wahrscheinlichkeit besteht mindestens eine der vier Reihen ausschließlich aus Fliesen 1. Wahl.

(3) Insgesamt gibt es $\binom{5}{2}$ Möglichkeiten, zwei der 5 Positionen für die Fliesen 2. Wahl auszuwählen. Bei genau 4 davon liegen die Fliesen 2. Wahl nebeneinander. Somit ist die gesuchte Wahrscheinlichkeit $\frac{4}{\binom{5}{2}} = 0{,}4$.

BERNOULLI-FORMEL:

Abi120

KUMULIERTE BINOMIAL-VERTEILUNG (TABELLEN):

Abi121

ERWARTUNGSWERT:

Abi126

1. PFADREGEL:

Abi118

GEGENEREIGNIS:

Abi113

LAPLACE-FORMEL:

Abi117

c) (1) Baumdiagramm:

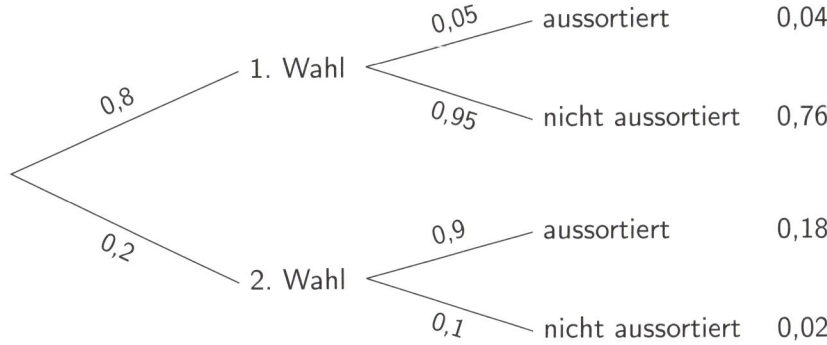

$P(\text{Fliese wird nicht aussortiert}) = 0{,}8 \cdot 0{,}95 + 0{,}2 \cdot 0{,}1 = 0{,}78.$

(2) Bezeichnungen:

W: Fliese ist 1. Wahl.

A: Fliese wird aussortiert.

Nach Teilaufgabe c (1) ist $P(\overline{W} \cap \overline{A}) = 0{,}02$ und $P(\overline{A}) = 0{,}78$. Also ist

$$P_{\overline{A}}\left(\overline{W}\right) = \frac{P(\overline{W} \cap \overline{A})}{P(\overline{A})} = \frac{0{,}02}{0{,}78} \approx 0{,}0256$$

$\Longrightarrow$ Von den nicht aussortierten Fliesen sind ca. 2,56 % 2. Wahl.

BEDINGTE
WAHRSCHEIN-
LICHKEIT:

Abi125

d) (1) Sei p die „2. Wahl"-Wahrscheinlichkeit. Die Wahrscheinlichkeit, dass aufgrund des Testergebnisses irrtümlich auf eine Verringerung von p geschlossen wird, soll beschränkt werden. Deswegen wird die Nullhypothese

$H_0 : p \geqslant 0{,}2$

gewählt.

$\Longrightarrow$ Ablehnungsbereich von H_0 ist $\{0; ...; k\}$ für ein $k \in \{0; ...; 100\}$.

Sei X die Anzahl der „2. Wahl"-Fliesen unter den 100 in der Stichprobe.

X wird als binomialverteilt mit Parametern $n = 100$ und p angenommen.

Das Signifikanzniveau ist $5\,\% = 0{,}05 \Longrightarrow H_0$ wird höchstens mit Wahrscheinlichkeit 0,05 irrtümlich abgelehnt

$\Longrightarrow P(X \leqslant k) \leqslant 0{,}05$ wenn $p \geqslant 0{,}2 \Longleftrightarrow P(X \leqslant k) \leqslant 0{,}05$ für $p = 0{,}2$.

Für $n = 100$ und $p = 0{,}2$ gilt laut Tabelle:

$P(X \leqslant 13) \approx 0{,}0469 \leqslant 0{,}05$ und $P(X \leqslant 14) \approx 0{,}0804 > 0{,}05$,

d. h. der größtmögliche Ablehnungsbereich ist $\{0; ...; 13\}$

$\Longrightarrow$ Annahmebereich: $\{14; ... ; 100\}$.

Entscheidungsregel: Wenn höchstens 13 der 100 Fliesen 2. Wahl sind, dann wird von einer Verringerung der „2. Wahl"-Wahrscheinlichkeit ausgegangen.

ENTSCHEI-
DUNGSREGEL:

Abi136

(2) Für $n = 100$ und $p = 0{,}15$ liefert Tabelle 3

$P(X \geqslant 14) = 1 - P(X \leqslant 13) \approx 1 - 0{,}3474 = 0{,}6526$

$\Longrightarrow$ Die obige Entscheidungsregel führt mit über 65 % Wahrscheinlichkeit zu einer Fehlentscheidung.

FEHLER 2. ART:

Abi131

Aufgabe 1

a) Die Funktion f ist gegeben durch die Gleichung $f(x) = 4 - 2x - 4 \cdot e^{-5x}$, $x \in \mathbb{R}$.

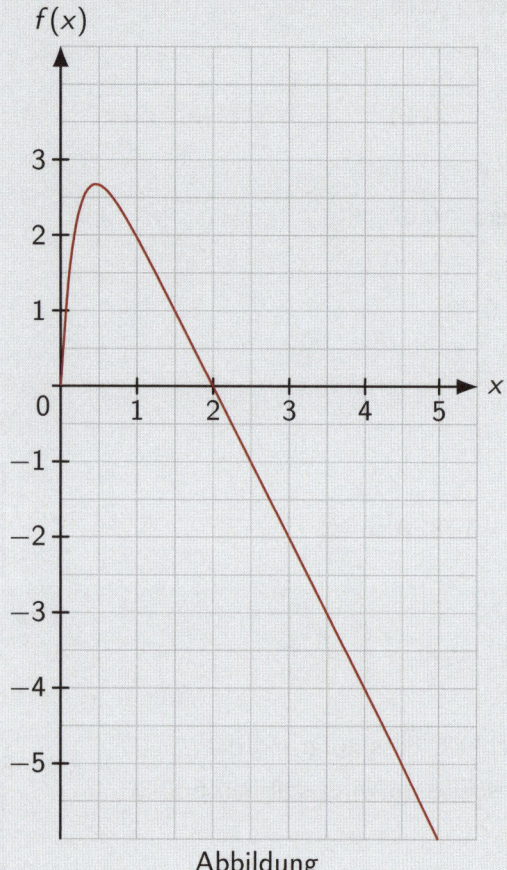

Abbildung

(1) Berechnen Sie die Koordinaten des Schnittpunkts des Graphen von f mit der y-Achse.

(2) Bestimmen Sie die lokale Maximalstelle x_E der Funktion f.
   [Zur Kontrolle: $f'(x) = -2 + 20 \cdot e^{-5x}$; $x_E = 0{,}2 \cdot \ln(10)$]

(2 + 9 Punkte)

b) (1) Begründen Sie, dass die Ableitungsfunktion f' streng monoton fallend ist.

   (2) Bestimmen Sie das Monotonieverhalten der Funktion f.

   (3) Begründen Sie nun, dass die Funktion f höchstens zwei Nullstellen besitzt.

(3 + 4 + 3 Punkte)

c) g sei die Gerade mit der Gleichung $g(x) = 4 - 2x$, $x \in \mathbb{R}$.

   (1) Zeichnen Sie die Gerade g in die Abbildung ein.

(2) Zeigen Sie:

Für alle $x \in \mathbb{R}$ verläuft der Graph der Funktion f unterhalb der Geraden g.

(3) Begründen Sie mit Hilfe von c) (2):

Wenn x_0 eine Nullstelle der Funktion f ist, dann gilt $x_0 < 2$.

(4) Zwischen der Geraden g und dem Graphen der Funktion f ist im Intervall $[0\,;1]$ eine Fläche eingeschlossen.

Berechnen Sie den Inhalt dieser Fläche.

(2 + 3 + 4 + 5 Punkte)

d) Im Rahmen eines schulischen Projekts untersucht ein Schüler, wie stark ein Ball aus Styropor beim Wurf von der Luft abgebremst wird.

Dazu lehnt er sich aus einem Fenster der Schule und wirft den Ball senkrecht nach oben. Dabei zeichnet eine Kamera die Bewegung des Balles auf, bis dieser unten auf den Boden trifft. Er stellt fest, dass die Bewegung des Balles für $0 \leqslant x \leqslant 5$ durch die oben gegebene Funktion f modelliert werden kann. Dabei wird x als Maßzahl der **Zeit** zur Einheit $1\,\text{s}$ und $f(x)$ als Maßzahl der **Höhe** des Balles zur Einheit $1\,\text{m}$ aufgefasst. Die Höhe des Balles bezieht sich auf die Abwurfhöhe $f(0) = 0$ [m] zur Zeit $x = 0$ [s].

(1) Nach $5\,\text{s}$ trifft der Ball auf den Boden.

Berechnen Sie, in welcher Höhe über dem Boden der Ball abgeworfen wurde.

(2) Bestimmen Sie die maximale Höhe des Balles über dem Boden.

(3) Begründen Sie durch den Sachzusammenhang, dass die Funktion f im Zeitintervall $[0\,;5]$ genau zwei Nullstellen besitzt.

Geben Sie diese Nullstellen auf zwei Nachkommastellen genau an.

(4) Berechnen Sie das Maximum und das Minimum der Funktion f' im Zeitintervall $[0\,;5]$ und interpretieren Sie Ihre Ergebnisse im Sachzusammenhang.

(2 + 3 + 5 + 5 Punkte)

Tipps Abitur 2016, Aufgabe 1

a) (1) Die y-Achse hat die Gleichung $x = 0$.

   (2) Hier ist nur die x-Koordinate des Maximums gefragt.

b) (1) Die Monotonie von f' ergibt sich aus dem Vorzeichen von f'', denn f'' ist die Ableitung von f'.

   (2) Bestimmen Sie die Nullstellen von f' und untersuchen Sie, wo f' positiv bzw. negativ ist.

   (3) Zeigen Sie, dass $f(x)$ weder für $x < 0$ noch für $x > 2$ den Wert 0 annehmen kann. Verwenden Sie dazu die Monotonie aus Teilaufgabe (2).

c) (1) Berechnen Sie $g(0)$ und z. B. $g(2)$, dann verläuft g durch die Punkte $(0|g(0))$ und $(2|g(2))$.

   (2) $f(x)$ liegt unterhalb von $g(x)$, wenn $f(x) < g(x)$ ist.

   (3) Bedenken Sie den Verlauf von g aus Ihrer Zeichnung.

   (4) Integrieren Sie die Differenz $g(x) - f(x)$.

d) (1) Die Abwurfhöhe ist gleich dem Höhenunterschied zwischen Abwurfpunkt und Endpunkt der Flugbahn.

   (2) Bestimmen Sie das Maximum von f.

   (3) Bedenken Sie, dass der Ball nach oben geworfen wird und dann herunterfällt.

   (4) Die Ableitung des Ortes nach der Zeit ist die Geschwindigkeit.

Lösungen Abitur 2016, Aufgabe 1

a) (1) $f(0) = 4 - 2 \cdot 0 - 4 \cdot e^{-5 \cdot 0} = 4 - 4 \cdot 1 = 0 \implies$ Schnittpunkt $(0|0)$.

(2) $\quad f(x) = 4 - 2x - 4 \cdot e^{-5x}$

$\implies f'(x) = -2 - 4 \cdot e^{-5x} \cdot (-5) = -2 + 20 \cdot e^{-5x}$

$f'(x) = 0 \iff -2 + 20 \cdot e^{-5x} = 0$

$\iff 20e^{-5x} = 2$

$\iff e^{-5x} = 0{,}1$

$\iff -5x = \ln(0{,}1) = -\ln(10)$

$\iff x = 0{,}2\ln(10)$

Dem abgebildeten Verlauf des Graphen ist zu entnehmen, dass dies nur die Maximalstelle x_E sein kann.

EXTREMA ÜBER
MONOTONIE:

Abi023

b) (1) Da die Exponentialfunktion $x \longmapsto e^x$ streng monoton steigt, fällt die an der y-Achse gespiegelte Funktion $x \longmapsto e^{-x}$ monoton. Diese wird in x-Richtung gestaucht und in y-Richtung gestreckt und schließlich nach unten verschoben, um $x \longmapsto -2 + 20 \cdot e^{-5x}$ zu erhalten.

Dabei ändert sich nichts am Monotonieverhalten, d. h. auch f' ist streng monoton fallend.

SPIEGELUNG:

Abi005

erste alternative Begründung:

$$f''(x) = 20 \cdot e^{-5x} \cdot (-5) = -100 \overbrace{e^{-5x}}^{>0} < 0 \text{ für alle } x \in \mathbb{R}$$

$\implies f'$ fällt auf ganz $\mathbb{R}$ streng monoton.

MONOTONIE:

Abi019

zweite alternative Begründung:

Der abgebildete Graph ist durchgehend rechtsgekrümmt, denn die zunächst positive Steigung wird bis zum Hochpunkt immer geringer und danach fällt die Kurve immer steiler ab. Somit wird die Steigung immer kleiner, d. h. $f'(x)$ fällt streng monoton.

(2)

	$x < x_E$	x_E	$x > x_E$
$f'(x)$	$+$	$\boxed{0}$	$-$
$f(x)$	streng mono- ton wachsend		streng mo- noton fallend

(3) Auf dem Intervall $]-\infty\,;x_E[$ ist f streng monoton wachsend, kann also dort höchstens eine Nullstelle haben. Bei $x = x_E$ ist $f(x) \neq 0$ und auf der restlichen Zahlengerade $]x_E\,;\infty[$ ist f streng monoton fallend und kann dort daher höchstens eine weitere Nullstelle haben. Somit kommen insgesamt höchstens zwei Nullstellen in Frage.

c) (1) $f(x)$, $g(x)$

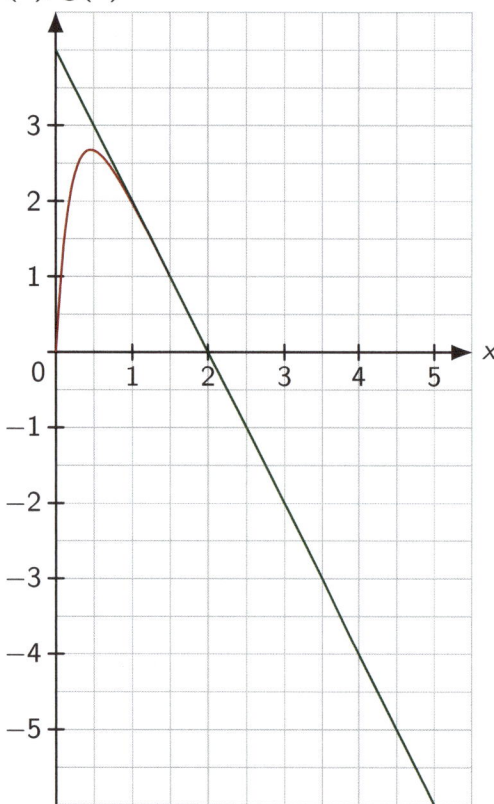

(2) Für alle $x \in \mathbb{R}$ gilt

$$g(x) - f(x) = 4 - 2x - \left(4 - 2x - 4e^{-5x}\right)$$
$$= 4e^{-5x} > 0 \text{ (wegen } e^{-5x} > 0\text{)},$$

also $g(x) > f(x)$. Somit verläuft G_f stets unterhalb von G_g.

(3) Es ist $g(2) = 0$ und $g(x) < 0$ für alle $x > 2$, also nach Teilaufgabe c) (2) $f(x) < 0$ für alle $x \geqslant 2$. Somit kann $f(x_0) = 0$ nur für ein $x_0 < 2$ gelten.

(4) $A = \displaystyle\int_0^1 (g(x) - f(x))\, dx$

$$= \int_0^1 4e^{-5x}\, dx$$

$$= \left[\frac{4}{-5} e^{-5x}\right]_0^1$$

$$= -\frac{4}{5} e^{-5} - \left(-\frac{4}{5}\right)$$

$$= \frac{4}{5}\left(1 - e^{-5}\right)$$

$$\approx 0{,}79461$$

FLÄCHE
ZWISCHEN
GRAPHEN:

Abi037

d) (1) $f(5) = 4 - 2 \cdot 5 - 4 \cdot e^{-5 \cdot 5} = -6 - 4e^{-25} \approx -6{,}00$

    $\Longrightarrow$ Der Abwurfpunkt lag ca. 6 m über dem Boden.

(2) $f(0{,}2\ln(10)) = 4 - 2 \cdot 0{,}2\ln(10) - 4 \cdot e^{-5 \cdot 0{,}2\ln(10)}$

$$= 4 - 0{,}4\ln(10) - 4 \cdot 10^{-1}$$

$$= 3{,}6 - 0{,}4\ln(10) \approx 2.68$$

    $\Longrightarrow$ Der Ball erreichte eine Höhe von etwa 8,68 m über dem Boden.

EXTREMA ÜBER MONOTONIE:

Abi023

(3) Beim Abwurf beträgt die Höhe des Balls 0 m. Dies ist beim Runterfallen des Balles ein weiteres Mal der Fall. Danach bleibt der Ball unterhalb der Abwurfhöhe. Somit gibt es im Modellierungsbereich $[0;5]$ nur diese zwei Nullstellen:

$f(x) = 0$ für $x = 0$ und für $x \overset{\text{WTR}}{\approx} 2{,}00$.

(4) $f'(0) = -2 + 20 \cdot e^{-5 \cdot 0} = 18$ und $f'(5) = -2 + 20 \cdot e^{-5 \cdot 5} \approx -2{,}00$

    $\Longrightarrow f'$ hat auf dem Intervall $[0;5]$ das Maximum $(0|18)$ und ein Minimum etwa bei $(5|-2)$. Der Ball hat also zu Beginn des Wurfes die höchste Geschwindigkeit nach oben (nämlich $18\,\tfrac{m}{s}$) und am Ende des Wurfes die höchste Geschwindigkeit nach unten (nämlich ca. $2\,\tfrac{m}{s}$).

GLOBALE EXTREMA:

Abi026

Aufgabe 1

In einer Studie zum Spracherwerb von Kindern ist untersucht worden, wie sich die Länge gesprochener Sätze (kurz: Satzlänge) mit dem Alter der Kinder entwickelt.

Ein Sprachforscher modelliert mit einer Funktion r die **momentane Änderungsrate**, mit der sich die durchschnittliche Satzlänge[2] der Kinder, die an der Studie teilgenommen haben, im Alter von 1,5 Jahren bis 5,5 Jahren verändert. Dazu verwendet er für $1,5 \leqslant t \leqslant 5,5$ die Gleichung

$$r(t) = 0,31 \cdot e^{-0,25 \cdot t^2 + 1,25 \cdot t}, t \in \mathbb{R}.$$

Dabei wird t als Maßzahl zur Maßeinheit 1 Jahr und $r(t)$ als Maßzahl zur Maßeinheit 1 Wort pro Jahr aufgefasst.

Der Graph von r im Bereich $1,5 \leqslant t \leqslant 5,5$ ist in Abbildung 1 dargestellt.

Abbildung 1

a) (1) Berechnen Sie den Funktionswert von r an der Stelle $t = 2$ und interpretieren Sie diesen Wert im Sachzusammenhang.

   (2) Für die Funktion r gilt die Aussage:

   $r(t) > 0$ für alle $t \in \mathbb{R}$.

   Interpretieren Sie die Bedeutung dieser Aussage im Sachzusammenhang.

   (2 + 3 Punkte)

b) (1) Bestimmen Sie $r'(t)$ und $r''(t)$.

   [Zur Kontrolle: $r''(t) = 0,31 \cdot (0,25 \cdot t^2 - 1,25 \cdot t + 1,0625) \cdot e^{-0,25 \cdot t^2 + 1,25 \cdot t}$.]

---

[2]Im Folgenden wird die durchschschnittliche Satzlänge, mit der die Kinder, die an der Studie teilgenommen haben, gesprochen haben, kurz als Satzlänge bezeichnet.

(2) Weisen Sie rechnerisch nach, dass im gegebenen Modell im Alter von 2,5 Jahren die größte momentane Änderungsrate der Satzlänge vorliegt.

(3) Das Alter zwischen 1,5 und 5,5 Jahren, in dem die momentane Änderungsrate der Satzlänge am schnellsten abnimmt, ist durch die Wendestelle von r im Intervall $[1,5\,;5,5]$ gegeben. Ermitteln Sie diese Wendestelle.

[Hinweis: Auf den Nachweis der hinreichenden Bedingung kann verzichtet werden.]

(8 + 7 + 5 Punkte)

c) In der Studie ist bei Kindern im Alter von 1,5 Jahren eine Satzlänge von 1,2 Wörtern beobachtet worden.

(1) Interpretieren Sie die Bedeutung der Terme $\int\limits_{1,5}^{t} r(u)\,\mathrm{d}u$ und $1,2 + \int\limits_{1,5}^{5,5} r(t)\,\mathrm{d}t$ im Sachzusammenhang.

Die konkrete Ermittlung eines Funktionsterms einer Stammfunktion von r mithilfe eines Integrationsverfahrens ist nicht möglich. Daher wird der Wert des Integrals $\int\limits_{1,5}^{5,5} r(t)\,\mathrm{d}t$ durch ein numerisches Verfahren bestimmt. In Abbildung 2 ist dieses Verfahren veranschaulicht.

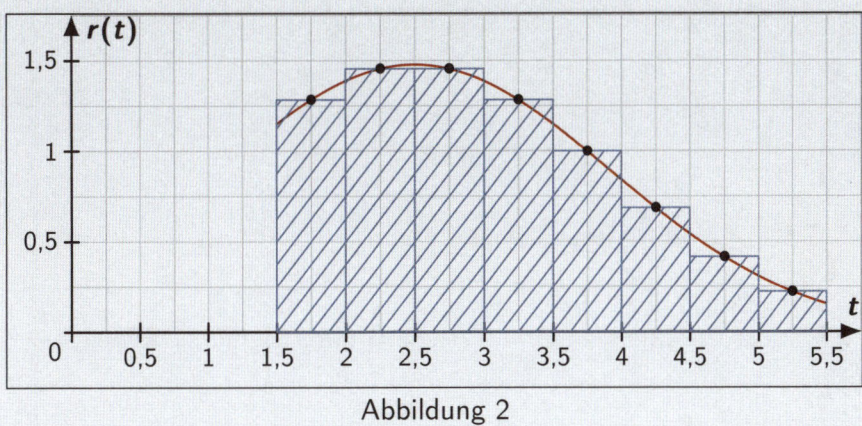

Abbildung 2

(2) Beschreiben Sie kurz das Vorgehen bei diesem numerischen Verfahren.

(3) Berechnen Sie mit diesem numerischen Verfahren einen Näherungswert für den Term

$$1,2 + \int\limits_{1,5}^{5,5} r(t)\,\mathrm{d}t.$$

(4 + 4 + 6 Punkte)

d) Für $1{,}5 \leqslant a \leqslant 4{,}5$ ist die Funktion z definiert durch die Gleichung $z(a) = \displaystyle\int_a^{a+1} r(t)\,dt$.

(1) Interpretieren Sie, welche Bedeutung die Funktion z im Sachzusammenhang hat.

(2) Begründen Sie, warum für die Ableitung der Funktion z mit $z(a) = \displaystyle\int_a^{a+1} r(t)\,dt$ gilt:

$z'(a) = r(a+1) - r(a)$.

[Sie können davon ausgehen, dass es eine Stammfunktion R von r gibt. Wie bereits in c) angegeben, ist die konkrete Ermittlung eines Funktionsterms von R mit Hilfe eines Integrationsverfahrens aber nicht möglich.]

Für die Funktion z wird folgende Berechnung durchgeführt, die von Ihnen in den Teilaufgaben (3) und (4) zum Teil nachvollzogen und interpretiert werden soll:

$$\text{I} \quad z'(a) = 0 \iff r(a+1) - r(a) = 0$$
$$\iff (a+1) = r(a)$$
$$\iff \frac{r(a+1)}{r(a)} = 1$$
$$\iff e^{0{,}5 \cdot a + 1} = 1$$
$$\iff -0{,}5 \cdot a + 1 = 0$$
$$\iff a = 2.$$

$$\text{II} \quad z''(2) = -\frac{31}{200} \cdot e^{\frac{3}{2}} < 0.$$

(3) Weisen Sie nach, dass gilt: $\dfrac{r(a+1)}{r(a)} = e^{-0{,}5 \cdot a + 1}$ (siehe I)

(4) Interpretieren Sie die Lösung $a = 2$ der Gleichung $z'(a) = 0$ (siehe I) unter Berücksichtigung von II im Sachzusammenhang.

(2 + 3 + 3 + 3 Punkte)

Tipps Abitur 2016, Aufgabe 1

a) (1) Setzen Sie $t = 2$ in $r(t)$ ein und beachten Sie, dass $r(t)$ angibt, um wie viele Wörter die durchschnittliche Satzlänge pro Jahr anwächst.

    (2) Das Vorzeichen dieser Änderungsrate gibt an, ob die Sätze länger oder kürzer werden.

b) (1) Benutzen Sie für r' die Kettenregel und für r'' die Produktregel.

    (2) Zeigen Sie, dass $r(t)$ bei $t = 2{,}5$ eine Maximalstelle hat.

    (3) Benutzen Sie folgende notwendige Bedingung für eine Wendestelle: $r''(t) = 0$.

c) (1) Das Integral der Änderungsrate über ein Intervall ist stets die Netto-Zu- bzw. Abnahme der Gesamtmenge über dieses Intervall.

    (2) Beschreiben Sie, wie die schraffierte Fläche mithilfe geeigneter Funktionswerte von r berechnet wird.

    (3) Berechnen Sie $r(1{,}75)$, $r(2{,}25)$ usw., um $\int_{1,5}^{5,5} r(t)\,dt$ mit der schraffierten Fläche in Abbildung 2 anzunähern.

d) (1) Das Integral der Änderungsrate über ein Intervall der Länge 1 ist hier die Netto-Zu- bzw. Abnahme der Satzlänge im Verlauf eines Jahres.

    (2) Gehen Sie von einer Stammfunktion R von r aus und verwenden Sie den Hauptsatz der Differenzial- und Integralrechnung: $\int_{a}^{b} r(t)\,dt = R(b) - R(a)$. Wenden Sie dann die Summen- und Kettenregel an, um die Differenz abzuleiten.

    (3) Verwenden Sie die Rechenregeln für Potenzen: $a^{b_1} : a^{b_2} = a^{b_1 - b_2}$.

    (4) Die Relationen $z'(2) = 0$ und $z''(2) < 0$ bilden eine hinreichende Bedingung für ein Maximum der Funktion $z(a)$ bei $a = 2$.

Lösungen Abitur 2016, Aufgabe 1

a) (1) $r(2) = 0{,}31 \cdot e^{-0{,}25 \cdot 2^2 + 1{,}25 \cdot 2}$

$\quad\quad = 0{,}31 e^{1{,}5}$

$\quad\quad \approx 1{,}38932$

Mit 2 Jahren nimmt die durchschnittliche Satzlänge eines Kindes im Modell um knapp 1,4 Worte pro Jahr zu.

(2) Die durchschnittliche Satzlänge nimmt stets zu, je älter ein Kind wird.

KETTENREGEL:

Abi151

b) (1) $r'(t) = 0{,}31 \cdot e^{-0{,}25 \cdot t^2 + 1{,}25 \cdot t} \cdot (-0{,}25 \cdot 2t + 1{,}25)$

$\quad\quad = 0{,}31 \cdot (-0{,}5 \cdot t + 1{,}25) \cdot e^{-0{,}25 \cdot t^2 + 1{,}25 \cdot t}$

$\quad r''(t) = 0{,}31 \cdot (-0{,}5 \cdot t + 1{,}25) \cdot e^{-0{,}25 \cdot t^2 + 1{,}25 \cdot t} \cdot (-0{,}25 \cdot 2t + 1{,}25)$

$\quad\quad\quad + 0{,}31 \cdot (-0{,}5) e^{-0{,}25 \cdot t^2 + 1{,}25 \cdot t}$

$\quad\quad = 0{,}31 \cdot (0{,}25t^2 - 1{,}25t + 1{,}5625) e^{-0{,}25 \cdot t^2 + 1{,}25 \cdot t} - 0{,}31 \cdot 0{,}5 e^{-0{,}25 \cdot t^2 + 1{,}25 \cdot t}$

$\quad\quad = 0{,}31 \cdot (0{,}25t^2 - 1{,}25t + 1{,}0625) e^{-0{,}25 \cdot t^2 + 1{,}25 \cdot t}$

PRODUKTREGEL:

Abi152

(2) $r'(t) = 0 \iff 0{,}31 \cdot (-0{,}5 \cdot t + 1{,}25) \cdot e^{-0{,}25 \cdot t^2 + 1{,}25 \cdot t} = 0$

$\quad\quad\quad \iff -0{,}5 \cdot t + 1{,}25 = 0$

$\quad\quad\quad \iff -0{,}5 \cdot t = -1{,}25$

$\quad\quad\quad \iff t = 2{,}5$

$\implies$ maximaler Wert von r entweder bei $t = 2{,}5$ oder oder am Rand bei $t = 1{,}5$ oder $t = 5{,}5$.

$r(1{,}5) \approx 1{,}15$, $r(2{,}5) \approx 1{,}48$ und $r(5{,}5) \approx 0{,}16$

$\implies$ Die maximale Änderungsrate wird bei $t = 2{,}5$ erreicht.

GLOBALE EXTREMA:

Abi026

(3) $r''(t) = 0 \iff 0{,}31 \cdot (0{,}25t^2 - 1{,}25t + 1{,}0625) e^{-0{,}25 \cdot t^2 + 1{,}25 \cdot t} = 0$

$\quad\quad\quad \iff 0{,}25t^2 - 1{,}25t + 1{,}0625 = 0$

$\quad\quad\quad \iff t = \dfrac{1{,}25 \pm \sqrt{1{,}25^2 - 4 \cdot 0{,}25 \cdot 1{,}0625}}{2 \cdot 0{,}25}$

$\quad\quad\quad \iff t = 2{,}5 \pm \sqrt{2}$,

also kommen nur bei $t \approx 1{,}09$ und $t \approx 3{,}91$ Wendestellen in Frage. Somit ist bei $t \approx 3{,}91$ die einzige Wendestelle im Modellierungsintervall $[1{,}5\,;5{,}5]$.

WENDEPUNK-TE ÜBER KRÜMMUNG:

Abi028

c) (1) $\displaystyle\int_{1{,}5}^{t} r(u)\,du$ gibt die Anzahl der Wörter an, um die die durchschnittliche Satzlänge im Modell vom Alter 1,5 Jahre bis zum Zeitpunkt t anwächst.

$1{,}2 + \displaystyle\int_{1{,}5}^{5{,}5} r(t)\,dt$ gibt die durchschnittliche Satzlänge im Alter von 5,5 Jahren an.

(2) Die Fläche unter dem Graphen von r wird durch die Summe der schraffierten Rechtecksflächen angenähert, die jeweils als Produkt einer Teilintervallbreite und dem Funktionswert in der Mitte des Teilintervalls berechnet werden.

(3)
$$\int_{1,5}^{5,5} r(t)\,dt \approx 0{,}5 \cdot (r(1{,}75) + r(2{,}25) + r(2{,}75) + r(3{,}25)$$
$$+ r(3{,}75) + r(4{,}25) + r(4{,}75) + r(5{,}25))$$
$$\approx 0{,}5 \cdot (1{,}28 + 1{,}46 + 1{,}46 + 1{,}28 + 1 + 0{,}69 + 0{,}42 + 0{,}22)$$
$$= 3{,}905$$
$$\implies 1{,}2 + \int_{1,5}^{5,5} r(t)\,dt \approx 5{,}105.$$

d) (1) Der Term $z(a)$ gibt an, um wie viele Worte die durschnittliche Satzlänge vom Alter a an im Verlauf des folgenden Jahres zunimmt.

(2) Sei R eine Stammfunktion von r. Dann gilt

$$z(a) = R(a+1) - R(a),$$

also aufgrund der Kettenregel

$$z'(a) = R'(a+1) \cdot 1 - R'(a) = r(a+1) - r(a).$$

(3)
$$\frac{r(a+1)}{r(a)} = \frac{0{,}31 \cdot e^{-0{,}25\cdot(a+1)^2 + 1{,}25\cdot(a+1)}}{0{,}31 \cdot e^{-0{,}25\cdot a^2 + 1{,}25\cdot a}}$$
$$= \frac{e^{-0{,}25\cdot(a+1)^2 + 1{,}25\cdot(a+1)}}{e^{-0{,}25\cdot a^2 + 1{,}25\cdot a}}$$
$$= e^{-0{,}25\cdot(a+1)^2 + 1{,}25\cdot(a+1) - \left(-0{,}25\cdot a^2 + 1{,}25\cdot a\right)}$$
$$= e^{-0{,}5\cdot a - 0{,}25 + 1{,}25}$$
$$= e^{-0{,}5\cdot a + 1}$$

(4) In **I** und **II** wird gezeigt, dass $z'(2) = 0$ und $z''(2) < 0$ ist. Somit hat z bei $a = 2$ ein lokales Maximum, d. h. die Zunahme der durchschnittlichen Satzlänge innerhalb eines Jahres ist dritten Lebensjahr am größten.

EXTREMA ÜBER
2. ABLEITUNG:

Abi024

105

Aufgabe 2

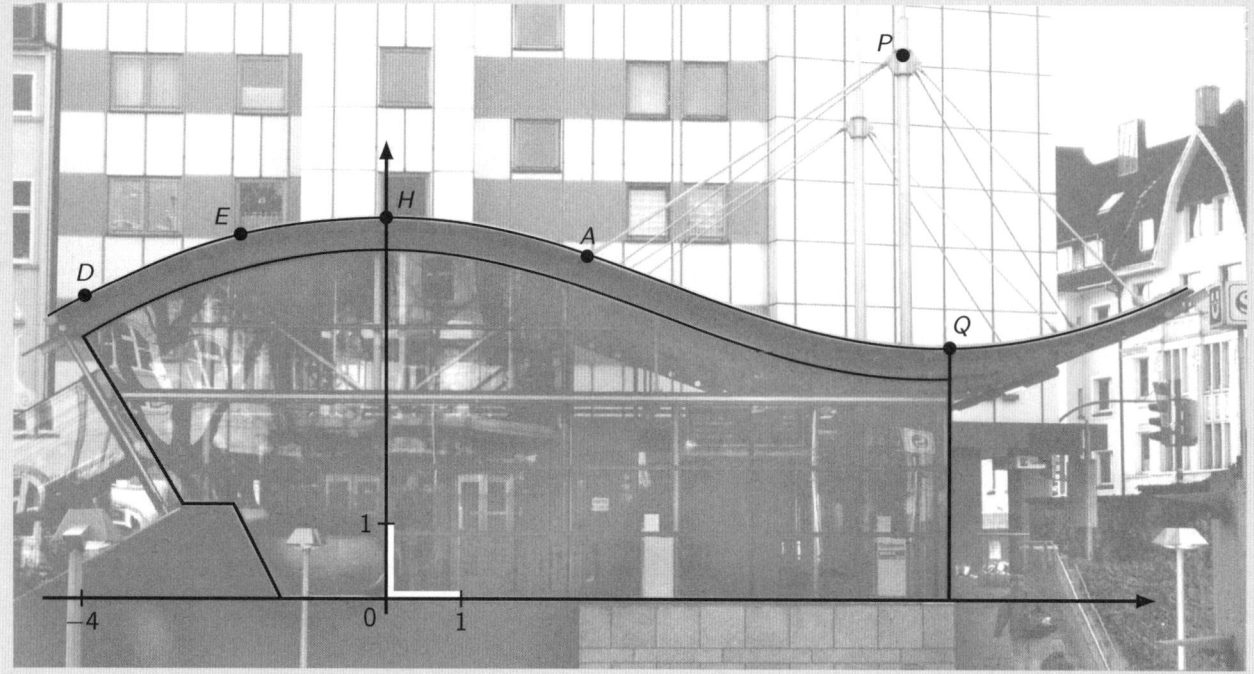

Abbildung

Die Abbildung zeigt das Eingangsgebäude zu einer U-Bahn-Haltestelle. Auf dem Foto schaut man frontal auf eine ebene Glasfläche, die sich unter dem geschwungenen Dach befindet. Eine Längeneinheit in dem eingezeichneten Koordinatensystem entspricht 1 m. Der höchste Punkt der Dachoberkante befindet sich in diesem Koordinatensystem bei $H(0|5,0)$ und der tiefste Punkt bei $Q(7,3|3,3)$. Auch die Punkte $D(-4|4)$ und $E(-2|4,75)$ liegen auf der Dachoberkante.

a) Die Profillinie der Dachoberkante hat eine geschwungene Form, die durch eine ganzrationale Funktion modelliert werden soll.

  (1) Die Profillinie hat im Bereich $-4 \leqslant x \leqslant 4$ näherungsweise die Form einer Parabel 2. Grades. Bestimmen Sie eine Gleichung dieser Parabel mit dem Hochpunkt H, die durch den Punkt D verläuft.
Prüfen Sie, ob der Punkt E auf dieser Parabel liegt.
[Zur Kontrolle: $p(x) = -\frac{1}{16}x^2 + 5$]

  (2) Begründen Sie anhand der Abbildung, warum eine ganzrationale Funktion, die zur Modellierung der gesamten Profillinie der Dachoberkante geeignet sein könnte, mindestens 3. Grades sein muss.

(5 + 3 Punkte)

Im Folgenden wird zur Modellierung der Dachoberkante für $-4,5 \leqslant x \leqslant 10,5$ eine ganzrationale Funktion 4. Grades verwendet, und zwar die auf $\mathbb{R}$ definierte Funktion f mit
$f(x) = 0,0004 \cdot x^4 + 0,0016 \cdot x^3 - 0,063 \cdot x^2 + 5$.

b) (1) Weisen Sie nach, dass der Punkt H auch ein lokaler Hochpunkt des Graphen von f ist.

   (2) Bestimmen Sie im Modellierungsbereich den Tiefpunkt T des Graphen von f.
   Geben Sie an, um wieviel Prozent jede Koordinate von T von der entsprechenden Koordinate
   von Q abweicht.
   [Kontrollergebnis: $T(7,5|3,4)$, y-Wert gerundet]

   (3) Der Punkt A aus der Abbildung hat die x-Koordinate 2,7.
   Untersuchen Sie im Modell der Funktion f, ob an dieser Stelle die Profillinie zwischen H und
   T das stärkste Gefälle hat.

   (4 + 8 + 5 Punkte)

c) Oberhalb des Daches sind geradlinig verlaufende Stahlseile angebracht. Gehen Sie vereinfachend
   davon aus, dass das Stahlseil von $A(2,7|f(2,7))$ nach $P(6,7|7,2)$ verläuft.

   (1) Berechnen Sie die Länge des Stahlseils von A nach P.

   (2) Das Stahlseil wird im Bereich $2,7 \leqslant x \leqslant 6,7$ durch eine Gerade g modelliert.
   Bestimmen Sie eine Gleichung der Geraden g und berechnen Sie die Größe des Winkels, den
   die Gerade g in A mit der Horizontalen einschließt.

   (3) Ein weiteres Seil soll von P nach E gespannt werden.
   Überprüfen Sie, ob es in E tangential zur Dachoberkante verlaufen wird.

   (4 + 6 + 4 Punkte)

d) Das Eingangsgebäude ist mit Glas verkleidet. Gehen Sie vereinfachend davon aus, dass es sich bei
   der in der Abbildung umrahmten Glasfläche um eine durchgehende ebene Fläche handelt, die
   nicht durch Rahmen und Streben unterbrochen wird. Die eingezeichnete Oberkante der
   Glasfläche wird im Bereich $-4 \leqslant x \leqslant 7,3$ durch die auf $\mathbb{R}$ definierte Funktion h mit
   $h(x) = 0,0004 \cdot x^4 + 0,0016 \cdot x^3 - 0,063 \cdot x^2 + 4,5$ modelliert.

   (1) Berechnen Sie den Inhalt der Glasfläche von der y-Achse bis zur eingezeichneten Kante durch
   den Punkt Q in der Ansicht aus der Abbildung.

   (2) Für die Glasfläche links von der y-Achse ist der Rand der zu berechnenden Glasfläche in der
   Abbildung nachgezeichnet. Beschreiben Sie eine mögliche Lösungsidee zur Bestimmung des
   Inhalts der umrahmten Glasfläche links von der y-Achse. Geben Sie dabei alle nötigen
   Ansätze an, die Berechnung konkreter Werte wird hingegen nicht erwartet.

   (6 + 5 Punkte)

Tipps Abitur 2016, Aufgabe 2

a) (1) Gehen Sie von der Scheitelpunktsform $p(x) = a(x - x_H)^2 + y_H$ aus. Den Parameter a erhalten Sie durch Einsetzen der Koordinaten von D. Setzen Sie schließlich die Koordinaten von E in die fertige Gleichung ein.

   (2) Als Kriterium können Sie die Änderung der Krümmungsrichtung oder die Anzahl der Maxima und Minima heranziehen, womit Sie Rückschlüsse über die Anzahl der Nullstellen der 2. bzw. 1. Ableitung ziehen können.

b) (1) Bestimmen Sie die Nullstellen der 1. Ableitung und das Vorzeichen der 2. Ableitung bei $x_H = 0$.

   (2) Benutzen Sie die Ableitung aus b) (1), um die Monotonie zu untersuchen. Berechnen Sie dann $\left| \dfrac{x_Q - x_T}{x_Q} \right|$ und $\left| \dfrac{y_Q - y_T}{y_Q} \right|$.

   (3) Prüfen Sie, ob f' bei $x = 2{,}7$ eine Maximalstelle haben kann, indem Sie $f''(2{,}7)$ bestimmen.

c) (1) Verwenden Sie den Satz von Pythagoras.

   (2) Gehen Sie von einer Gleichung $y = m \cdot x + t$ aus, bestimmen Sie die Steigung m über das Steigungsdreieck von A nach P und setzen Sie dann z. B. die Koordinaten von A ein, um t zu erhalten. Für den Steigungswinkel α gilt $\tan \alpha = m$.

   (3) Bestimmen Sie über das Steigungsdreieck von E nach P die Steigung der Gerade, an der das Seil entlanglaufen soll. Vergleichen Sie das Ergebnis mit der Steigung von f bei E.

d) (1) Integrieren Sie die Funktion h von $x_H = 0$ bis $x_Q = 7{,}3$.

   (2) Die gesuchte Fläche kann durch geeignete Dreiecks- und Trapezflächen zu einer Fläche ergänzt werden, die wie in d) (1) direkt als Integral dargestellt werden kann.

Lösungen Abitur 2016, Aufgabe 2

a) (1) Scheitelpunktsform: $p(x) = a \cdot (x - 0)^2 + 5{,}0 = ax^2 + 5$

PARAMETER EINER GANZ-RATIONALEN FUNKTION:

$$D \in G_p \Longrightarrow a \cdot (-4)^2 + 5 = 4 \Longrightarrow 16a = 4 - 5 \Longrightarrow a = -\tfrac{1}{16}$$

$$\Longrightarrow p(x) = -\tfrac{1}{16}x^2 + 5.$$

$$p(x_E) = p(-2) = -\tfrac{1}{16} \cdot (-2)^2 + 5 = 4{,}75 = y_E \Longrightarrow E \in G_p.$$

Abi030

(2) Die Profillinie hat einen Hochpunkt und einen Tiefpunkt, also zwei Extremalstellen, die Nullstellen der 1. Ableitung der Modellierungsfunktion entsprechen. Die Ableitung muss also mindestens Grad 2 haben und die Modellierungsfunktion daher mindestens Grad 3.

b) (1) $f(x) = 0{,}0004 \cdot x^4 + 0{,}0016 \cdot x^3 - 0{,}063 \cdot x^2 + 5$

$$\Longrightarrow f'(x) = 0{,}0004 \cdot 4 \cdot x^3 + 0{,}0016 \cdot 3 \cdot x^2 - 0{,}063 \cdot 2 \cdot x$$

$$= 0{,}0016x^3 + 0{,}0048x^2 - 0{,}126x$$

$$\Longrightarrow f'(0) = 0{,}0016 \cdot 0^3 + 0{,}0048 \cdot 0^2 - 0{,}126 \cdot 0 = 0$$

$$f''(x) = 0{,}0016 \cdot 3x^2 + 0{,}0048 \cdot 2x - 0{,}126 = 0{,}0048x^2 + 0{,}0096x - 0{,}126$$

$$\Longrightarrow f''(0) = -0{,}126 < 0$$

$\Longrightarrow$ lokales Maximum von f bei $x = 0$ mit y-Wert

$f(0) = 0{,}0004 \cdot 0^4 + 0{,}0016 \cdot 0^3 - 0{,}063 \cdot 0^2 + 5 = 5$, also Hochpunkt in H.

EXTREMA ÜBER 2. ABLEITUNG:

Abi024

(2) $\quad f'(x) = 0$

$$\Longleftrightarrow 0{,}0016x^3 + 0{,}0048x^2 - 0{,}126x = 0$$

$$\Longleftrightarrow x \cdot \left(0{,}0016x^2 + 0{,}0048x - 0{,}126 \right) = 0$$

$$\Longleftrightarrow x = 0 \text{ oder } 0{,}0016x^2 + 0{,}0048x - 0{,}126 = 0$$

$$\Longleftrightarrow x = 0 \text{ oder } x = \frac{-0{,}0048 \pm \sqrt{0{,}0048^2 - 4 \cdot 0{,}0016 \cdot (-0{,}126)}}{4 \cdot 0{,}126}$$

$$\Longleftrightarrow x = 0 \text{ oder } x = -10{,}5 \text{ oder } x = 7{,}5$$

$$f''(7{,}5) = 0{,}0048 \cdot 7{,}5^2 + 0{,}0096 \cdot 7{,}5 - 0{,}126 = 0{,}216 > 0$$

$\Longrightarrow$ lokales Minimum bei $x = 7{,}5$.

$f(7{,}5) = 0{,}0004 \cdot 7{,}5^4 + 0{,}0016 \cdot 7{,}5^3 - 0{,}063 \cdot 7{,}5^2 + 5 \approx 3{,}4$. Dieser Wert ist kleiner als die Randwerte $f(-4{,}5) \approx 3{,}74248$ und $f(10{,}5) \approx 4{,}76848$. $\Longrightarrow T$ liegt etwa bei $(7{,}5 \mid 3{,}4)$

$$\frac{|x_T - x_Q|}{|x_Q|} = \frac{0{,}2}{7{,}3} \approx 0{,}0274 \approx 2{,}7\,\%.$$

$$\frac{|y_T - y_Q|}{|y_Q|} \approx \frac{0{,}1}{3{,}3} \approx 3\,\%.$$

(3) $f''(2{,}7) = 0{,}0048 \cdot 2{,}7^2 + 0{,}0096 \cdot 2{,}7 - 0{,}126 \approx -0{,}065088 < 0$

$\Longrightarrow$ Das Gefälle wird für $x > 2{,}7$ steiler, ist also im Punkt A nicht maximal.

WENDEPUNK-TE ÜBER 3. ABLEITUNG:

Abi029

c) (1) $f(2{,}7) \approx 4{,}59$

$$\Longrightarrow d(A,P) \approx \sqrt{(6{,}7 - 2{,}7)^2 + (7{,}2 - 4{,}59)^2} \approx 4{,}78$$

$\Longrightarrow$ Das Stahlseil ist etwa 4,78 m lang.

(2) $g(x) = m \cdot x + t$ mit $m = \dfrac{y_P - y_A}{x_P - x_A} \approx \dfrac{7{,}2 - 4{,}59}{6{,}7 - 2{,}7} = \dfrac{2{,}61}{4} \approx 0{,}65$ und

$g(6{,}7) = 7{,}2$, also

$t = g(6{,}7) - m \cdot 6{,}7 \approx 7{,}2 - 0{,}65 \cdot 6{,}7 = 2{,}845$

$\implies g$ hat näherungsweise die Gleichung $g(x) = 0{,}65x + 2{,}845$.

Neigungswinkel: $\alpha = \tan^{-1}(m) \approx \tan^{-1}(0{,}65) \approx 33{,}02°$.

SCHNITTWINKEL:

Abi032

(3) Steigung des Seils: $\tilde{m} = \dfrac{y_P - y_E}{x_P - x_E} = \dfrac{7{,}2 - 4{,}75}{6{,}7 - (-2)} \approx 0{,}28$

Steigung der Dachoberkante:

$f'(x_E) = 0{,}0016 \cdot (-2)^3 + 0{,}0048 \cdot (-2)^2 - 0{,}126 \cdot (-2) \approx 0{,}2584$

$\implies$ Das Seil verläuft nicht tangential zur Dachoberkante.

TANGENTEN:

Abi016

d) (1) $A = \displaystyle\int_0^{7,3} h(x)\, dx$

$= \displaystyle\int_0^{7,3} 0{,}0004x^4 + 0{,}0016x^3 - 0{,}063x^2 + 4{,}5\, dx$

$= \left[\dfrac{0{,}0004}{5}x^5 + \dfrac{0{,}0016}{4}x^4 - \dfrac{0{,}063}{3}x^3 + 4{,}5x\right]_0^{7,3}$

$= 27{,}475$

$\implies$ Die Glasfläche hat einen Inhalt von $27{,}475\,\text{m}^2$.

BESTIMMTES
INTEGRAL:

Abi036

(2) Die beschriebene Fläche A_I wird in der folgenden Skizze durch ein Rechteck R und zwei Dreiecke D_1 und D_2 zur Fläche unter dem Graphen von h zwischen $x = -4$ und $x = 0$ ergänzt:

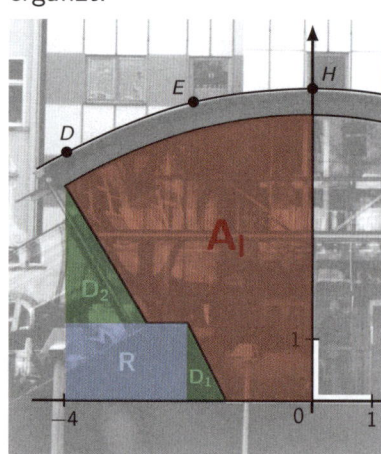

Die gesamte farbig markierte Fläche beträgt im Modell $\displaystyle\int_{-4}^{0} h(x)\, dx$. Von dieser müssen dann die Rechtecksfläche und die zwei Dreiecksflächen abgezogen werden, die wiederum mit den Formeln

$A_{\text{Dreieck}} = \dfrac{1}{2} \cdot \text{Grundseite} \cdot \text{Höhe}$ und

$A_{\text{Rechteck}} = \text{Breite} \cdot \text{Höhe}$

berechnet werden.

Aufgabe 3

In einem kartesischen Koordinatensystem sind die Punkte $O(0|0|0)$, $A(8|0|0)$, $B(8|8|0)$, $C(0|8|0)$, $D(8|0|8)$, $E(8|8|8)$, $F(0|8|8)$ und $G(0|0|8)$ Eckpunkte eines Würfels $OABCDEFG$. Außerdem sind die Punkte $L(8|0|1)$, $M(8|8|3)$ und $N(0|8|5)$ gegeben (siehe Abbildung).

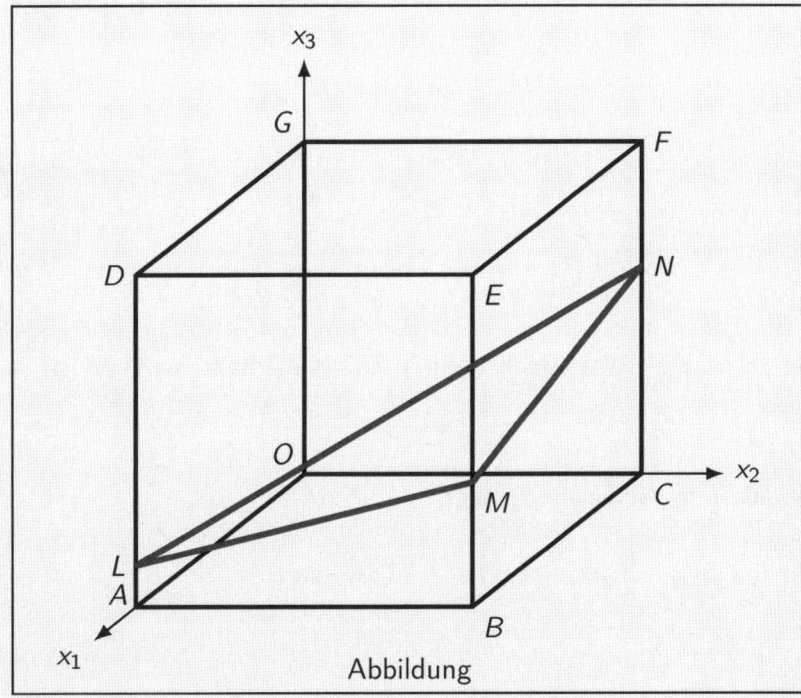

Abbildung

a) (1) Zeigen Sie, dass das Dreieck LMN gleichschenklig ist.

   (2) Zeigen Sie, dass das Dreieck LMN nicht rechtwinklig ist.

   (3) Bestimmen Sie den Flächeninhalt des Dreiecks LMN.
   [Zur Kontrolle: Der Flächeninhalt des Dreiecks LMN beträgt $24 \cdot \sqrt{2}$ [FE].]

   (4 + 4 + 5 Punkte)

b) (1) Ermitteln Sie eine Parameter- und eine Koordinatengleichung der Ebene H, die die Punkte L, M und N enthält.
   [Mögliches Ergebnis für die Koordinatengleichung: $H : x_1 - x_2 + 4x_3 = 12$.]

   (2) Bestimmen Sie die Koordinaten des Schnittpunktes der Geraden g, die durch die Punkte $P(11|-3|20)$ und D festgelegt ist, und der Ebene H.
   $\left[\text{Zur Kontrolle: Der Schnittpunkt ist } S\left(\dfrac{58}{9}\Big|\dfrac{14}{9}\Big|\dfrac{16}{9}\right).\right]$

   (3) Zeigen Sie, dass die Gerade g die Ebene H senkrecht schneidet.

   (4) Bestimmen Sie das Volumen der Pyramide $LMND$.

   (7 + 7 + 5 + 5 Punkte)

c) (1) Bestimmen Sie den Schnittpunkt T der Ebene H mit der x_3-Achse.
[Zur Kontrolle: $T(0|0|3)$]

(2) Skizzieren Sie in der Abbildung das Schnittgebilde, das die Ebene H mit dem Würfel bildet.

(3) Zeigen Sie, dass das Schnittgebilde von Ebene und Würfel eine Raute ist.

(4) Beschreiben Sie eine Vorgehensweise, mit der Sie prüfen können, ob der Punkt $Q(2,5|1|2,75)$ auf derselben Seite der Ebene H wie der Punkt D liegt.

(3 + 3 + 3 + 4 Punkte)

nur LK:

d) Es gibt genau eine Gerade k durch M, die die Geraden LN und GF (außerhalb des Würfels) schneidet.

(1) Begründen Sie, dass die Gerade k in der Ebene H liegt.

(2) Bestimmen Sie die Koordinaten eines zweiten Punktes der Geraden k.

(4 + 4 Punkte)

Tipps Abitur 2016, Aufgabe 3

a) (1) Entnehmen Sie der Abbildung, welche beiden Seiten gleich lang sind. Berechnen Sie die Seitenlängen jeweils als Betrag des Verbindungsvektors der Endpunkte.

    (2) Nach a) (1) kann nur Winkel bei M ein rechter Winkel sein. Zeigen Sie (mit dem Skalarprodukt), dass die anliegenden Seiten nicht senkrecht aufeinander stehen.

    (3) Wegen a) (1) ist die Höhe des Dreiecks genau der Abstand von M zum Mittelpunkt der Grundseite LN.

b) (1) Benutzen Sie die in a) (1) bestimmten Verbindungsvektoren $\overrightarrow{LM}$ (bzw. $\overrightarrow{ML}$) und $\overrightarrow{MN}$ (bzw. $\overrightarrow{NM}$) als Richtungsvektoren für die Parametergleichung. Aus diesen erhalten Sie mithilfe des Skalarprodukts und einem linearen Gleichungssystem (oder direkt mit dem Vektorprodukt) einen Normalenvektor $\vec{n}$ von H. Durch Einsetzen der Koordinaten eines Punktes der Ebene in die Gleichung $n_1 x_1 + n_2 x_2 + n_3 x_3 = t$ erhalten Sie den Parameter t und damit die vollständige Koordinatengleichung.

    (2) Stellen Sie die Geradengleichung auf und setzen Sie die Koordinaten eines allgemeinen Punktes dieser Gerade in die Koordinatengleichung aus b) (2) ein.

    (3) Zeigen Sie entweder, dass der Richtungsvektor $\vec{v}$ von g parallel zum Normalenvektor von H ist, oder weisen sie nach, dass $\vec{v}$ senkrecht auf beiden Richtungsvektoren von H steht.

    (4) Die Höhe der Pyramide ist wegen b) (3) genau der Abstand von D zu S. Die Grundfläche wurde bereits in a) (3) bestimmt.

c) (1) Die x_3-Achse wird definiert durch die Gleichungen $x_1 = 0$ und $x_2 = 0$. Setzen Sie diese in die Koordinatengleichung von H ein.

    (2) Beschränken Sie Ihre Markierungen auf das Innere des Würfels und beachten Sie, dass das Dreieck LMN in der Ebene H liegt.

    (3) Das Schnittgebilde ist $LMNT$. Zeigen Sie, dass die Seiten LT und TN genauso lang sind wie die in a) (1) bestimmten Längen von LM und MN.

    (4) Sie können entweder die Koordinatengleichung $H : x_1 - x_2 + 4x_3 - 12 = 0$ heranziehen, die Koordinaten von Q und D jeweils einsetzen und die Vorzeichen der linken Seiten vergleichen, oder die Lotgeraden $\overrightarrow{OQ} + s \cdot \vec{n}, s \in \mathbb{R}$ und $\overrightarrow{OD} + t \cdot \vec{n}, t \in \mathbb{R}$ aufstellen und untersuchen, für welche Vorzeichen von s und t die Geradenpunkte auf H liegen.

nur LK:

d) (1) H enthält M, L und N, also auch die Gerade LN, inklusive deren Schnittpunkt mit k.

    (2) Berechnen Sie z. B. die Schnittpunkte von H mit der Gerade GF.

Lösungen Abitur 2016, Aufgabe 3

a) (1) $d(L,M) = \left|\overrightarrow{LM}\right| = \left|\overrightarrow{OM} - \overrightarrow{OL}\right|$

BETRAG EINES
VEKTORS:

Abi046

$$= \left|\begin{pmatrix}8\\8\\3\end{pmatrix} - \begin{pmatrix}8\\0\\1\end{pmatrix}\right| = \left|\begin{pmatrix}0\\8\\2\end{pmatrix}\right|$$

$$= \sqrt{0^2 + 8^2 + 2^2} = \sqrt{68} = 2\sqrt{17}$$

$d(M,N) = \left|\overrightarrow{MN}\right| = \left|\overrightarrow{ON} - \overrightarrow{OM}\right|$

$$= \left|\begin{pmatrix}0\\8\\5\end{pmatrix} - \begin{pmatrix}8\\8\\3\end{pmatrix}\right| = \left|\begin{pmatrix}-8\\0\\2\end{pmatrix}\right|$$

$$= \sqrt{(-8)^2 + 0^2 + 2^2} = \sqrt{68} = 2\sqrt{17}$$

$\Longrightarrow$ Die Seiten LM und MN des Dreiecks LMN sind gleich lang.

(2) Da die Seiten LM und MN gleich lang sind, kann nur bei M ein rechter Winkel sein. Das ist aber nicht der Fall, denn

SKALAR-
PRODUKT:

Abi052

$\overrightarrow{LM} \circ \overrightarrow{MN} = \begin{pmatrix}0\\8\\2\end{pmatrix} \circ \begin{pmatrix}-8\\0\\2\end{pmatrix} = 0 \cdot (-8) + 8 \cdot 0 + 2 \cdot 2 = 4 \neq 0$, d. h. die beiden Schenkel bei

M stehen nicht senkrecht aufeinander.

(3) Länge der Seite $\overline{LN}$:

$d(L,N) = \left|\overrightarrow{LN}\right| = \left|\overrightarrow{ON} - \overrightarrow{OL}\right|$

$$= \left|\begin{pmatrix}0\\8\\5\end{pmatrix} - \begin{pmatrix}8\\0\\1\end{pmatrix}\right| = \left|\begin{pmatrix}-8\\8\\4\end{pmatrix}\right|$$

$$= \sqrt{(-8)^2 + 8^2 + 4^2} = \sqrt{144} = 12$$

Mittelpunkt R der Strecke $\overline{LN}$:

VEKTOR-
ADDITION:

Abi044

$\overrightarrow{OR} = \frac{1}{2}\left(\overrightarrow{OL} + \overrightarrow{ON}\right) = \frac{1}{2}\left(\begin{pmatrix}8\\0\\1\end{pmatrix} + \begin{pmatrix}0\\8\\5\end{pmatrix}\right) = \frac{1}{2}\begin{pmatrix}8\\8\\6\end{pmatrix} = \begin{pmatrix}4\\4\\3\end{pmatrix} \Longrightarrow R(4|4|3)$.

Höhe des Dreiecks LMN bezüglich der Grundseite $\overline{LN}$:

$d(R,M) = \left|\overrightarrow{RM}\right| = \left|\overrightarrow{OM} - \overrightarrow{OR}\right|$

$$= \left|\begin{pmatrix}8\\8\\3\end{pmatrix} - \begin{pmatrix}4\\4\\3\end{pmatrix}\right| = \left|\begin{pmatrix}4\\4\\0\end{pmatrix}\right|$$

$$= \sqrt{4^2 + 4^2 + 0^2} = \sqrt{32} = 4\sqrt{2}$$

$\Longrightarrow$ Fläche des Dreiecks $LMN = \frac{1}{2} \cdot$ Grundseite $\cdot$ Höhe $= \frac{1}{2} \cdot 12 \cdot 4\sqrt{2} = 24\sqrt{2}$.

b) (1) 1. Richtungsvektor $\overrightarrow{LM} = \begin{pmatrix} 0 \\ 8 \\ 2 \end{pmatrix}$, 2. Richtungsvektor $\overrightarrow{MN} = \begin{pmatrix} -8 \\ 0 \\ 2 \end{pmatrix}$.

$L(8|0|1) \in H$

$\Longrightarrow$ Parametergleichung $H : \vec{X} = \begin{pmatrix} 8 \\ 0 \\ 1 \end{pmatrix} + \lambda \cdot \begin{pmatrix} 0 \\ 8 \\ 2 \end{pmatrix} + \mu \cdot \begin{pmatrix} -8 \\ 0 \\ 2 \end{pmatrix}, \lambda \in \mathbb{R}, \mu \in \mathbb{R}.$

PARAMETER-
FORM AUS
3 PUNKTEN:

Abi050

Normalenvektor $\vec{n} = \begin{pmatrix} n_1 \\ n_2 \\ n_3 \end{pmatrix}$.

$\vec{n} \perp \overrightarrow{LM}$ und $\vec{n} \perp \overrightarrow{MN}$

$\Longleftrightarrow \begin{pmatrix} n_1 \\ n_2 \\ n_3 \end{pmatrix} \circ \begin{pmatrix} 0 \\ 8 \\ 2 \end{pmatrix} = 0$ und $\begin{pmatrix} n_1 \\ n_2 \\ n_3 \end{pmatrix} \circ \begin{pmatrix} -8 \\ 0 \\ 2 \end{pmatrix} = 0$

$\Longleftrightarrow n_1 \cdot 0 + n_2 \cdot 8 + n_3 \cdot 2 = 0$ und $n_1 \cdot (-8) + n_2 \cdot 0 + n_3 \cdot 2 = 0$

$\Longleftrightarrow 8n_2 + 2n_3 = 0$ und $-8n_1 + 2n_3 = 0$

$\Longleftrightarrow \underbrace{4n_2 + n_3 = 0}_{\text{I}}$ und $\underbrace{-4n_1 + n_3 = 0}_{\text{II}}$

NORMALENVEK-
TOR ÜBER SKA-
LARPRODUKT:

Abi053

Wähle z. B. $n_1 = 1$, $n_2 = -1$ und $n_3 = 4$, um I und II zu lösen $\Longrightarrow \vec{n} = \begin{pmatrix} 1 \\ -1 \\ 4 \end{pmatrix}$.

$\Longrightarrow$ Koordinatengleichung $H : 1x_1 - 1x_2 + 4x_3 = c$ für ein $c \in \mathbb{R}$.

$L(8|0|1) \in H \Longrightarrow 1 \cdot 8 - 1 \cdot 0 + 4 \cdot 1 = c \Longrightarrow c = 12$

$\Longrightarrow H : x_1 - x_2 + 4x_3 = 12.$

KOORDINA-
TENGLEICHUNG
AUS PUNKT
UND NORMA-
LENVEKTOR:

Abi055

(2) Richtungsvektor der Gerade: $\overrightarrow{PD} = \overrightarrow{OD} - \overrightarrow{OP} = \begin{pmatrix} 8 \\ 0 \\ 8 \end{pmatrix} - \begin{pmatrix} 11 \\ -3 \\ 20 \end{pmatrix} = \begin{pmatrix} -3 \\ 3 \\ -12 \end{pmatrix}$

$\Longrightarrow$ setze $\vec{v} = \frac{1}{3}\begin{pmatrix} -3 \\ 3 \\ -12 \end{pmatrix} = \begin{pmatrix} -1 \\ 1 \\ -4 \end{pmatrix}$

$\Longrightarrow$ Geradengleichung: $g : \vec{X} = \begin{pmatrix} 11 \\ -3 \\ 20 \end{pmatrix} + \lambda \cdot \begin{pmatrix} -1 \\ 1 \\ -4 \end{pmatrix}, \lambda \in \mathbb{R}.$

allgemeiner Punkt auf g: $P_\lambda(11 - \lambda \,|\, -3 + \lambda \,|\, 20 - 4\lambda)$

$P_\lambda \in H \Longleftrightarrow 11 - \lambda - (-3 + \lambda) + 4(20 - 4\lambda) = 12$

$\Longleftrightarrow 94 - 18\lambda = 12$

$\Longleftrightarrow 82 = 18\lambda$

$\Longleftrightarrow \lambda = \dfrac{82}{18} = \dfrac{41}{9}$

$\Longrightarrow S = P_{\frac{41}{9}}(11 - \frac{41}{9} \,|\, -3 + \frac{41}{9} \,|\, 20 - 4 \cdot \frac{41}{9}) = \left(\frac{58}{9} \,\big|\, \frac{14}{9} \,\big|\, \frac{16}{9}\right)$

GERADE DURCH
2 PUNKTE:

Abi048

SCHNITTPUNKT
GERADE-EBENE:

Abi064

(3) $\vec{v} = \begin{pmatrix} -1 \\ 1 \\ -4 \end{pmatrix} = -\begin{pmatrix} 1 \\ -1 \\ 4 \end{pmatrix} = -\vec{n}$

$\Longrightarrow g$ ist parallel zum Normalenvektor von H, also senkrecht auf H.

GERADE SENK-
RECHT AUF
EBENE (KOOR-
DINATENFORM):

Abi072

(4) Höhe der Pyramide = Abstand von $D(8|0|8)$ zu H:

$$d(D,H) = d(D,S) = \left| \frac{1}{9} \begin{pmatrix} 58 \\ 14 \\ 16 \end{pmatrix} - \begin{pmatrix} 8 \\ 0 \\ 8 \end{pmatrix} \right|$$

$$= \left| \frac{1}{9} \begin{pmatrix} -14 \\ 14 \\ -56 \end{pmatrix} \right| = \frac{1}{9} \sqrt{(-14)^2 + 14^2 + (-56)^2}$$

$$= \frac{1}{9} \sqrt{3528} = \frac{14}{3} \sqrt{2}$$

Volumen der Pyramide $= \frac{1}{3} \cdot$ Grundfläche $\cdot$ Höhe $= \frac{1}{3} \cdot 24\sqrt{2} \cdot \frac{14}{3}\sqrt{2}$

$$= \frac{224}{3} \approx 74{,}67.$$

c) (1) $0 - 0 + 4x_3 = 12 \implies x_3 = 3 \implies$ Schnittpunkt $T(0|0|3)$.

SCHNITTPUNKT
GERADE-EBENE:

Abi064

(2)

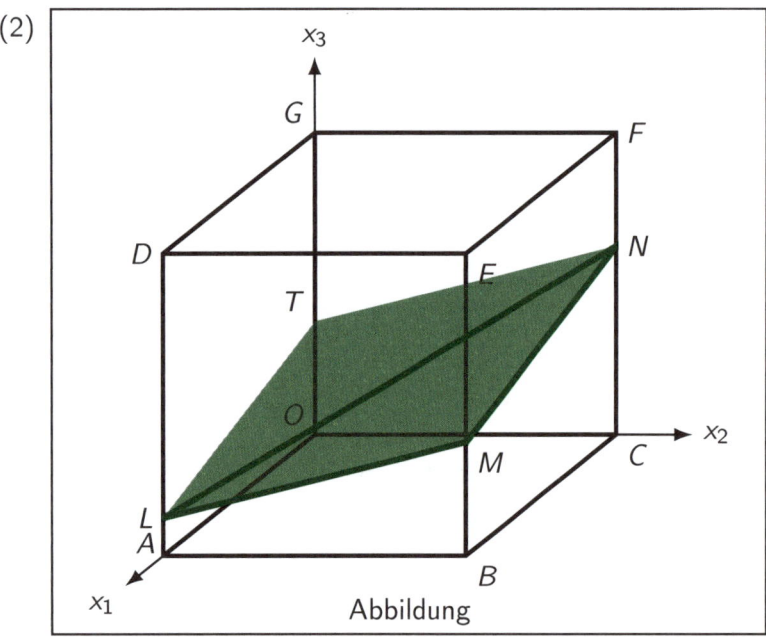

Abbildung

(3) $d(L,T) = \left| \overrightarrow{LT} \right| = \left| \overrightarrow{OT} - \overrightarrow{OL} \right|$

BETRAG EINES
VEKTORS:

Abi046

$$= \left| \begin{pmatrix} 0 \\ 0 \\ 3 \end{pmatrix} - \begin{pmatrix} 8 \\ 0 \\ 1 \end{pmatrix} \right| = \left| \begin{pmatrix} -8 \\ 0 \\ 2 \end{pmatrix} \right|$$

$$= \sqrt{(-8)^2 + 0^2 + 2^2} = \sqrt{68} = 2\sqrt{17} = d(L,M) \text{ und}$$

$$d(N,T) = \left| \overrightarrow{NT} \right| = \left| \overrightarrow{OT} - \overrightarrow{ON} \right|$$

$$= \left| \begin{pmatrix} 0 \\ 0 \\ 3 \end{pmatrix} - \begin{pmatrix} 0 \\ 8 \\ 5 \end{pmatrix} \right| = \left| \begin{pmatrix} 0 \\ -8 \\ -2 \end{pmatrix} \right|$$

$$= \sqrt{0^2 + (-8)^2 + (-2)^2} = \sqrt{68} = 2\sqrt{17} = d(L,M)$$

$\implies$ Das Viereck $LMNT$ hat vier gleich lange Seiten, also handelt es sich um eine Raute.

(4) **1. Möglichkeit:**

1. Koordinatengleichung von H so umformen, dass rechts 0 steht:

   $H : x_1 - x_2 + 4x_3 - 12 = 0$

2. Koordinaten von Q in die linke Seite dieser Gleichung einsetzen:

   $2{,}5 - 1 + 4 \cdot 2{,}75 - 12 = 0{,}5 > 0$

3. Koordinaten von D in die linke Seite dieser Gleichung einsetzen:

   $8 - 0 + 4 \cdot 8 - 12 = 38 > 0$

4. Vorzeichen vergleichen: haben die beiden eben berechneten Zahlen dasselbe Vorzeichen, so liegen die Punkte Q und D auf derselben Seite von H, andernfalls nicht.

2. Möglichkeit:

1. Gleichung der Gerade durch Q senkrecht auf H aufstellen:

$$g_Q : \vec{X} = \overrightarrow{OQ} + s \cdot \vec{n} = \begin{pmatrix} 2{,}5 \\ 1 \\ 2{,}75 \end{pmatrix} + s \cdot \begin{pmatrix} 1 \\ -1 \\ 4 \end{pmatrix}, s \in \mathbb{R}$$

2. Gleichung der Gerade durch D senkrecht auf H aufstellen:

$$g_D : \vec{X} = \overrightarrow{OD} + t \cdot \vec{n} = \begin{pmatrix} 8 \\ 0 \\ 8 \end{pmatrix} + t \cdot \begin{pmatrix} 1 \\ -1 \\ 4 \end{pmatrix}, t \in \mathbb{R}$$

3. allgemeinen Geradenpunkt der Gerade g_Q in die Koordinatengleichung der Ebene einsetzen und damit den Parameter s bestimmen, der zum Schnittpunkt von g_Q mit H gehört

4. allgemeinen Geradenpunkt der Gerade g_D in die Koordinatengleichung der Ebene einsetzen und damit den Parameter t bestimmen, der zum Schnittpunkt von g_D mit H gehört

5. Vorzeichen vergleichen: haben die beiden eben berechneten Zahlen s und t dasselbe Vorzeichen, so liegen die Punkte Q und D auf derselben Seite von H, andernfalls nicht.

nur LK:

d) (1) H enthält L und N und damit die Gerade LN inklusive dessen Schnittpunkt mit k. Wegen $M \in k$ und $M \in H$ ist auch k in H enthalten.

(2) Der Schnittpunkt von k mit GF muss der Schnittpunkt von GF mit H sein, da k in H enthalten ist.

Die Gerade GF verläuft parallel zur x_2-Achse, also ist

SCHNITTPUNKT GERADE-EBENE:

Abi064

$$\vec{x} = \overrightarrow{OG} + t \cdot \begin{pmatrix} 0 \\ 1 \\ 0 \end{pmatrix} = \begin{pmatrix} 0 \\ 0 \\ 8 \end{pmatrix} + t \cdot \begin{pmatrix} 0 \\ 1 \\ 0 \end{pmatrix}, t \in \mathbb{R},$$

eine Gleichung von GF und $(0|t|8)$ ein allgemeiner Punkt darauf.

Dieser liegt in H, wenn $0 - t + 4 \cdot 8 = 12 \Longleftrightarrow t = 20$ gilt. Der entsprechende Punkt auf GF ist $(0|20|8)$. Das ist also ein weiterer Punkt auf k.

Aufgabe 3

Für jede von Null verschiedene reelle Zahl a ist f_a die Funktion mit der Gleichung

$$f_a(x) = \left(x + \frac{1}{a}\right) \cdot e^{ax}, x \in \mathbb{R}.$$

Für $a = -1$ erhält man die Funktion g mit der Gleichung $g(x) = (x - 1) \cdot e^{-x}, x \in \mathbb{R}$ und für $a = 1$ die Funktion h mit der Gleichung $h(x) = (x + 1) \cdot e^x, x \in \mathbb{R}$.

Die Graphen von g und h sind in der Abbildung dargestellt.

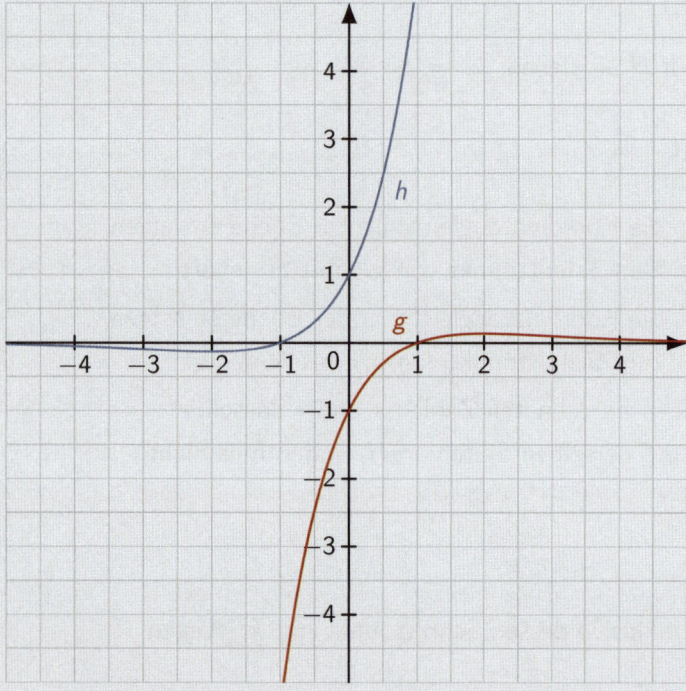

a) (1) Zeigen Sie, dass $x_0 = -\dfrac{1}{a}$ die einzige Nullstelle von f_a ist.

   (2) Bestimmen Sie in Abhängigkeit von a die Koordinaten der beiden lokalen Extrem- und Wendepunkte des Graphen der Funktion f_a.

   Geben Sie die Art der Extrempunkte an.

   [Zur Kontrolle: $f_a'(x) = e^{ax} \cdot (2 + ax)$.]

   (2 + 15 Punkte)

b) (1) Der Graph der Funktion f_a schneidet die y-Achse im Punkt S_a.

   Geben Sie die Koordinaten von S_a an.

(2) Bestimmen Sie eine Gleichung der Tangente t_a an den Graphen der Funktion f_a im Punkt S_a.

[Zur Kontrolle: $t_a(x) = 2x + \dfrac{1}{a}, x \in \mathbb{R}$.]

(3) Die Tangente t_a und die Koordinatenachsen bilden ein Dreieck.

Berechnen Sie die Dreiecksfläche $D(a)$ in Abhängigkeit von a.

(2 + 2 + 4 Punkte)

c) (1) Ermitteln Sie mithilfe von Integrationsverfahren eine Stammfunktion von f_a.

[Zur Kontrolle: Zum Beispiel ist die Funktion F_a mit der Gleichung

$$F_a(x) = \frac{1}{a}x \cdot e^{ax} + 2, x \in \mathbb{R}, \text{ eine Stammfunktion von } f_a.]$$

(2) Bestimmen Sie in Abhängigkeit von a den Inhalt $A(a)$ der Fläche, die von dem Graphen der Funktion f_a und den beiden Koordinatenachsen eingeschlossen wird.

Berechnen Sie alle a, für die $A(a) = e$ gilt.

[Zur Kontrolle: $A(a) = \dfrac{1}{e \cdot a^2}$.]

(4 + 5 Punkte)

d) Man betrachtet nun die Funktionen g und h.

(1) Weisen Sie nach, dass $g(-x) = -h(x)$ für alle $x \in \mathbb{R}$ gilt.

Interpretieren Sie diese Aussage geometrisch.

(2) Beweisen Sie: Es gilt $h(x) > g(x)$ für alle $x \geqslant 0$.

(3) Für alle $u > 0$ sei p_u die Parallele zur y-Achse durch den Punkt $P_u(u|0)$.

Es sei $I(u)$ der Inhalt der Fläche, die von dem Graphen der Funktionen g und h, der y-Achse und p_u eingeschlossen wird.

Zeigen Sie: Es gilt: $I(u) = u \cdot (e^u + e^{-u})$ für alle $u > 0$.

Begründen Sie, dass die Funktion I mit der Gleichung $I(u) = u \cdot (e^u + e^{-u})$ für alle $u > 0$ streng monoton steigend ist.

(4 + 4 + 8 Punkte)

Tipps Abitur 2016, Aufgabe 3

a) (1) Ein Produkt wird null, wenn einer der Faktoren null wird. Die Exponentialfunktion hat aber keine Nullstellen.

 (2) Berechnen Sie f_a' und f_a'' und bestimmen Sie jeweils die Nullstellen und den Vorzeichenverlauf. Damit erhalten Sie die Extrem- und Wendestellen sowie die Art der Extrema. Berechnen Sie schließlich die zugehörigen Funktionswerte.

b) (1) Die y-Achse hat die Gleichung $x = 0$ und es gilt $e^0 = 1$.

 (2) Die Steigung von t_a ist gleich der Steigung von f_a in S_a, also $f_a'(0)$. Der y-Achsenabschnitt der Tangente muss genau so groß sein, wie in b) (1) für f_a berechnet.

 (3) Berechnen Sie die Nullstelle der Tangente und nutzen Sie aus, dass das Dreieck rechtwinklig ist.

c) (1) Wenden Sie die partielle Integration auf das Produkt $\left(x + \dfrac{1}{a}\right) \cdot e^{ax}$ an, wobei Sie verwenden können, dass $\dfrac{1}{a}e^{ax}$ eine Stammfunktion von e^{ax} ist.

 (2) Integrieren Sie f_a von $x = 0$ bis zur Nullstelle aus a) (1) unter Verwendung der Stammfunktion aus c) (1).

d) (1) Der Übergang $f(x) \to -f(x)$ entspricht einer Spiegelung an der x-Achse; der Übergang $f(x) \to f(-x)$ entspricht einer Spiegelung an der y-Achse.

 (2) Zeigen Sie, dass $h(x) - g(x) > 0$ für alle $x \in \mathbb{R}$ gilt.

 (3) Integrieren Sie $h(x) - g(x)$ von $x = 0$ bis $x = u$. Argumentieren Sie geometrisch, dass die durch $I(u)$ gegebene Fläche für wachsende u immer größer wird, oder leiten Sie $I(u)$ nach u ab, um auf die Monotonie zu schließen (Sie können aufgrund der Monotonie der Exponentialfunktion ausnutzen, dass $e^u > e^{-u}$ für alle $u > 0$ gilt).

Lösungen Abitur 2016, Aufgabe 3

a) (1) $f_a(x) = 0 \iff \left(x + \dfrac{1}{a}\right) \cdot e^{ax} = 0$

$$\iff x + \frac{1}{a} = 0$$

$$\iff x = -\frac{1}{a}$$

NULLSTELLEN
(REGELFALL):

Abi001

(2) $f_a'(x) = \left(x + \dfrac{1}{a}\right) \cdot e^{ax} \cdot a + 1 \cdot e^{ax}$

$$= \left(ax + a\frac{1}{a} + 1\right) \cdot e^{ax}$$

$$= (ax + 2) \cdot e^{ax}$$

$f_a'(x) = 0 \iff (ax + 2) \cdot e^{ax} = 0$

$$\iff ax + 2 = 0$$

$$\iff x = -\frac{2}{a}$$

$f_a''(x) = (ax + 2) \cdot e^{ax} \cdot a + a \cdot e^{ax}$

$$= \left(a^2 x + 2a + a\right) \cdot e^{ax}$$

$$= \left(a^2 x + 3a\right) \cdot e^{ax}$$

PRODUKTREGEL:

Abi152

$$\implies f_a''\left(-\frac{2}{a}\right) = a \cdot e^{-2} \begin{cases} < 0 & \text{falls } a < 0 \\ > 0 & \text{falls } a > 0 \end{cases}$$

$\implies$ Bei $x = -\dfrac{2}{a}$ liegt für $a > 0$ eine Minimalstelle, für $a < 0$ eine Maximalstelle vor.

$$f_a\left(-\frac{2}{a}\right) = \left(-\frac{1}{a}\right) \cdot e^{-2} = -\frac{1}{ae^2}$$

$\implies$ Der Graph von f_a hat einen Extrempunkt bei $\left(-\dfrac{2}{a} \middle| -\dfrac{1}{ae^2}\right)$

EXTREMA ÜBER
2. ABLEITUNG:

Abi024

$f_a''(x) = 0 \iff \left(a^2 x + 3a\right) \cdot e^{ax} = 0$

$$\iff a^2 x + 3a = 0$$

$$\iff a(ax + 3) = 0$$

$$\iff ax + 3 = 0 \ (\text{da } a \neq 0)$$

$$\iff x = -\frac{3}{a} \ (\text{Nullstelle mit Vorzeichenwechsel})$$

$\implies$ Wendestelle bei $x = -\dfrac{3}{a}$

$$f_a\left(-\frac{3}{a}\right) = \left(-\frac{2}{a}\right) \cdot e^{-3} = -\frac{2}{ae^3}$$

$\implies$ Der Graph von f_a hat einen Wendepunkt bei $\left(-\dfrac{3}{a} \middle| -\dfrac{2}{ae^3}\right)$.

WENDEPUNK-
TE ÜBER
KRÜMMUNG:

Abi028

b) (1) $f_a(0) = \dfrac{1}{a} \implies S_a\left(0 \middle| \dfrac{1}{a}\right)$.

(2) $f_a'(0) = 2 \implies t_a : y = 2x + \dfrac{1}{a}$

TANGENTEN:

Abi016

(3) $2x + \dfrac{1}{a} = 0 \iff x = -\dfrac{1}{2a}$

$\implies D(a) = \dfrac{1}{2} \cdot \dfrac{1}{2|a|} \cdot \left| \dfrac{1}{a} \right| = \dfrac{1}{4a^2}.$

c) (1) Es gilt $f_a(x) = p(x) \cdot q(x)$ mit $p(x) = x + \frac{1}{a}$ und $q(x) = e^{ax}$, wobei $p'(x) = 1$ ist und $Q(x) = \frac{1}{a} e^{ax}$ eine Stammfunktion von q definiert. Daher ist

$$\int f_a(x)\,dx = p(x) \cdot Q(x) - \int p'(x) \cdot Q(x)\,dx$$

$$= \left(x + \frac{1}{a} \right) \cdot \frac{1}{a} e^{ax} - \int \frac{1}{a} e^{ax}\,dx$$

$$= \left(\frac{x}{a} + \frac{1}{a^2} \right) \cdot e^{ax} - \frac{1}{a} \int e^{ax}$$

$$= \left(\frac{x}{a} + \frac{1}{a^2} \right) \cdot e^{ax} - \frac{1}{a} \cdot \frac{1}{a} e^{ax} + C$$

$$= \frac{x}{a} \cdot e^{ax} + C$$

PARTIELL
INTEGRIEREN:

Abi040

(2) $A(a) = \left| \displaystyle\int_0^{-\frac{1}{a}} f_a(x)\,dx \right|$

$$= \left| \left[\frac{x}{a} \cdot e^{ax} \right]_0^{-\frac{1}{a}} \right|$$

$$= \left| -\frac{1}{a^2} \cdot e^{-1} - 0 \right|$$

$$= \frac{1}{a^2 e}$$

$A(a) = e \iff \dfrac{1}{a^2 e} = e$

$\iff \dfrac{1}{e} = a^2 e$

$\iff a^2 = \dfrac{1}{e^2}$

$\iff a = \pm \dfrac{1}{e}$

BESTIMMTES
INTEGRAL:

Abi036

d) (1) $g(-x) = (-x - 1) \cdot e^{-(-x)}$

$$= -(x + 1) \cdot e^x$$

$$= -h(x)$$

$\implies$ Die Spiegelung von G_g an der y-Achse stimmt mit der Spiegelung von G_h an der x-Achse überein.

[Alternativ: G_h entsteht aus G_g durch Spiegelung am Ursprung.]

SPIEGELUNG:

Abi005

(2) $h(g) - g(x) = (x + 1) \cdot e^x - (x - 1) \cdot e^{-x}$

$$= x \cdot \underbrace{(e^x - e^{-x})}_{\geqslant 0} + \underbrace{e^x + e^{-x}}_{> 0} > 0$$

da $x \geqslant 0$ und daher $e^x > e^{-x}$ wegen der Monotonie der Exponentialfunktion.

[Alternativ: $h(g) > g(x) \Longleftrightarrow (x + 1) \cdot e^x > (x - 1) \cdot e^{-x}$

$$\Longleftrightarrow e^{2x} > \frac{x - 1}{x + 1}$$

Dies ist für alle $x \geqslant 0$ gewährleistet, da dann $x - 1 < x + 1 \Longrightarrow \frac{x-1}{x+1} < 1$ und $e^{2x} \geqslant e^0 = 1$

gilt.]

(3) Wegen d) (2) gilt $I(a) = \int_0^u (h(x) - g(x))\,dx$ und wegen c) (1) ist

$$\int_0^u (h(x) - g(x))\,dx = \int_0^u (f_1(x) - f_{-1}(x))\,dx$$

$$= \int_0^u f_1(x)\,dx - \int_0^u f_{-1}(x)\,dx$$

$$= F_1(u) - F_1(0) - (F_{-1}(u) - F_{-1}(0))$$

$$= ue^u - (-ue^{-u})$$

$$= u \cdot (e^u + e^{-u})$$

BESTIMMTES
INTEGRAL:

Abi036

Mit wachsendem u rückt die rechte Begrenzung der Fläche $I(u)$ immer weiter nach rechts; somit wird die durch $I(u)$ beschriebene Fläche immer größer.

[Alternativ: $I'(u) = e^u + e^{-u} + u \cdot (e^u - e^{-u}) > 0$, da für $u > 0$ aufgrund der Monotonie der Exponentialfunktion $e^u > e^{-u}$ gilt. Somit wächst I streng monoton.]

MONOTONIE:

Abi019

Aufgabe 4

Biologen wollen die Entwicklung einer Mäusebussardpopulation in einem Untersuchungsgebiet durch eine Matrix beschreiben. Dabei werden (auch in der gesamten folgenden Aufgabe) **ausschließlich** die **weiblichen Tiere** der Population betrachtet. Die Bussardpopulation besteht aus Küken (k), Jungvögeln (j), die noch nicht geschlechtsreif sind, und Altvögeln (a), die fortpflanzungsfähig sind. Die Küken entwickeln sich im Jahr nach dem Schlüpfen zu Jungvögeln und nach einem weiteren Jahr zu Altvögeln. Nach Beobachtungen des Bestandes der Bussarde wurde vor ca. 25 Jahren zur Modellierung der Populationsentwicklung die Matrix

$$
\begin{array}{c}
\text{von:} \quad k \quad j \quad a \\
\text{nach:} \\
\begin{array}{c} k \\ j \\ a \end{array}
\quad A =
\begin{pmatrix}
0 & 0 & 0{,}6 \\
0{,}5 & 0 & 0 \\
0 & 0{,}7 & 0{,}79
\end{pmatrix}
\end{array}
$$

erstellt.

a) (1) Stellen Sie die Entwicklung der Bussardpopulation nach dem vorgeschlagenen Modell durch einen Übergangsgraphen dar und interpretieren Sie die Bedeutung der Matrixeinträge 0,6 und 0,79 im Sachzusammenhang.

   (2) Zur Simulation der Entwicklung der Population wurde von einem Bestand von 30 Küken, 30 Jungvögeln und 30 Altvögeln ausgegangen. Berechnen Sie die Verteilung auf die drei Altersstufen in der Population für das nächste und das übernächste Jahr.

   (3) Berechnen Sie den Anteil der gerade geschlüpften Küken, die bei einer Modellierung mit der Matrix A drei Jahre später noch leben.

   (8 + 4 + 3 Punkte)

b) In einem Jahr wurden 60 Küken, 20 Jungvögel und 100 Altvögel im Beobachtungsgebiet gezählt. Ermitteln Sie die Anzahlen an Küken, Jungvögeln und Altvögeln im Beobachtungsgebiet im Jahr zuvor, wenn die angegebene Modellierung der Populationsentwicklung durch die Matrix A vorausgesetzt wird.

   (5 Punkte)

c) (1) Bestimmen Sie x und y so, dass $A \cdot \begin{pmatrix} x \\ 9 \\ 30 \end{pmatrix} = y \cdot \begin{pmatrix} x \\ 9 \\ 30 \end{pmatrix}$ gilt.

   [Zur Kontrolle: $x = 18$ und $y = 1$.]

   (2) Interpretieren Sie den Sachverhalt aus c) (1) im Kontext.

   (6 + 3 Punkte)

Veränderte Umweltbedingungen führen heute dazu, dass zur Modellierung jetzt die Matrix B gewählt wird:

$$B = \begin{pmatrix} 0 & 0 & 0{,}7 \\ 0{,}6 & 0 & 0 \\ 0 & 0{,}75 & 0{,}8 \end{pmatrix}.$$

d) (1) Vergleichen Sie die Matrizen A und B im Sachzusammenhang.

Es ist $B^3 = \begin{pmatrix} 0{,}315 & 0{,}42 & 0{,}448 \\ 0 & 0{,}315 & 0{,}336 \\ 0{,}36 & 0{,}48 & 0{,}827 \end{pmatrix}.$

   (2) Für eine Population wird vorausgesetzt, dass zu einem bestimmten Zeitpunkt die Anzahlen von Küken, Jungvögeln und Altvögeln übereinstimmen. Eine Forschungsgruppe behauptet, dass in diesem Fall die Gesamtzahl der Tiere nach der Modellierung in einem Zeitraum von 3 Jahren um 20 % zunimmt. Beurteilen Sie die Aussage.

   (3) Untersuchen Sie, bei welcher Überlebensrate u der Altvögel in der Matrix

$$B_u = \begin{pmatrix} 0 & 0 & 0{,}7 \\ 0{,}6 & 0 & 0 \\ 0 & 0{,}75 & u \end{pmatrix}$$ es nach der Modellierung eine von $\begin{pmatrix} 0 \\ 0 \\ 0 \end{pmatrix}$ verschiedene Verteilung auf

   die drei Entwicklungsstufen der Bussardpopulation gibt, die im folgenden Jahr wieder zu derselben Verteilung führt.

Zurzeit lebt in dem Beobachtungsgebiet eine Population, bei der sich die Anzahlen von Küken, Jungvögeln und Altvögeln von Jahr zu Jahr nicht verändern. In der Population leben 50 Altvögel.

   (4) Bestimmen Sie die Anzahlen von Küken und Jungvögeln, wenn zur Modellierung der

   Population die Matrix $B_{0{,}685} = \begin{pmatrix} 0 & 0 & 0{,}7 \\ 0{,}6 & 0 & 0 \\ 0 & 0{,}75 & 0{,}685 \end{pmatrix}$ gewählt wird.

(3 + 7 + 7 + 4 Punkte)

Tipps Abitur 2016, Aufgabe 4

a) (1) Stellen Sie die drei Zustände in einer dreieckigen Anordnung dar. Jeder Matrixeintrag entspricht einem Pfeil von einem Zustand zu einem anderen, der mit der zugehörigen Übergangsquote beschriftet wird. Deuten Sie die Matrixeinträge in Hinblick auf die Überlebens- und Geburtenrate.

 (2) Multiplizieren Sie den Bestandsvektor $\begin{pmatrix} 30 \\ 30 \\ 30 \end{pmatrix}$ zweimal mit der Matrix A.

 (3) Multiplizieren sie die Übergangsquoten für die Übergänge k→j, j→a und a→a.

b) Lösen Sie das Gleichungssystem $A \cdot \begin{pmatrix} x \\ y \\ z \end{pmatrix} = \begin{pmatrix} 60 \\ 20 \\ 100 \end{pmatrix}$.

c) (1) Berechnen Sie $A \cdot \begin{pmatrix} x \\ 9 \\ 30 \end{pmatrix}$ und lösen Sie das so entstehende lineare Gleichungssystem mit 3 Gleichungen und 2 Unbekannten.

 (2) Die linke Seite der Gleichung ist die Populationsverteilung, die in einem Jahr aus der Populationsverteilung hervorgeht, die auf der rechten Seite der Gleichung steht.

d) (1) Deuten Sie größere Matrixeinträge als gestiegene Überlebens- bzw. Geburtenraten und umgekehrt.

 (2) Multiplizieren Sie B^3 mit einem Bestandsvektor $\begin{pmatrix} n \\ n \\ n \end{pmatrix}$ und vergleichen Sie die Summe der Einträge des Ergebnisvektors mit der Eingangssumme $n + n + n = 3n$.

 (3) Betrachten Sie das lineare Gleichungssystem $B_u \cdot \begin{pmatrix} x \\ y \\ z \end{pmatrix} = \begin{pmatrix} x \\ y \\ z \end{pmatrix}$ und vereinfachen Sie, um u zu bestimmen.

 (4) Lösen Sie das lineare Gleichungssystem $B_{0,685} \cdot \begin{pmatrix} x \\ y \\ 50 \end{pmatrix} = \begin{pmatrix} x \\ y \\ 50 \end{pmatrix}$.

Lösungen Abitur 2016, Aufgabe 4

a) (1)

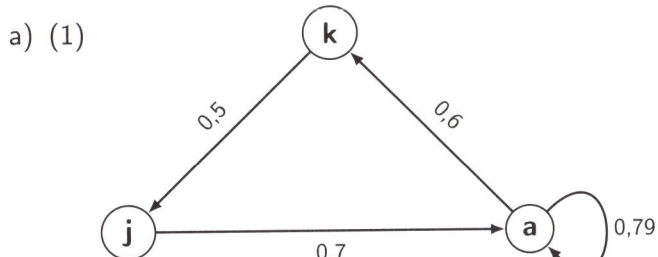

0,6 ist die Übergangsrate von Altvögeln zu Küken; sie entspricht der durchschnittlichen Anzahl von Küken, die ein Altvogel pro Jahr ausbrütet. 0,79 ist die Übergangsrate von Altvögeln zu Altvögeln, also der Anteil der Altvögel, die nach Ablauf eines Jahres noch leben.

(2) Verteilungsvektoren $\vec{v_1}$ und $\vec{v_2}$ für das nächste und übernächste Jahr:

$$\vec{v_1} = A \cdot \begin{pmatrix} 30 \\ 30 \\ 30 \end{pmatrix} = \begin{pmatrix} 0 & 0 & 0,6 \\ 0,5 & 0 & 0 \\ 0 & 0,7 & 0,79 \end{pmatrix} \cdot \begin{pmatrix} 30 \\ 30 \\ 30 \end{pmatrix}$$

$$= \begin{pmatrix} 0 \cdot 30 + 0 \cdot 30 + 0,6 \cdot 30 \\ 0,5 \cdot 30 + 0 \cdot 30 + 0 \cdot 30 \\ 0 \cdot 30 + 0,7 \cdot 30 + 0,79 \cdot 30 \end{pmatrix}$$

$$= \begin{pmatrix} 18 \\ 15 \\ 44,7 \end{pmatrix}$$

$$\vec{v_1} = A \cdot \begin{pmatrix} 18 \\ 15 \\ 44,7 \end{pmatrix} = \begin{pmatrix} 0 & 0 & 0,6 \\ 0,5 & 0 & 0 \\ 0 & 0,7 & 0,79 \end{pmatrix} \cdot \begin{pmatrix} 18 \\ 15 \\ 44,7 \end{pmatrix}$$

$$= \begin{pmatrix} 0 \cdot 18 + 0 \cdot 15 + 0,6 \cdot 44,7 \\ 0,5 \cdot 18 + 0 \cdot 15 + 0 \cdot 44,7 \\ 0 \cdot 18 + 0,7 \cdot 15 + 0,79 \cdot 44,7 \end{pmatrix}$$

$$= \begin{pmatrix} 26,82 \\ 9 \\ 45,813 \end{pmatrix}$$

Nach einem Jahr besteht die Population aus 18 Küken, 15 Jungvögeln und ca. 45 Altvögeln. Nach zwei Jahren sind es etwa 27 Küken, 9 Jungvögel und ca. 46 Altvögel.

(3) $0,5 \cdot 0,7 \cdot 0,79 = 0,2765$

$\Longrightarrow$ Von den gerade geschlüpften Küken leben nach drei Jahren noch etwa 28 %.

3×3-GLEI-
CHUNGSSYSTEM:

Abi043

b) $A \cdot \begin{pmatrix} x \\ y \\ z \end{pmatrix} = \begin{pmatrix} 60 \\ 20 \\ 100 \end{pmatrix}$

$\iff \begin{pmatrix} 0 & 0 & 0{,}6 \\ 0{,}5 & 0 & 0 \\ 0 & 0{,}7 & 0{,}79 \end{pmatrix} \cdot \begin{pmatrix} x \\ y \\ z \end{pmatrix} = \begin{pmatrix} 60 \\ 20 \\ 100 \end{pmatrix}$

$\iff \begin{pmatrix} 0 \cdot x + 0 \cdot y + 0{,}6 \cdot z \\ 0{,}5 \cdot x + 0 \cdot y + 0 \cdot z \\ 0 \cdot x + 0{,}7 \cdot y + 0{,}79 \cdot z \end{pmatrix} = \begin{pmatrix} 60 \\ 20 \\ 100 \end{pmatrix}$

$\iff \begin{pmatrix} 0{,}6z \\ 0{,}5x \\ 0{,}7y + 0{,}79z \end{pmatrix} = \begin{pmatrix} 60 \\ 20 \\ 100 \end{pmatrix}$

$\iff 0{,}6z = 60$ und $0{,}5x = 20$ und $0{,}7y + 0{,}79z = 100$

$\iff z = 100$ und $x = 40$ und $y = \dfrac{100 - 0{,}79 \cdot 100}{0{,}7} = 30$.

Im Vorjahr muss die Population laut Modell aus 40 Küken, 30 Jungvögeln und 100 Altvögeln bestanden haben.

c) (1) $A \cdot \begin{pmatrix} x \\ 9 \\ 30 \end{pmatrix} = y \cdot \begin{pmatrix} x \\ 9 \\ 30 \end{pmatrix}$

$\iff \begin{pmatrix} 0 & 0 & 0{,}6 \\ 0{,}5 & 0 & 0 \\ 0 & 0{,}7 & 0{,}79 \end{pmatrix} \cdot \begin{pmatrix} x \\ 9 \\ 30 \end{pmatrix} = y \cdot \begin{pmatrix} x \\ 9 \\ 30 \end{pmatrix}$

$\iff \begin{pmatrix} 0 \cdot x + 0 \cdot 9 + 0{,}6 \cdot 30 \\ 0{,}5 \cdot x + 0 \cdot 9 + 0 \cdot 30 \\ 0 \cdot x + 0{,}7 \cdot 9 + 0{,}79 \cdot 30 \end{pmatrix} = y \cdot \begin{pmatrix} x \\ 9 \\ 30 \end{pmatrix}$

$\iff \begin{pmatrix} 18 \\ 0{,}5x \\ 30 \end{pmatrix} = y \cdot \begin{pmatrix} x \\ 9 \\ 30 \end{pmatrix}$

$\iff 18 = xy$ und $0{,}5x = 9y$ und $30 = 30y$

Aus der letzten Gleichung folgt $y = 1$ und damit aus der ersten Gleichung $x = 18$. Mit diesen Werten ist auch die zweite Gleichung erfüllt, also gilt $A \cdot \begin{pmatrix} 18 \\ 9 \\ 30 \end{pmatrix} = 1 \cdot \begin{pmatrix} 18 \\ 9 \\ 30 \end{pmatrix}$.

(2) Bei einer Population mit 9 Jungvögeln und 30 Altvögeln müssen 18 Küken vorhanden sein, damit im Folgejahr die Anzahlen der weiblichen Bussarde in den verschiedenen Altersstufen wieder im gleichen Verhältnis zueinander stehen; dabei bleibt die Verteilung der Population gleich.

d) (1) Alle Einträge der Matrix B sind größer als die entsprechenden Einträge der Matrix A, d. h. alle Übergangsraten sind unter den neuen Umweltbedingungen erhöht: Es überleben 10 % mehr Küken bis zum Alter von einem Jahr, die Überlebensrate der Jungvögel ist um 5 % gestiegen und die Überlebensrate der Altvögel um 1 %. Zudem ist die Übergangsrate von Altvögeln zu Küken um 10 % erhöht, d. h. die weiblichen Mäusebussarde im Alter von mindestens zwei Jahren brüten im Schnitt 10 % mehr Küken aus als vorher.

MATRIX-VEK-
TOR-MULTI-
PLIKATION
(DIMENSION 3):

Abi101

(2) Sind in einem Jahr in jeder Altersstufe n Tiere, so ist die Verteilung drei Jahre später gegeben durch

$$B^3 \cdot \begin{pmatrix} n \\ n \\ n \end{pmatrix} = \begin{pmatrix} 0,315 & 0,42 & 0,448 \\ 0 & 0,315 & 0,336 \\ 0,36 & 0,48 & 0,827 \end{pmatrix} \cdot \begin{pmatrix} n \\ n \\ n \end{pmatrix}$$

$$= \begin{pmatrix} 0,315 \cdot n + 0,42 \cdot n + 0,448 \cdot n \\ 0 \cdot n + 0,315 \cdot n + 0,336 \cdot n \\ 0,36 \cdot n + 0,48 \cdot n + 0,827 \cdot n \end{pmatrix} = \begin{pmatrix} 1,183n \\ 0,651n \\ 1,667n \end{pmatrix},$$

also ist die Population von ursprünglich $n + n + n = 3n$ auf

$1,183n + 0,651n + 1,667n = 3,501n$ Vögel angewachsen.

Das entspricht einem Zuwachs von $\frac{3,501n-3n}{3n} = \frac{0,501}{3} = 0,167$, also knapp 17 %. Die Behauptung der Forschergruppe ist also leicht übertrieben, was aber an einer Rundung auf die nächsten 10 % zurückzuführen sein könnte.

3×3-GLEI-
CHUNGSSYSTEM:

Abi043

(3) $\qquad B_u \cdot \begin{pmatrix} x \\ y \\ z \end{pmatrix} = \begin{pmatrix} x \\ y \\ z \end{pmatrix}$

$$\Longleftrightarrow \begin{pmatrix} 0 & 0 & 0,7 \\ 0,6 & 0 & 0 \\ 0 & 0,75 & u \end{pmatrix} \cdot \begin{pmatrix} x \\ y \\ z \end{pmatrix} = \begin{pmatrix} x \\ y \\ z \end{pmatrix}$$

$$\Longleftrightarrow \begin{pmatrix} 0 \cdot x + 0 \cdot y + 0,7 \cdot z \\ 0,6 \cdot x + 0 \cdot y + 0 \cdot z \\ 0 \cdot x + 0,75 \cdot y + u \cdot z \end{pmatrix} = \begin{pmatrix} x \\ y \\ z \end{pmatrix}$$

$$\Longleftrightarrow \begin{pmatrix} 0,7z \\ 0,6x \\ 0,75y + uz \end{pmatrix} = \begin{pmatrix} x \\ y \\ z \end{pmatrix}$$

$$\Longleftrightarrow \underbrace{0,7z = x}_{\text{I}} \text{ und } \underbrace{0,6x = y}_{\text{II}} \text{ und } \underbrace{0,75y + uz = z}_{\text{III}}$$

Einsetzen von I in II liefert $0,6 \cdot 0,7z = y$, also $0,42z = y$. Das wiederum in III eingesetzt liefert

$$0,75 \cdot 0,42z + uz = z \Longleftrightarrow (0,315 + u - 1)z = 0$$

$$\Longleftrightarrow (u - 0,685)z = 0$$

$$\Longleftrightarrow z = 0 \text{ oder } u = 0,685.$$

Für $z = 0$ folgt aus I $x = 0$ und damit aus II $y = 0$ im Widerspruch zur Voraussetzung, dass die Verteilung ungleich $\begin{pmatrix} 0 \\ 0 \\ 0 \end{pmatrix}$ sein soll. Also muss $u = 0,685$ gelten. Nur für diese Überlebensrate der Altvögel existiert also eine Verteilung der Bussardpopulation, die von einem Jahr zum nächsten unverändert bleibt.

(4) Setzt man im Gleichungssystem von d) (3) $u = 0,685$ und $z = 50$ ein, so ergibt sich

I : $\quad 0,7 \cdot 50 = x \Longleftrightarrow x = 35$

II : $\quad 0,6x = y$

III : $\quad 0,75y = 0,315 \cdot 50 = 15,75$

Einsetzen von I in II liefert $0,6 \cdot 35 = y \Longleftrightarrow y = 21$,

d. h. es gehören 35 Küken und 21 Jungvögel zur Bussardpopulation im Beobachtungsgebiet.

Aufgabe 5

Die Nutzung von sozialen Netzwerken wird immer beliebter. Dabei nutzen immer mehr Jugendliche verschiedene soziale Netzwerke. Es wird davon ausgegangen, dass 30 % aller Jugendlichen das (fiktive) soziale Netzwerk „Freundschaftsbuch" nutzen. Dieser Prozentsatz soll im Folgenden als Wahrscheinlichkeit dafür verwendet werden, dass eine zufällig befragte jugendliche Person „Freundschaftsbuch" nutzt.

a) Berechnen Sie die Wahrscheinlichkeit, dass von 100 zufällig ausgewählten Jugendlichen

    (1) genau 33 Jugendliche „Freundschaftsbuch" nutzen,

    (2) höchstens 25 Jugendliche „Freundschaftsbuch" nutzen,

    (3) die Anzahl der jugendlichen Nutzer, die „Freundschaftsbuch" nutzen, einem Wert entspricht, der sich um maximal 5 vom Erwartungswert unterscheidet.

(2 + 3 + 5 Punkte)

b) Ermitteln Sie die Anzahl an zufällig ausgewählten Jugendlichen, die mindestens ausgewählt werden müssen, damit man mit einer Wahrscheinlichkeit von mindestens 99 % mindestens einen Jugendlichen antrifft, der „Freundschaftsbuch" nutzt.

(6 Punkte)

c) In einer Schule gibt es zur schulinternen Kommunikation ein eigenes Netzwerk, das sowohl von Jugendlichen genutzt wird, die „Freundschaftsbuch" nutzen, als auch von Jugendlichen, die „Freundschaftsbuch" nicht nutzen. Dabei ist in beiden Gruppen der Anteil derjenigen, die das schulinterne Netzwerk nutzen, identisch. Im Folgenden wird dieser Anteil mit h bezeichnet und auch als Wahrscheinlichkeit für den jeweiligen Fall verwendet.

    (1) Erstellen Sie zu dem gegebenen Sachverhalt eine geeignete Darstellung (z. B. Baumdiagramm, Vierfeldertafel etc.).

    (2) Der Anteil der Jugendlichen, die genau eines dieser Netzwerke nutzen, kann mit Hilfe des Terms $0{,}3 \cdot (1 - h) + 0{,}7h$ beschrieben werden. Erklären Sie die einzelnen Bestandteile des Terms.

    (3) Berechnen Sie den Anteil aller Jugendlichen, die das schulinterne Netzwerk nutzen, wenn der Anteil der Jugendlichen, die genau eines dieser Netzwerke nutzen, bei 0,4 liegt.

Im Folgenden sei $h = 0{,}25$.

    (4) Berechnen Sie die Wahrscheinlichkeit, dass eine zufällig ausgewählte jugendliche Person mindestens eines der beiden Netzwerke nutzt.

(5) Eine zufällig ausgewählte jugendliche Person nutzt das schulinterne Netzwerk. Ermitteln Sie die Wahrscheinlichkeit, dass sie „Freundschaftsbuch" nicht nutzt.

(4 + 3 + 3 + 4 + 3 Punkte)

d) Die Schülervertretung möchte, dass der Nutzungsgrad des schulinternen Netzwerks verbessert wird. Dazu soll mit Aktionen das schulinterne Netzwerk bekannter gemacht werden. Nach einem Jahr möchte die Schülervertretung die Vermutung überprüfen, dass der Nutzungsgrad von vormals 25 % gestiegen ist, und möchte dazu 50 zufällig ausgewählte Jugendliche der Schule befragen.

(1) Geben Sie eine geeignete Nullhypothese an und ermitteln Sie eine passende Entscheidungsregel auf dem Signifikanzniveau von $\alpha = 0{,}05$.

(2) Bei der Befragung kommt heraus, dass 19 Jugendliche das schulinterne Netzwerk nutzen. Beurteilen Sie die Situation aus Sicht der Schülervertretung.

(3) Beschreiben Sie den Fehler 1. Art im Sachzusammenhang.

(4) Beschreiben Sie den Fehler 2. Art im Sachzusammenhang und berechnen Sie die Wahrscheinlichkeit seines Auftretens für den Fall, dass der Nutzungsgrad in Wirklichkeit bei 40 % liegt.

(8 + 2 + 2 + 5 Punkte)

Tipps Abitur 2016, Aufgabe 5

a) (1) Betrachten Sie die Anzahl X der „Freundschaftsbuch"-Nutzer und schließen Sie von $P(X \leqslant 33)$ und $P(X \leqslant 32)$ auf $P(X = 33)$.

(2) Entnehmen Sie $P(X \leqslant 24)$ der Tabelle und berechnen Sie die Gegenwahrscheinlichkeit.

(3) Berechnen Sie den Erwartungswert $E(X) = n \cdot p$ und gehen Sie dann analog wie in a) (1) vor: $P(a \leqslant X \leqslant b) = P(X \leqslant b) - P(X \leqslant a - 1)$.

b) Bei n befragten Jugendlichen soll für die Anzahl der „Freundschaftsbuch"-Nutzer X gelten: $P(X \geqslant 1) \geqslant 99\%$. Benutzen Sie die Formel für die Gegenwahrscheinlichkeitund lösen Sie die Ungleichung dann nach n auf.

c) (1) Wählen Sie als 1. Stufe die Nutzung von „Freundschaftsbuch" und als 2. Stufe die Nutzung des schulinternen Netzwerks. Füllen Sie die fehlenden Wahrscheinlichkeiten mithilfe der Formel für die Gegenwahrscheinlichkeit aus.

(2) Übersetzen Sie „+" mit „oder" und interpretieren Sie Produkte von Wahrscheinlichkeiten als Wahrscheinlichkeit, dass beide Ereignisse eintreffen. Bedenken Sie die Pfadregeln.

(3) Setzen Sie den Term aus c) (2) gleich 0,4 und lösen Sie nach h auf.

(4) Verwenden Sie die Formel für die Gegenwahrscheinlichkeit und Ihre Darstellung in c) (1).

(5) Wenden Sie die Formel für die bedingte Wahrscheinlichkeit an. Achten Sie auf das „nicht" in der Aufgabenstellung.

d) (1) Wählen Sie die Nullhypothese so, dass die Wahrscheinlichkeit einer irrtümlichen Annahme einer gestiegenen Nutzungsquote höchstens 0,05 beträgt. Stellen Sie den Ablehnungsbereich dementsprechend als $\{0; \dots ; k\}$ oder $\{k; \dots ; 50\}$ dar und benutzen Sie den Ansatz $P(X \in \text{Ablehnungsbereich}) \leqslant 0,05$ und die Gegenwahrscheinlichkeit.

(2) Geben Sie an, ob gemäß der Entscheidungsregel aus d) (1) von einer gestiegenen Nutzung des schulinternen Netzwerks ausgegangen wird oder nicht.

(3) Der Fehler 1. Art ist die irrtümliche Ablehnung der Nullhypothese aus d) (1).

(4) Der Fehler 2. Art ist die irrtümliche Annahme der Nullhypothese. Berechnen Sie dessen Wahrscheinlichkeit für $p = 40\%$.

Lösungen Abitur 2016, Aufgabe 5

a) Sei X die Anzahl der befragten Jugendlichen, die „Freundschaftsbuch" nutzen.

KUMULIERTE BINOMIAL-VERTEILUNG (TABELLEN):

Abi121

(1) $P(X = 33) = P(X \leqslant 33) - P(X \leqslant 32) \approx 0{,}7793 - 0{,}7107 = 0{,}0686$.

(2) $P(X \leqslant 25) \approx 0{,}1631$

ERWAR-TUNGSWERT:

Abi126

(3) $E(X) = n \cdot p = 100 \cdot 0{,}3 = 30$
$P(25 \leqslant X \leqslant 35) = P(X \leqslant 35) - P(X \leqslant 24) \approx 0{,}8839 - 0{,}1136 = 0{,}7703$

b) Sei n die Anzahl der ausgewählten Jugendlichen und X die Anzahl derer, die „Freundschaftsbuch" nutzen.

3-MAL-MINDES-TENS-AUFGABE:

Abi129

$$
\begin{aligned}
P(X \geqslant 1) \geqslant 99\,\% \;&\Longleftrightarrow\; 1 - P(X = 0) \geqslant 0{,}99 \\
&\Longleftrightarrow\; P(X = 0) \leqslant 0{,}01 \\
&\Longleftrightarrow\; \binom{n}{0} \cdot 0{,}3^0 \cdot 0{,}7^n \leqslant 0{,}01 \\
&\Longleftrightarrow\; \ln\left(0{,}7^n\right) \leqslant \ln(0{,}01) \\
&\Longleftrightarrow\; n\ln(0{,}7) \leqslant \ln(0{,}01) \\
&\Longleftrightarrow\; n \geqslant \frac{\ln(0{,}01)}{\ln(0{,}7)} \approx 12{,}9
\end{aligned}
$$

Mindestens 13 Jugendliche müssen ausgewählt werden, damit unter ihnen mit einer Wahrscheinlichkeit von mindestens 99 % mindestens einer „Freundschaftsbuch" benutzt.

c) (1) Sei F das Ereignis, dass ein zufällig ausgewählter Schüler „Freundschaftsbuch" nutzt und S das Ereignis, dass er das schulinterne Netzwerk nutzt, außerdem $\overline{F}$ und $\overline{S}$ die zugehörigen Gegenereignisse.

Baumdiagramm:

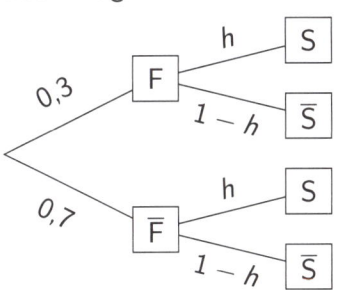

alternativ: Vierfeldertafel

	S	$\overline{S}$	gesamt
F	$0{,}3h$	$0{,}3(1-h)$	$0{,}3$
$\overline{F}$	$0{,}7h$	$0{,}7(1-h)$	$0{,}7$
gesamt	h	$1-h$	1

GEGENEREIGNIS:

Abi113

(2) $0{,}3 = P(F)$ ist die Wahrscheinlichkeit, dass ein zufällig ausgewählter Jugendlicher „Freundschaftsbuch" nutzt und $1 - h = P(\overline{S}|F)$ die Wahrscheinlichkeit, dass ein solcher das schulinterne Netzwerk *nicht* nutzt. Somit ist $0{,}3 \cdot (1 - h) = P(F) \cdot P(\overline{S}|F) = P(\overline{S} \cap F)$ die Wahrscheinlichkeit, dass ein zufällig ausgewählter Jugendlicher „Freundschaftsbuch", aber nicht das schulinterne Netzwerk nutzt.

$0{,}7 = P(\overline{F})$ ist die Wahrscheinlichkeit, dass ein zufällig ausgewählter Jugendlicher „Freundschaftsbuch" *nicht* nutzt und $h = P(S|\overline{F})$ die Wahrscheinlichkeit, dass ein solcher das schulinterne Netzwerk nutzt. Somit ist $0{,}7 \cdot h = P(\overline{F}) \cdot P(S|\overline{F}) = P(S \cap \overline{F})$ die Wahrscheinlichkeit, dass ein zufällig ausgewählter Jugendlicher das schulinterne Netzwerk, aber nicht „Freundschaftsbuch" nutzt.

2. Pfadregel:
Abi119

(3) $0{,}3 \cdot (1 - h) + 0{,}7 \cdot h = 0{,}4 \Longleftrightarrow 0{,}4h = 0{,}1 \Longleftrightarrow h = \frac{0{,}1}{0{,}4} = 0{,}25.$
$P(S) = h = 0{,}25$
$\Longrightarrow$ Ein Viertel aller Jugendlichen benutzen das schulinterne Netzwerk.

Gegenereignis:
Abi113

(4) $P(\text{mindestens 1 Netzwerk}) = 1 - P(\text{kein Netzwerk})$
$$= 1 - P(\overline{S} \cap \overline{F})$$
$$= 1 - 0{,}7 \cdot (1 - h)$$
$$= 1 - 0{,}7 \cdot 0{,}75$$
$$= 0{,}475.$$

Bedingte Wahrschein-lichkeit:
Abi125

(5) $P(\overline{F}|S) = \dfrac{P(\overline{F} \cap S)}{P(S)} = \dfrac{0{,}7h}{h} = 0{,}7.$

d) (1) Sei p der Anteil der Schüler, die das schulinterne Netzwerk nutzen.
Nullhypothese: $H_0 : p \leqslant 0{,}25.$
Alternativhypothese: $H_1 : p > 0{,}25.$
$\Longrightarrow$ Ablehnungsbereich von H_0 ist $\{k; ...; 50\}$ für ein $k \in \{0; ...; 50\}$.
Sei X die Anzahl der Schüler unter den 50 der Stichprobe, die das schulinterne Netzwerk nutzen.
X ist binomialverteilt mit Parametern $n = 50$ und p.
Das Signifikanzniveau ist $0{,}05 \Longrightarrow H_0$ wird höchstens mit der Wahrscheinlichkeit $0{,}05$ irrtümlich abgelehnt:
$P(X \geqslant k) \leqslant 0{,}05$ wenn $p \leqslant 0{,}25 \Longleftrightarrow P(X \geqslant k) \leqslant 0{,}05$ für $p = 0{,}25$.
Dabei gilt $P(X \geqslant k) \leqslant 0{,}05 \Longleftrightarrow P(X \leqslant k - 1) \geqslant 0{,}95$.
Für $n = 50$ und $p = 0{,}25$ gilt laut Tabelle:
$P(X \leqslant 17) \approx 0{,}9449 < 0{,}95$ und $P(X \leqslant 18) \approx 0{,}9713 \geqslant 0{,}95 \Longrightarrow k - 1 = 18 \Longrightarrow k = 19$,
d. h. der größtmögliche Ablehnungsbereich ist $\{19; ...; 50\}$ und der Annahmebereich ist $\{0; ...; 18\}$.
Entscheidungsregel: Wenn mindestens 19 der 50 befragten Jugendlichen das schulinterne Netzwerk nutzen, dann kann die Schülervertretung davon ausgehen, dass der Nutzungsanteil im vergangenen Jahr gestiegen ist.

Entschei-dungsregel:
Abi136

(2) 19 liegt im Annahmebereich der Nullhypothese $p \leqslant 0{,}25$, also geht die Schülervertretung in diesem Fall davon aus, dass ihre Aktionen den Nutzungsgrad des schulinternen Netzwerks erhöht haben.

(3) Der Fehler 1. Art tritt ein, wenn die Nullhypothese irrtümlich verworfen wird, wenn also mindestens 19 der befragten Jugendlichen das schulinterne Netzwerk nutzen, obwohl der wahre Anteil höchstens 0,25 beträgt. In diesem Fall geht die Schülervertretung irrtümlich davon aus, dass der Anteil gestiegen ist.

FEHLER 1. ART:

Abi130

(4) Der Fehler 2. Art tritt ein, wenn die Nullhypothese irrtümlich angenommen wird, wenn also höchstens 18 der befragten Jugendlichen das schulinterne Netzwerk nutzen, obwohl der wahre Anteil über 0,25 gestiegen ist. In diesem Fall geht die Schülervertretung irrtümlich davon aus, dass der Anteil nach wie vor höchstens 0,25 beträgt.

$P(X \leqslant 18) \approx 0{,}3356$.

Bei einem Nutzungsanteil von 40 % tritt mit Wahrscheinlichkeit ca. 33,6 % ein Fehler 2. Art auf.

FEHLER 2. ART:

Abi131

Sie möchten noch mehr üben?

Hier können Sie die Original-Prüfung 2017 kostenlos herunterladen.

Grund**wissen**

Maximale Definitionsmenge

◢ Darum geht's

Die Definitionsmenge besteht aus den Zahlen, die man für die Variable
(meistens x) einsetzen darf.

◢ Typische Aufgaben im Abitur

Es gibt im Abitur drei Arten von Funktionen, die nicht auf ganz $\mathbb{R}$ definiert
sind, nämlich Brüche, Wurzeln und Logarithmen. Die Tabelle zeigt, was bei
welchem Funktionstyp beachtet werden muss:

◢ Funktionstyp	◢ Beispiel	◢ Einschränkungen
Bruch	$\dfrac{x^2}{10(x-2)}$	Nenner $\neq 0$
Wurzelfunktion	$\sqrt{2x-2}$	Radikand $\neq 0$
Logarithmusfunktion	$\ln\left(1-x^2\right)$	Argument > 0

So funktioniert's

Definitionsbereich bestimmen

Grundsätzlich erfolgt die Bestimmung des maximalen Definitionsbereichs in zwei Schritten:

Schritt 1: Einschränkung als Ungleichung notieren

Schritt 2: Ungleichung nach x auflösen

Bruch
Definitionslücke(n)

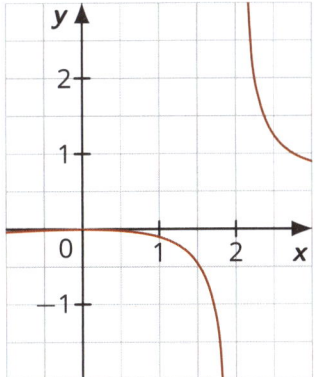

Wurzel
abgeschlossene Menge
(Ränder gehören dazu)

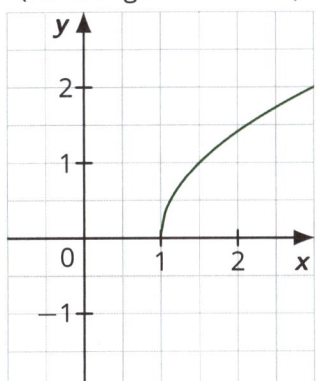

Logarithmus
offene Menge
(Ränder gehören *nicht* dazu)

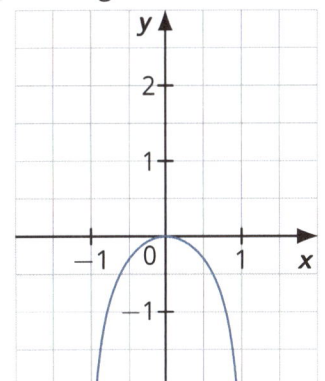

Das Wichtigste zum Auswendiglernen

Die maximale Definitionsmenge entspricht genau der Lösungsmenge der Ungleichung, die die
Einschränkung der Funktion beschreibt.

◢ Funktionstyp	◢ Definitionsbereich	◢ Beispiel
Bruch	ganz $\mathbb{R}$ bis auf einzelne Stellen	$\mathbb{R} \setminus \{2\}$
Wurzelfunktion mit linearem Argument	abgeschlossenes unendliches Intervall	$[1\,;\infty[$
Logarithmusfunktion	offenes Intervall	$]{-1}\,;1[$

Grundwissen

Wertemenge

◢ Darum geht's

Die Wertemenge einer Funktion ist die Menge aller möglichen Funktionswerte, die herauskommen können, wenn man alle Zahlen aus der Definitionsmenge in die Funktion einsetzt. Oder anders gesagt: Sie bezeichnet die Menge an möglichen y-Werten, die die Funktion im angegebenen Definitionsbereich annehmen kann.

WERTEMENGE
(REGELFALL):

Abi021

◢ Typische Aufgaben im Abitur

Klassische Funktionen, deren Wertemenge bestimmt werden müssen, sind verschobene und/oder gestreckte Parabeln (z. B. $x \longmapsto x^2 + 1$) und trigonometrische Funktionen, z. B. $x \longmapsto 2\cos(x)$.

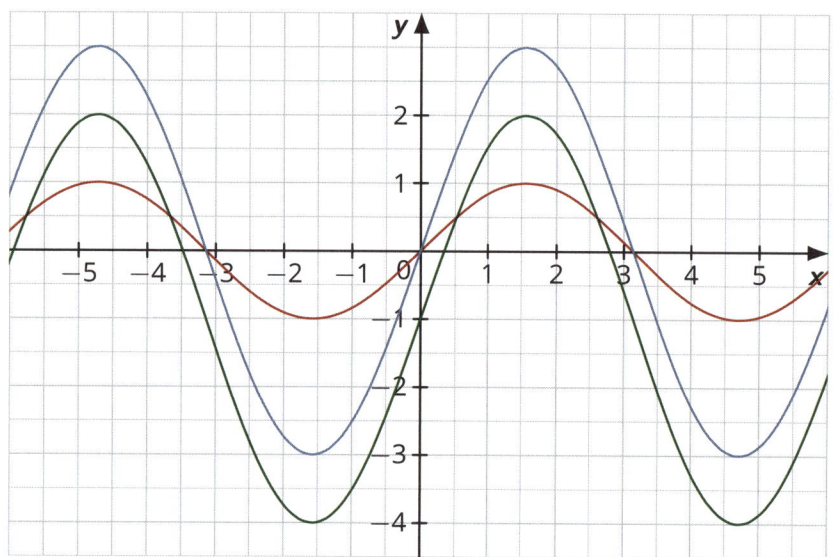

So funktioniert's

Wertemenge bestimmen

Nutzen Sie Ihr Wissen über den Zusammenhang zwischen Graph und Funktionsterm, d. h. über Streckung und Verschiebung, um die Wertemenge zu bestimmen.
Dazu wird der vorgegebene Funktionsterm Schritt für Schritt von innen nach außen ausgewertet.

$f(x) = \sin x \implies W_f = [-1\,;1]$

Streckung um den Faktor 3: $f(x) = 3 \cdot \sin x \implies W_f = [-3\,;3]$

Verschiebung um eine Einheit nach unten:

$f(x) = 3 \cdot \sin x - 1 \implies W_f = [-4\,;2]$

Das Wichtigste zum Auswendiglernen

Die folgende Tabelle zeigt die Wertemenge der Grundfunktionen.
Daraus lassen sich alle wesentlichen Fälle ableiten.

◢ Funktion	◢ Wertemenge
$x \longmapsto \sin x$ bzw. $x \longmapsto \cos x$	$[-1\,;1]$
$x \longmapsto e^x$	$]0\,;\infty[$
$x \longmapsto x^2$	$[0\,;\infty[$
$x \longmapsto \sqrt{x}$	$[0\,;\infty[$

Grundwissen

Nullstellen

◢ Darum geht's

Als Nullstellen bezeichnet man die Schnittstellen eines Graphen mit der x-Achse. Das bedeutet, dass der Funktionswert bzw. die y-Koordinate an dieser Stelle gleich Null ist. Eine Funktion kann mehrere Nullstellen haben. Also sind Nullstellen einer Funktion all diejenigen x-Werte, die beim Einsetzen im Funktionsterm den Wert Null liefern: $f(x) = 0$.

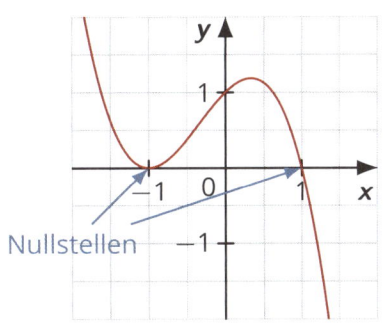

Nullstellen

NULLSTELLEN
(REGELFALL):

Abi001

◢ Typische Aufgaben im Abitur

Grundsätzlich kommen zum Thema Nullstellenbestimmung im Abitur die folgenden vier Funktionstypen vor:

- ganzrationale Funktionen
- Logarithmusfunktionen
- Brüche
- trigonometrische Funktionen

So funktioniert's

Nullstellen bestimmen

Schritt 1: *Funktionsterm gleich null setzen*

Schritt 2: *Gleichung umformen und nach x auflösen*

Schritt 3: *Nullstellenkandidaten überprüfen (bei Wurzeln, Brüchen und Logarithmen)*

Das Wichtigste zum Auswendiglernen

Die folgende Tabelle zeigt die Nullstellen der Grundfunktionen. Wenn Sie diese kennen, können Sie alle anderen Fälle herleiten.

◢ Funktion	◢ Nullstellen
$f(x) = ax + b$	$x = -\frac{b}{a}$
$f(x) = ax^2 + bx + c$	$x = \frac{-b - \sqrt{b^2 - 4ac}}{2a}$ und $x = \frac{-b + \sqrt{b^2 - 4ac}}{2a}$
$f(x) = \sin x$	alle $x = k\pi$ mit $k \in \mathbb{Z}$
$f(x) = \cos x$	alle $x = k\pi + \frac{\pi}{2}$ mit $k \in \mathbb{Z}$
$f(x) = \ln x$	$x = 1$
$f(x) = e^x$	keine

Tipp

Nullstellen von Sinus- und Kosinusfunktion

Die trigonometrischen Funktionen haben unendlich viele Nullstellen. Die Nullstellen der Sinusfunktion $y = \sin x$ liegen bei $x = 0$, $x = \pi$, $x = 2 \cdot \pi$ usw., sind also ganzzahlige Vielfache der Kreiszahl π. Der Graph der Kosinusfunktion $f(x) = \cos x$ ist gegenüber der Sinusfunktion um $\frac{\pi}{2}$ nach links verschoben.

NULLSTELLEN
DER ALLGE-
MEINEN SI-
NUSFUNKTION:

Abi013

Grundwissen

Verschiebung

◢ Darum geht's

Jede Verschiebung eines Funktionsgraphen setzt sich aus einer horizontalen Komponente (in x-Richtung) und einer vertikalen Komponente (in y-Richtung) zusammen. Dabei ist es egal, ob man zuerst vertikal oder zuerst horizontal verschiebt.

VERSCHIEBUNG:

Abi007

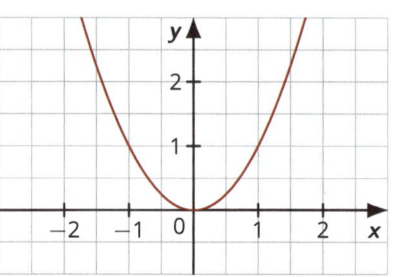
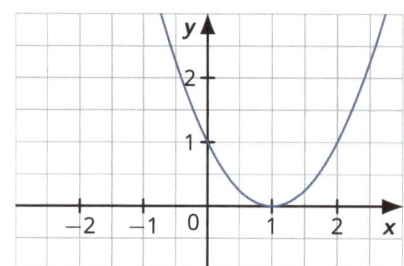

◢ Typische Aufgaben im Abitur

- Der Graph der Funktion g geht aus dem Graphen der Funktion f durch Verschiebung um zwei Einheiten in positive x-Richtung hervor.
  Geben Sie einen möglichen Funktionsterm von g an.

- Geben Sie den Term einer Funktion an, die im Punkt $(1\,|\,1)$ einen Tiefpunkt besitzt.

> **Tipp**
>
> *Das Thema „Verschiebung" wird im Abitur oft zusammen mit den Themen Streckung, Symmetrie, Nullstellen und Wertemenge behandelt.*

> **Tipp**
>
> *Verschiebung in positive x-Richtung bedeutet minus eine Zahl im Funktionsterm.*
> *Verschiebung in negative x-Richtung bedeutet plus eine Zahl im Funktionsterm.*

Das Wichtigste zum Auswendiglernen

Die folgende Übersicht zeigt den Einfluss einer Verschiebung um n Einheiten auf den Funktionsterm:

◢ Verschiebung	◢ Änderung am Funktionsterm
Verschiebung in positive x-Richtung	$f(x)$ wird zu $f(x - n)$
Verschiebung in negative x-Richtung	$f(x)$ wird zu $f(x + n)$
Verschiebung in positive y-Richtung	$f(x)$ wird zu $f(x) + n$
Verschiebung in negative y-Richtung	$f(x)$ wird zu $f(x) - n$

Grundwissen

Streckung

◢ Darum geht's

Funktionsgraphen können entweder horizontal (parallel zur x-Achse) oder
vertikal (parallel zur y-Achse) gestreckt werden.

STRECKUNG:

Abi006

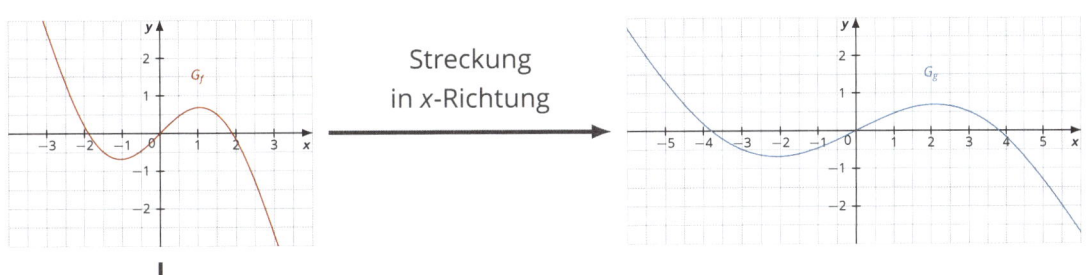

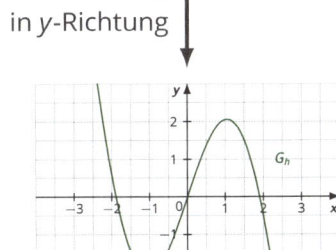

> **Tipp**
>
> *Ist $m > 1$, so erscheint der Graph tatsächlich gestreckt.*
> *Für $m \in \,]0\,;1[$ wird der Graph zusammengedrückt und man spricht manchmal auch von „Stauchung" anstelle von „Streckung".*

◢ Typische Aufgaben im Abitur

- Beschreiben Sie, wie G_g schrittweise aus dem Graphen der Funktion f hervorgeht und geben Sie die Wertemenge an.
- Der Graph der Funktion g geht aus dem Graphen der Funktion f durch Streckung um den Faktor 3 in y-Richtung hervor. Geben Sie den Funktionsterm von g an.

> **Tipp**
>
> *Das Thema „Streckung" wird im Abitur oft zusammen mit den Themen Verschiebung, Symmetrie und Wertemenge behandelt.*

Das Wichtigste zum Auswendiglernen

Die folgende Übersicht zeigt den Einfluss einer Streckung um den Faktor m auf den Funktionsterm:

◢ Streckung	◢ Änderung am Funktionsterm
Streckung längs der x-Achse	$f(x)$ wird zu $f\left(\frac{x}{m}\right)$
Streckung längs der y-Achse	$f(x)$ wird zu $m \cdot f(x)$

Grundwissen

Grenzwerte

◢ Darum geht's

Der Grenzwert, auch Limes genannt, gibt Aufschluss darüber, wie sich eine Funktion entweder im Unendlichen oder an einer bestimmten Stelle verhält. Eine Untersuchung der Grenzwerte beantwortet also die Frage, wie sich die y-Werte verhalten, wenn die x-Werte in eine bestimmte Richtung gehen.

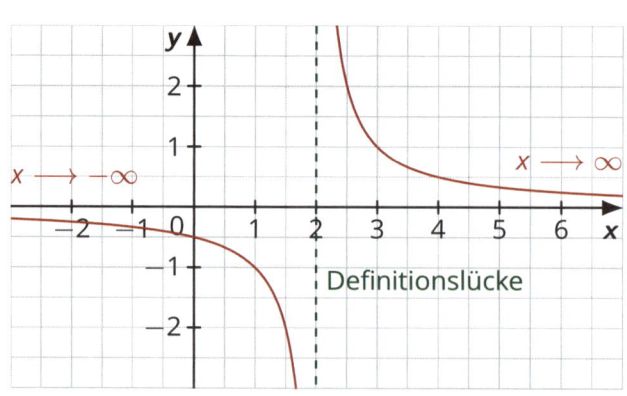

EINFACHE GRENZWERTE:

Abi010

Hierbei gibt es zwei typische Fälle:

- Die x-Werte gehen gegen plus Unendlich oder minus Unendlich $\left(\lim\limits_{x \to \infty} f(x) \text{ oder } \lim\limits_{x \to -\infty} f(x) \right)$.
- Die x-Werte nähern sich einer Definitionslücke $\left(\text{z. B. } \lim\limits_{x \to 0} \dfrac{1}{x} \right)$.

◢ Typische Aufgaben im Abitur

- Bestimmen Sie das Verhalten der Funktion im Unendlichen.
- Geben Sie den Grenzwert der Funktion für $x \longrightarrow \infty$ an.
- Begründen Sie, dass $\lim\limits_{x \to \infty} f(x) = 0$ gilt.

> **Tipp**
>
> *Interessiert man sich dafür, wie sich eine Funktion bei der Annäherung an eine bestimmte Stelle verhält, so macht es einen Unterschied, ob die Annäherung von links oder von rechts erfolgt. Beispiel: Verhalten der Funktion $x \longmapsto \frac{1}{x}$ an der Definitionslücke bei $x = 0$*
>
> *rechtsseitiger Grenzwert:*
>
> $$\lim\limits_{x \to 0^+} \frac{1}{x} = \infty$$
>
> *linksseitiger Grenzwert:*
>
> $$\lim\limits_{x \to 0^-} \frac{1}{x} = -\infty$$

Das Wichtigste zum Auswendiglernen

◢ Funktion	◢ Grenzwerte
Potenzen	$\lim\limits_{x \to \infty} x^r = \infty$ für $r > 0$
	$\lim\limits_{x \to \pm\infty} x^r = 0$ für $r < 0$,
	insbesondere $\lim\limits_{x \to \pm\infty} \dfrac{1}{x^r} = 0$ für $r > 0$;
	$\lim\limits_{x \to 0^+} \dfrac{1}{x^r} = \infty$ für $r > 0$ und
	$\lim\limits_{x \to 0^-} \dfrac{1}{x^r} = -\infty$ sowie
	$\lim\limits_{x \to 0} \dfrac{1}{x^r} = 0$ für $r < 0$
Exponentialfunktion	$\lim\limits_{x \to \infty} e^x = \infty$; $\lim\limits_{x \to -\infty} e^x = 0$
Logarithmus	$\lim\limits_{x \to \infty} \ln x = \infty$; $\lim\limits_{x \to 0} \ln x = -\infty$

> **Regel**
>
> **e gewinnt:**
> Das Grenzverhalten der Exponentialfunktion dominiert über das Grenzverhalten von x.
> Beispiel: $\lim\limits_{x \to \infty} x^2 e^{-x} = 0$.
>
> **ln verliert**
> Das Grenzverhalten von x dominiert über das Verhalten der Logarithmusfunktion.
> Beispiel: $\lim\limits_{x \to 0} 3x \cdot (-1 + \ln x) = 0$.

Asymptoten

◢ Darum geht's

Asymptoten einer Funktion sind Geraden, denen sich der Funktionsgraph annähert, meist ohne sie zu berühren. Es gibt drei Typen von Asymptoten:

ASYMPTOTEN:

Abi018

- senkrechte Asymptoten
- waagerechte Asymptoten
- schräge Asymptoten

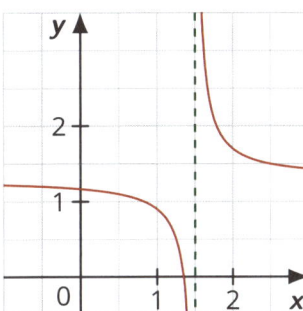 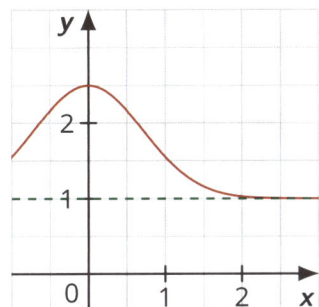 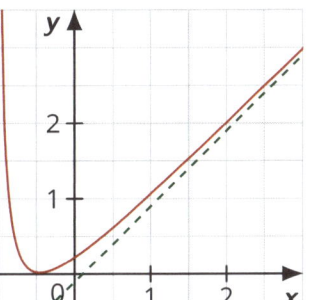

◢ Typische Aufgaben im Abitur

Senkrechte und waagerechte Asymptoten kommen am häufigsten im Abitur dran, typischerweise im Zusammenhang mit rationalen Funktionen.

> **Tipp**
>
> *Eine rationale Funktion ist eine solche, die als Funktionsterm einen Bruch hat, dessen Zähler und Nenner jeweils aus Potenzfunktionen zusammengesetzt sind.*

Das Wichtigste zum Auswendiglernen

Die folgende Tabelle gibt eine Übersicht über die Bedingungen für das Vorhandensein von Asymptoten bei rationalen Funktionen.

◢ Art	◢ Gleichung	◢ Bedingung
Senkrecht	$x = a,\ a \in \mathbb{R}$	Nullstelle des Nenners Zähler hier $\neq 0$
Waagerecht	$y = a,\ a \in \mathbb{R}$	Zählergrad $\leqslant$ Nennergrad
Schräg	$y = m \cdot x + t$ mit $m \in \mathbb{R} \setminus \{0\}$ und $t \in \mathbb{R}$	Zählergrad um eins höher als Nennergrad

> **So funktioniert's**
>
> ***Waagerechte Asymtoten bestimmen***
>
> *Gilt Zählergrad < Nennergrad, so ist die x-Achse ist die waagerechte Asymptote der Funktion.*
>
> *Gilt Zählergrad = Nennergrad, so ist eine zur x-Achse parallele Gerade die waagerechte Asymptote der Funktion. Sie wird berechnet, indem man die Koeffizienten vor den Unbekannten mit den höchsten Potenzen im Zähler und Nenner dividiert.*

Grundwissen

Ableitung

◢ Darum geht's

Die Ableitung einer Funktion f mit einer Variablen (üblicherweise x) wird mit f' oder manchmal auch mit $\frac{df}{dx}$ bezeichnet. Sie beschreibt den Verlauf der Steigung des Graphen von f.

GRUND-
FUNKTIONEN
ABLEITEN:

Abi014

◢ Typische Aufgaben im Abitur

Das Ableiten ist eine der wichtigsten Techniken in der Analysis. Sie wird z. B. für die folgenden Aufgabentypen benötigt:

- Tangentengleichung bestimmen
- Monotonieverhalten, Minima und Maxima untersuchen
- Momentane Änderungsrate bestimmen

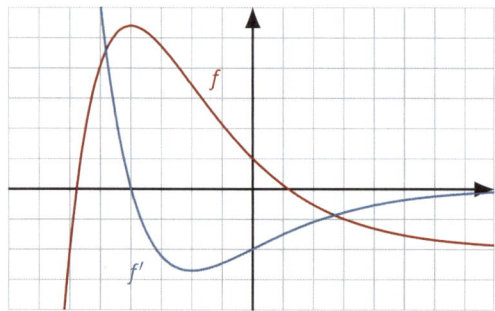

Der Graph von f …	f' …
steigt	ist positiv
fällt	ist negativ
hat einen Wendepunkt	hat einen Extrempunkt
ist rechtsgekrümmt	fällt
ist linksgekrümmt	steigt

Das Wichtigste zum Auswendiglernen

Tipp

Entspricht der abzuleitende Term keiner der sechs Standardfunktionen, benötigen Sie eine Ableitungsregel.

Ableitungen der Grundfunktionen

◢ Funktion	◢ Ableitung
$c \in \mathbb{R}$ (Konstante)	0
x^r (mit $r \in \mathbb{R} \setminus \{0\}$)	$r \cdot x^{r-1}$
$\sin x$	$\cos x$
$\cos x$	$-\sin x$
e^x	e^x
$\ln x$	$\dfrac{1}{x}$

Ableitungsregeln

◢ Ableitungsregel	◢ Bedeutung
Summenregel	$f = g + h \implies f' = g' + h'$
Kettenregel	$f = g \circ h \implies f' = (g' \circ h) \cdot h'$
Produktregel	$f = g \cdot h \implies f' = g' \cdot h + g \cdot h'$
Quotientenregel	$f = \dfrac{g}{h} \implies f' = \dfrac{g' \cdot h - g \cdot h'}{h^2}$

KETTENREGEL: PRODUKTREGEL: QUOTIEN-
TENREGEL:

Abi151   Abi152   Abi153

Grundwissen

Tangenten

◢ Darum geht's

Eine Tangente ist eine Gerade, die einen Funktionsgraphen in einem bestimmten Punkt berührt und dabei die gleiche Steigung wie dieser hat.

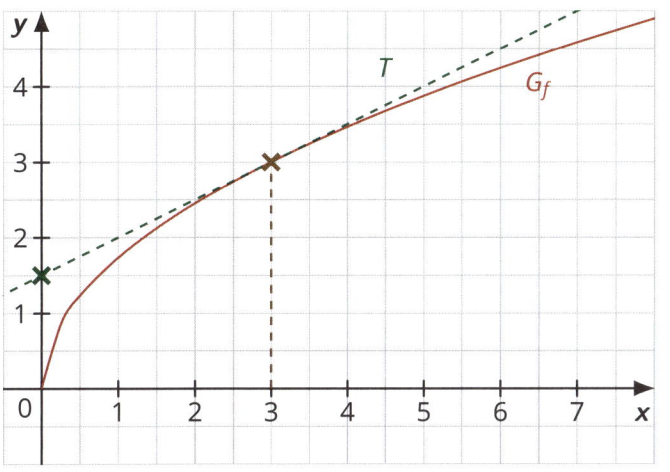

—— Graph der Funktion f

----- Stelle $x = 3$

----- Tangente

✖ y-Achsenabschnitt der Tangente

◢ Typische Aufgaben im Abitur

- Bestimmen Sie die Gleichung der Tangente an der Stelle $x = 3$.
- Berechnen Sie die Tangente mit der Steigung $m = 2$.
- Die Tangente begrenzt mit den beiden Koordinatenachsen ein Dreieck. Weisen Sie nach, dass dieses Dreieck gleichschenklig ist.

> **Tipp**
>
> *Allgemeine Geradengleichung*
>
> *Die Gleichung einer nicht senkrechten Gerade hat immer die Form $y = m \cdot x + t$, wobei m die Steigung und t der y-Achsenabschnitt ist. Um typische Aufgaben zu lösen, müssen Sie also passende Parameter m und t bestimmen.*

Das Wichtigste zum Auswendiglernen

◢ Tangentengleichung bestimmen

Die folgende Übersicht zeigt, wie Sie die Parameter m und t bestimmen, wenn eine Funktion f und eine x-Koordinate vorgegeben wurden.

◢ Schritt	◢ bestimmt
Ableitung berechnen	Steigungsverlauf von f
x-Wert in die Ableitung einsetzen, um die Steigung dort zu berechnen	Parameter m
Funktionswert im Tangentenpunkt bestimmen	Punkt auf der Geraden
Punktkoordinaten in allgemeine Geradengleichung einsetzen und nach t auflösen	Parameter t
berechnete Parameter in die Geradengleichung einsetzen	fertige Tangentengleichung

Grundwissen

Monotonieverhalten

◢ Darum geht's

Das Monotonieverhalten einer Funktion gibt an, in welchen Bereichen der zugehörige Funktionsgraph steigt bzw. fällt.

Grundlage für eine Monotonieuntersuchung ist immer die 1. Ableitung der Funktion, denn sie beschreibt den Verlauf der Steigung des Graphen.

MONOTONIE:

Abi019

◢ Typische Aufgaben im Abitur

Neben der Standardaufgabe „Untersuchen Sie das Monotonieverhalten von G_f" werden Monotonieuntersuchungen im Abitur vor allem im Zusammenhang mit Aufgaben zu den Extremstellen einer Funktion benötigt.

> **So funktioniert's**
>
> *Monotonieverhalten untersuchen*
>
> *Schritt 1: 1. Ableitung berechnen*
> *Schritt 2: Nullstellen der Ableitung bestimmen*
> *Schritt 3: Vorzeichentabelle der 1. Ableitung erstellen*
> *Schritt 4: Schlussfolgerungen für den Verlauf des Graphen ziehen*

◢ Grafische Bedeutung

Die folgende Darstellung zeigt den Zusammenhang zwischen der Vorzeichentabelle von f' und dem Verlauf des Graphen von f.

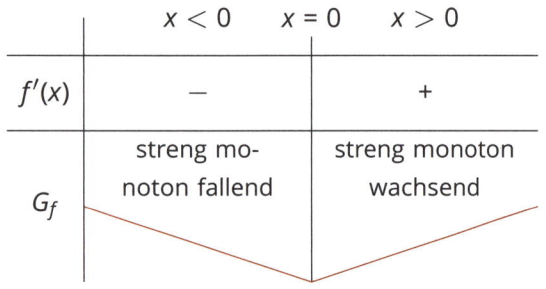

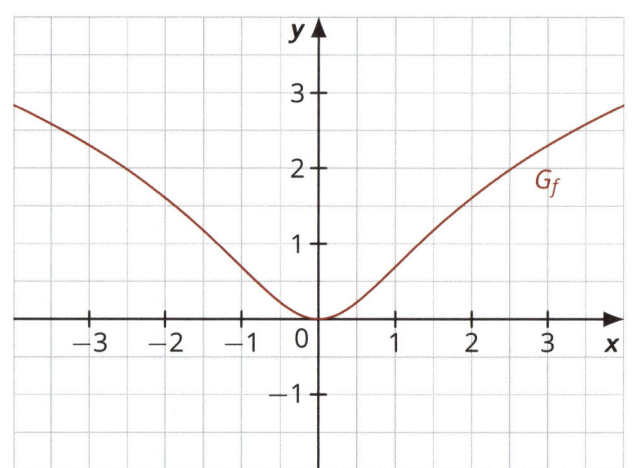

Das Wichtigste zum Auswendiglernen

◢ 1. Ableitung	◢ G_f ...
$f'(x) > 0$	ist streng monoton steigend.
$f'(x) < 0$	ist streng monoton fallend.
$f'(x) = 0$	hat eine waagerechte Tangente.

Grundwissen

Asymptoten

◢ Darum geht's

Asymptoten einer Funktion sind Geraden, denen sich der Funktionsgraph annähert, meist ohne sie zu berühren. Es gibt drei Typen von Asymptoten:

- senkrechte Asymptoten
- waagerechte Asymptoten
- schräge Asymptoten

ASYMPTOTEN:

Abi018

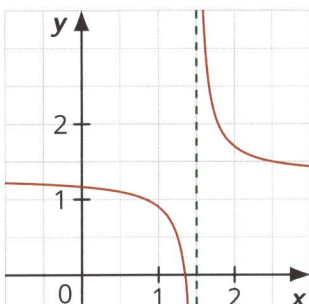 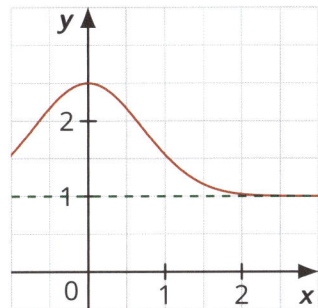 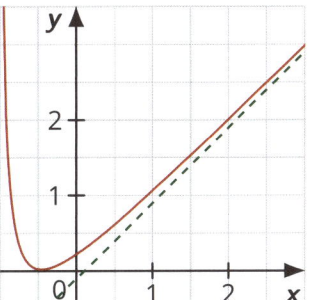

◢ Typische Aufgaben im Abitur

Senkrechte und waagerechte Asymptoten kommen am häufigsten im Abitur dran, typischerweise im Zusammenhang mit rationalen Funktionen.

> **Tipp**
>
> *Eine rationale Funktion ist eine solche, die als Funktionsterm einen Bruch hat, dessen Zähler und Nenner jeweils aus Potenzfunktionen zusammengesetzt sind.*

Das Wichtigste zum Auswendiglernen

Die folgende Tabelle gibt eine Übersicht über die Bedingungen für das Vorhandensein von Asymptoten bei rationalen Funktionen.

◢ Art	◢ Gleichung	◢ Bedingung
Senkrecht	$x = a,\ a \in \mathbb{R}$	Nullstelle des Nenners Zähler hier $\neq 0$
Waagerecht	$y = a,\ a \in \mathbb{R}$	Zählergrad $\leqslant$ Nennergrad
Schräg	$y = m \cdot x + t$ mit $m \in \mathbb{R} \setminus \{0\}$ und $t \in \mathbb{R}$	Zählergrad um eins höher als Nennergrad

> **So funktioniert's**
>
> ***Waagerechte Asymtoten bestimmen***
>
> *Gilt Zählergrad < Nennergrad, so ist die x-Achse ist die waagerechte Asymptote der Funktion.*
>
> *Gilt Zählergrad = Nennergrad, so ist eine zur x-Achse parallele Gerade die waagerechte Asymptote der Funktion. Sie wird berechnet, indem man die Koeffizienten vor den Unbekannten mit den höchsten Potenzen im Zähler und Nenner dividiert.*

Ableitung

◢ Darum geht's

Die Ableitung einer Funktion f mit einer Variablen (üblicherweise x) wird mit f' oder manchmal auch mit $\frac{df}{dx}$ bezeichnet. Sie beschreibt den Verlauf der Steigung des Graphen von f.

GRUND-
FUNKTIONEN
ABLEITEN:

Abi014

◢ Typische Aufgaben im Abitur

Das Ableiten ist eine der wichtigsten Techniken in der Analysis.
Sie wird z. B. für die folgenden Aufgabentypen benötigt:

- Tangentengleichung bestimmen
- Monotonieverhalten, Minima und Maxima untersuchen
- Momentane Änderungsrate bestimmen

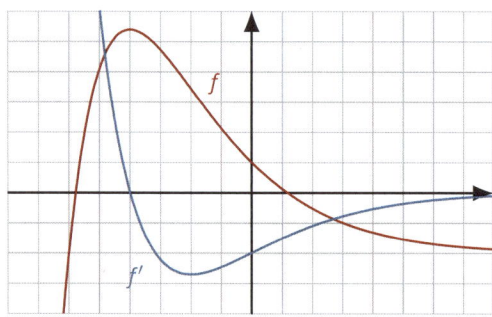

Der Graph von f …	f' …
steigt	ist positiv
fällt	ist negativ
hat einen Wendepunkt	hat einen Extrempunkt
ist rechtsgekrümmt	fällt
ist linksgekrümmt	steigt

Das Wichtigste zum Auswendiglernen

Tipp

Entspricht der abzuleitende Term keiner der sechs Standardfunktionen, benötigen Sie eine Ableitungsregel.

Ableitungen der Grundfunktionen

◢ Funktion	◢ Ableitung
$c \in \mathbb{R}$ (Konstante)	0
x^r (mit $r \in \mathbb{R} \setminus \{0\}$)	$r \cdot x^{r-1}$
$\sin x$	$\cos x$
$\cos x$	$-\sin x$
e^x	e^x
$\ln x$	$\dfrac{1}{x}$

Ableitungsregeln

◢ Ableitungsregel	◢ Bedeutung
Summenregel	$f = g + h \implies f' = g' + h'$
Kettenregel	$f = g \circ h \implies f' = (g' \circ h) \cdot h'$
Produktregel	$f = g \cdot h \implies f' = g' \cdot h + g \cdot h'$
Quotientenregel	$f = \dfrac{g}{h} \implies f' = \dfrac{g' \cdot h - g \cdot h'}{h^2}$

KETTENREGEL:

PRODUKTREGEL:

QUOTIEN-
TENREGEL:

Abi151

Abi152

Abi153

Grundwissen

Krümmungsverhalten

◢ Darum geht's

Das Krümmungsverhalten einer Funktion gibt an, in welchen Bereichen der zugehörige Funktionsgraph linksgekrümmt und in welchen Bereichen er rechtsgekrümmt ist. Grundlage für eine Untersuchung des Krümmungsverhaltens ist immer die 2. Ableitung der Funktion.

KRÜMMUNGS-
VERHALTEN:

Abi027

◢ Typische Aufgaben im Abitur

Neben der Standardaufgabe „Untersuchen Sie das Krümmungsverhalten von G_f" werden Aufgaben zur Krümmung im Abitur vor allem im Zusammenhang mit Fragen zum Monotonieverhalten, zu den Extrema und zu den Wendestellen einer Funktion gestellt.

◢ Grafische Bedeutung

Linkskrümmung bedeutet anschaulich, dass ein Punkt, der die Kurve von links nach rechts durchfährt, eine Linkskurve macht:

Rechtskrümmung bedeutet anschaulich, dass ein Punkt, der die Kurve von links nach rechts durchfährt, eine Rechtskurve macht:

Steigung negativ — Linkskrümmung — Steigung positiv

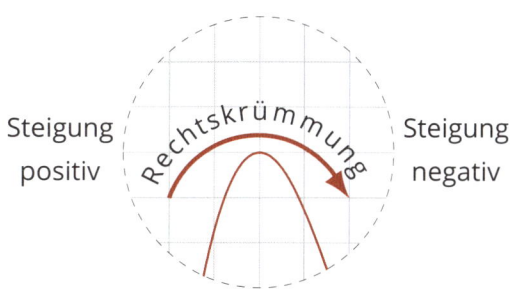

Steigung positiv — Rechtskrümmung — Steigung negativ

Bedingung dafür ist, dass die Steigung zunimmt.

Bedingung dafür ist, dass die Steigung abnimmt.

Das Wichtigste zum Auswendiglernen

◢ 2. Ableitung	◢ G_f ...
$f''(x) < 0$	ist rechtsgekrümmt.
$f''(x) > 0$	ist linksgekrümmt.

Grundwissen

Extrema

◢ Darum geht's

Lokale (und globale) Hoch- und Tiefpunkte von Funktionsgraphen werden unter dem Begriff *Extrema* zusammengefasst.

Ein lokales Minimum liegt vor, wenn der Wert einer Funktion an einer Stelle kleiner ist als alle anderen Werte in einer kleinen Umgebung dieser Stelle. Ein lokales Maximum liegt vor, wenn der Wert einer Funktion an einer Stelle größer ist als alle anderen Werte in einer kleinen Umgebung dieser Stelle.

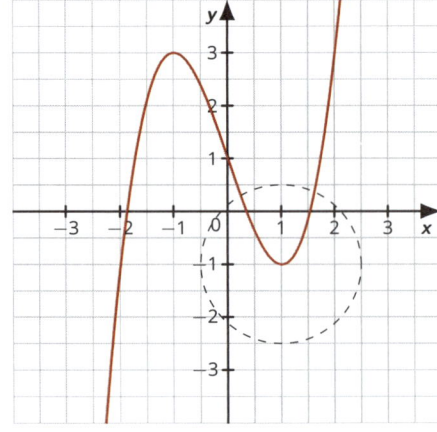

EXTREMA ÜBER MONOTONIE:

Abi023

EXTREMA ÜBER 2. ABLEITUNG:

Abi024

◢ Typische Aufgaben im Abitur

Aufgaben, bei denen Hochpunkte, Tiefpunkte oder nur die zugehörigen Extremstellen gesucht sind, kommen in praktisch jeder Abiturprüfung dran.

- Bestimmen Sie rechnerisch Lage und Art des Extrempunkts von G_f.
- Begründen Sie, dass f keine größeren Werte als 5 annehmen kann.
- Geben Sie den Term einer Funktion an, die genau 2 Extremstellen besitzt.

Es gibt zwei Methoden, mit denen Sie Extrempunkte bestimmen können:

- mit Hilfe einer Monotonieuntersuchung
- mit Hilfe der 2. Ableitung

Tipp

Bei ganzrationalen Funktionen geht in der Regel die Berechnung der 2. Ableitung schneller und einfacher als eine Monotonieuntersuchung. Bei komplizierten Ableitungen (Produkten und Brüchen) bestimmen Sie die Extrema lieber über die Monotonie.

Das Wichtigste zum Auswendiglernen

◢ Regeln für lokale Minima und Maxima

Typischerweise hat die Funktion an der Minimalstelle eine waagerechte Tangente (1. Ableitung wird dort 0) und ist linksgekrümmt.
Bei Maximalstellen ist der Graph typischerweise rechtsgekrümmt.

◢ Hinreichende Bedingung	◢ Extremstelle
$f'(x_0) = 0$ und $f''(x_0) > 0$	G_f hat an der Stelle $x = x_0$ ein lokales Minimum.
$f'(x_0) = 0$ und $f''(x_0) < 0$	G_f hat an der Stelle ein lokales $x = x_0$ Maximum.

So funktioniert's

Lokale Extrema über 2. Ableitung

Schritt 1: Nullstellen der 1. Ableitung berechnen

Schritt 2: Vorzeichentabelle der 2. Ableitung bilden

Schritt 3: Funktionswerte der Extremstellen berechnen

Wendepunkte

◢ Darum geht's

Wendepunkte eines Graphen sind Übergangspunkte, an denen ein Funktionsgraph seine Krümmungsrichtung ändert. Er wechselt hier entweder von einer Rechts- in eine Linkskurve oder umgekehrt.

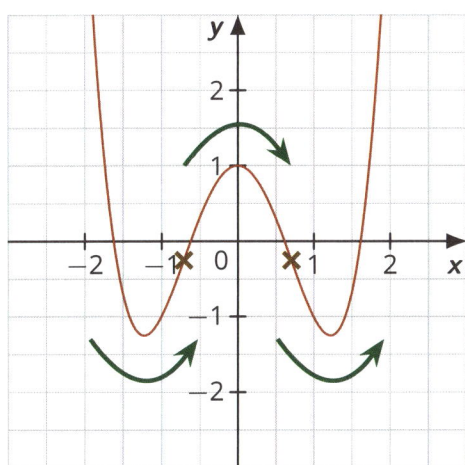

WENDEPUNK-TE ÜBER KRÜMMUNG:	WENDEPUNK-TE ÜBER 3. ABLEITUNG:

Abi028	Abi029

Es gibt zwei Methoden, mit denen Sie Wendepunkte bestimmen können:

- mit Hilfe des Krümmungsverhaltens
- mit Hilfe der 3. Ableitung

◢ Typische Aufgaben im Abitur

Aufgaben, bei denen die Wendestellen oder Wendepunkte einer Funktion ermittelt werden sollen, kommen häufig im Zusammenhang mit Aufgaben zu Extremstellen und dem Krümmungsverhalten der Funktion dran.

- Ermitteln Sie alle Wendestellen der Funktion f.
- Begründen Sie, dass 2,5 die x-Koordinate des Wendepunkts von G_f ist.
- Bestimmen Sie in Abhängigkeit von a die Koordinaten der Extrem- und Wendepunkte des Graphen der Funktion f_a.

> **Tipp**
>
> *Die Methode mit der 3. Ableitung empfiehlt sich bei ganzrationalen Funktionen, bei denen das Ableiten weniger Aufwand macht als die Vorzeichenuntersuchung der 2. Ableitung.*

> **So funktioniert's**
>
> ***Wendepunkte über 3. Ableitung***
>
> *Schritt 1: 2. und 3. Ableitung berechnen*
>
> *Schritt 2: Nullstellen der 2. Ableitung in die 3. Ableitung einsetzen*
>
> *Schritt 3: Falls 3. Ableitung ≠ 0 ist, Funktionswertswerte an diesen Stellen berechnen*

Das Wichtigste zum Auswendiglernen

◢ Hinreichende Bedingung für Wendestellen

$f''(x) = 0$ und $f'''(x) \neq 0 \implies x$ ist Wendestelle von G_f

◢ Zusammenhang zwischen Wendestelle und 2. Ableitung

x ist Wendestelle von $G_f \implies f''(x) = 0$

Grundwissen

Stammfunktion

◢ Darum geht's

Die Stammfunktion F einer stetigen Funktion f ist eine differenzierbare Funktion, deren Ableitung wieder die ursprüngliche Funktion f ist. Eine Funktion hat (wenn überhaupt) unendlich viele Stammfunktionen, da man zu einer Stammfunktion F jede beliebige Zahl addieren kann ($+C$ mit $C \in \mathbb{R}$), die beim Ableiten ja wieder wegfällt.

Die Menge aller Stammfunktionen einer Funktion heißt unbestimmtes Integral von f.

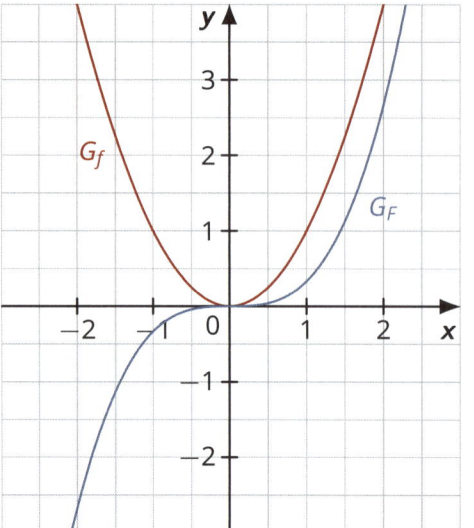

STANDARD-
FUNKTIONEN
INTEGRIEREN:

Abi033

◢ Typische Aufgaben im Abitur

Die Stammfunktion zu einer vorgegebenen Funktion zu bilden ist eine Basiskompetenz der Integralrechnung, die in jeder Abiturprüfung angewendet werden muss.

Typische Aufgaben, die die Bestimmung einer Stammfunktion erfordern, sind:

- Flächenberechnungen
- Berechnung des Volumens von Rotationskörpern
- Zufluss- und Abflussmengen aus Zufluss- und Abflussraten bestimmen

> **Tipp**
>
> *Die Ableitung einer Stammfunktion ergibt die Funktion selbst.*
> *Es gilt also $F'(x) = f(x)$.*

Das Wichtigste zum Auswendiglernen

Um typische Aufgaben zu lösen, sollten Sie die Stammfunktionen der folgenden 5 Standardfunktionen kennen.

◢ Funktion	◢ Stammfunktion
x^n	$\dfrac{1}{n+1}x^{n+1}$ (für $n \neq -1$)
$\dfrac{1}{x}$	$\ln|x|$
$\ln x$	$x \cdot \ln x - x$
$\sin x$ bzw. $\cos x$	$-\cos x$ bzw. $\sin x$

> **Tipp**
>
> *Entspricht der zu integrierende Term keiner der fünf Standardfunktionen, benötigen Sie eine Integrationsregel.*
>
> INTEGRA-
> TIONSREGELN:
>
> Abi035

Grundwissen

Bestimmte Integrale

◢ Darum geht's

Anders als das unbestimmte Integral, das die Menge aller Stammfunktionen einer Funktion angibt, ist das bestimmte Integral ein
Zahlenwert, da hier zusätzlich Integrationsgrenzen angegeben werden.

BESTIMMTES
INTEGRAL:

Abi036

◢ Typische Aufgaben im Abitur

Aufgaben zu bestimmten Integralen erkennen Sie daran, dass ein
Funktionsterm vorgegeben ist und eine Fläche berechnet werden soll.

Die Lösung besteht dann darin, ein geeignetes Integral aufzustellen und zu
berechnen, das im Allgemeinen so aussieht:

$$\int_a^b f(x)\,dx$$

> **Tipp**
>
> *Das Integral besteht im Wesentli-*
> *chen aus drei Bestandteilen, die*
> *Sie aus der Aufgabenstellung ent-*
> *nehmen (oder z. T. extra berechnen*
> *müssen):*
>
> *1. einem Integranden f(x),*
>
> *2. einer unteren Integrations-*
> *grenze a,*
>
> *3. einer oberen Integrations-*
> *grenze b.*

◢ Grafische Bedeutung des bestimmten Integrals

Anschaulich beschreibt das
obige Integral die Flächen-
bilanz zwischen dem Graphen
von f und der x-Achse (Fläche
oberhalb der x-Achse minus
Fläche unterhalb der x-Achse),
und zwar nur im Bereich
zwischen den vertikalen
Begrenzungslinien $x = a$ und
$x = b$.

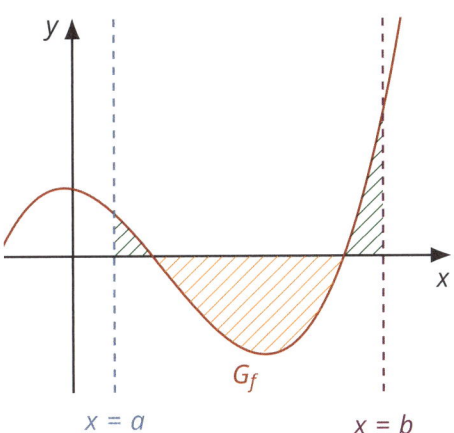

> **So funktioniert's**
>
> *Bestimmte Integrale lassen sich in 3*
> *Schritten berechnen:*
>
> *Schritt 1: Stammfunktion des*
> *Integranden bestimmen*
>
> *Schritt 2: Integrationsgrenzen in*
> *Stammfunktion einsetzen*
>
> *Schritt 3: Differenz bilden*

Das Wichtigste zum Auswendiglernen

◢ Allgemeine Berechnungsformel für bestimmte Integrale

$$\int_a^b f(x)\,dx = F(b) - F(a)$$

Kurzschreibweise für $F(b) - F(a)$:
$[F(x)]_a^b$

> **Tipp**
>
> *F ist eine Stammfunktion von f.*

INTEGRA-
TIONSREGELN:

Abi035

Grundwissen

Rechnen mit Vektoren

◢ Darum geht's

Ein Vektor steht für eine Verschiebung im Raum und wird durch einen Pfeil repräsentiert. Jeder Vektor $\vec{v}$ wird eindeutig durch seine Länge und seine Richtung festgelegt. Die Grundrechenarten für Vektoren sind in der Geometrie genauso wichtig wie die Grundrechenarten für Zahlen in der Analysis.

VEKTOR-ADDITION:	SKALARMUL-TIPLIKATION:
Abi044	Abi045

◢ Typische Aufgaben im Abitur

Rechnen mit Vektoren benötigen Sie in jeder Abiturprüfung. Egal ob Sie mit Punkten, Geraden, Ebenen oder Körpern im Raum zu tun haben, Sie müssen immer mit Vektoren umgehen und rechnen können. Üblicherweise wird mit O der Ursprung bei $(0|0|0)$ bezeichnet und $\overrightarrow{OA}$ ist dann der Ortsvektor des Punktes A, d. h. die Komponenten von $\overrightarrow{OA}$ sind die Koordinaten von A. Besonders wichtig ist die Subtraktion eines Vektors von einem anderen. Damit wird nämlich der Verbindungsvektor der beiden Vektoren berechnet: $\overrightarrow{AB} = \overrightarrow{OB} - \overrightarrow{OA}$.

So funktioniert's

Vektorrechnung

Vektoren werden addiert und subtrahiert, indem man ihre Komponenten addiert bzw. subtrahiert:

$$\begin{pmatrix} 3 \\ 1 \\ 0 \end{pmatrix} + \begin{pmatrix} -1 \\ 1 \\ 2 \end{pmatrix} = \begin{pmatrix} 3 + (-1) \\ 1 + 1 \\ 0 + 2 \end{pmatrix}$$

$$= \begin{pmatrix} 2 \\ 2 \\ 2 \end{pmatrix}$$

Ein Vektor wird mit einer Zahl multipliziert, indem man jede Komponente mit der Zahl multipliziert:

$$2 \cdot \begin{pmatrix} 3 \\ 4 \\ 0 \end{pmatrix} = \begin{pmatrix} 2 \cdot 3 \\ 2 \cdot 4 \\ 2 \cdot 0 \end{pmatrix} = \begin{pmatrix} 6 \\ 8 \\ 0 \end{pmatrix}$$

◢ Grafische Bedeutung

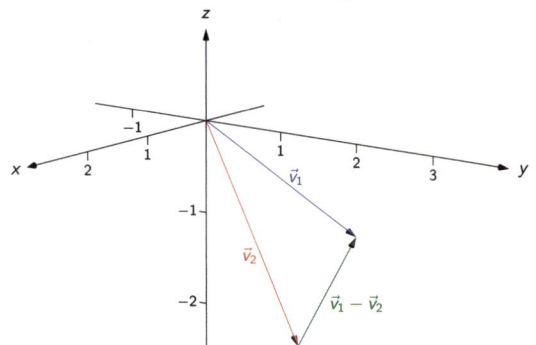

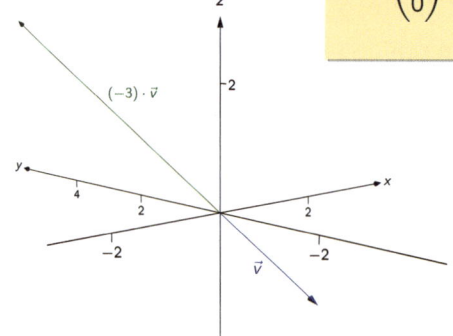

Subtraktion des roten Vektors vom blauen Vektor liefert den grünen.

Die Multiplikation mit einer Zahl entspricht anschaulich einer Streckung des Vektors.

Das Wichtigste zum Auswendiglernen

◢ Vektorausdruck	◢ Veranschaulichung
$\vec{v_1} + \vec{v_2}$	Pfeildarstellung von $\vec{v_2}$ am Endpunkt einer Pfeildarstellung von $\vec{v_1}$ anheften
$a \cdot \vec{v}$ mit $a > 0$	Streckung von $\vec{v}$ um den Faktor a (Pfeil wird länger oder kürzer, zeigt aber in die gleiche Richtung)
$(-1) \cdot \vec{v}$	Spiegelung von $\vec{v}$ (Pfeil hat die gleiche Länge, zeigt aber in die entgegengesetzte Richtung)

Grundwissen

Betrag eines Vektors

◢ Darum geht's

Der Betrag eines Vektors ist nichts anderes als seine Länge. Die Formel für den Betrag eines Vektors ist die dreidimensionale Verallgemeinerung des Satzes von Pythogoras.

BETRAG EINES VEKTORS:

Abi046

◢ Typische Aufgaben im Abitur

Die Formel für die Länge eines Vektors ist eine Standardformel, die Sie im Abitur häufig im Zusammenhang mit Abstands-, Längen und Flächenberechnungen benötigen.

- Gegeben sind die Punkte A und B. Zeigen Sie, dass die Punkte den Abstand x haben.
- Die Punkte C und D liegen auf g und haben von A jeweils den Abstand y. Bestimmen Sie C und D.
- Zeigen Sie, dass das Viereck $ABCD$ eine Raute ist.

So funktioniert's

Betrag eines Vektors berechnen

Schritt 1: alle Komponenten quadrieren

Schritt 2: Ergebnisse zusammenzählen

Schritt 3: Wurzel ziehen

◢ Grafische Bedeutung

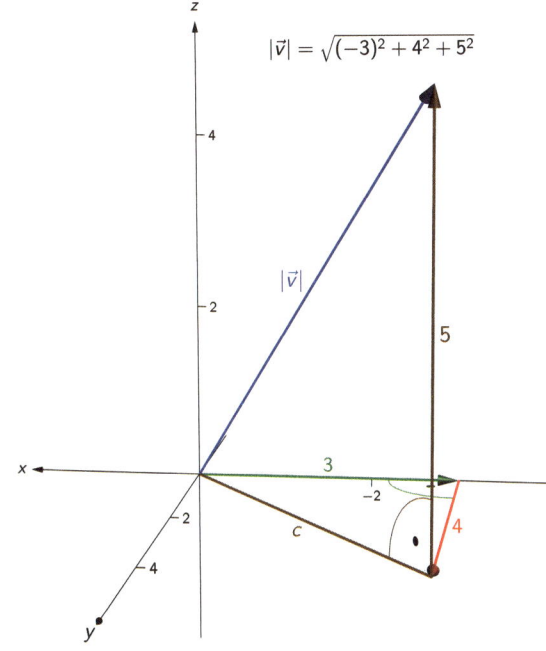

$$|\vec{v}| = \sqrt{(-3)^2 + 4^2 + 5^2}$$

Die Grafik veranschaulicht die Länge des Vektors $\begin{pmatrix} -3 \\ 4 \\ 5 \end{pmatrix}$.

Das Wichtigste zum Auswendiglernen

◢ Formel für den Betrag eines Vektors:

$$\left| \begin{pmatrix} x \\ y \\ z \end{pmatrix} \right| = \sqrt{x^2 + y^2 + z^2}$$

Tipp

Für jedes $a \in \mathbb{R}$ und jeden Vektor $\vec{v}$ gilt $|a \cdot \vec{v}| = |a| \cdot |\vec{v}|$. Z. B. ist

$$\left| -4 \begin{pmatrix} 1 \\ 2 \\ -1 \end{pmatrix} \right| = |-4| \cdot \left| \begin{pmatrix} 1 \\ 2 \\ -1 \end{pmatrix} \right|$$

$$= 4 \cdot \sqrt{1^2 + 2^2 + (-1)^2} = 4\sqrt{6}.$$

Grundwissen

Skalarprodukt

◢ Darum geht's

Das Skalarprodukt hat eine zentrale Bedeutung in der Geometrie, denn es ist die Grundlage für alle räumlichen Winkelberechnungen. Das Skalarprodukt der beiden Vektoren $\vec{v}$ und $\vec{w}$ multipliziert drei Größen miteinander, nämlich

SKALAR-
PRODUKT:

Abi052

1. die Länge von $\vec{v}$ (d. h. $|\vec{v}|$),

2. die Länge von $\vec{w}$ (d. h. $|\vec{w}|$) und

3. den Kosinus des Zwischenwinkels α (d. h. $\cos(\alpha)$).

Es gilt somit: $\vec{v} \circ \vec{w} = |\vec{v}| \cdot |\vec{w}| \cdot \cos\left(\sphericalangle(\vec{v},\vec{w})\right)$

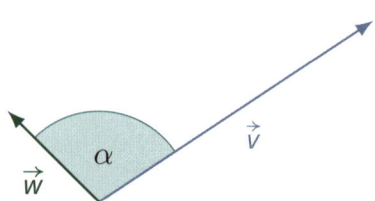

> **So funktioniert's**
>
> ***Skalarprodukt zweier Vektoren berechnen***
>
> *Schritt 1: jeweils ersten, zweiten und dritten Kompomenten der Vektoren miteinander multiplizieren*
>
> *Schritt 2: Ergebnisse zusammenzählen*

> **Regel**
>
> ***Orthogonalitätsprüfung mithilfe des Skalarprodukts***
>
> *Ist das Skalarprodukt zweier Vektoren gleich Null, so sind sie zueinander senkrecht (und umgekehrt).*

◢ Typische Aufgaben im Abitur

Das Skalarprodukt wird in praktisch jeder Abiturprüfung benötigt. Besonders häufig wird es im Zusammenhang mit Orthogonalitätsprüfungen benutzt.

- Gegeben sind die Punkte A und B. Bestimmen Sie die Koordinaten eines weiteren Punktes C, so dass das Dreieck rechtwinklig ist.
- Weisen Sie nach, dass das Viereck $ABCD$ ein Rechteck ist.
- Die folgende Skizze zeigt ein Dach, das ein gerades Prisma ist. Welchen Winkel bilden die beiden Dachschrägen miteinander?

Das Wichtigste zum Auswendiglernen

◢ Formel für das Skalarprodukt

Für zwei beliebige Vektoren $\vec{v} = \begin{pmatrix} v_1 \\ v_2 \\ v_3 \end{pmatrix}$ und $\vec{w} = \begin{pmatrix} w_1 \\ w_2 \\ w_3 \end{pmatrix}$ ist das Skalarprodukt wie folgt definiert:

$$\vec{v} \circ \vec{w} = v_1 \cdot w_1 + v_2 \cdot w_2 + v_3 \cdot w_3.$$

◢ Formel für den Zwischenwinkel

$$\vec{v} \circ \vec{w} = |\vec{v}| \cdot |\vec{w}| \cdot \cos\left(\sphericalangle(\vec{v},\vec{w})\right)$$

Geradengleichungen

◢ Darum geht's

In der analytischen Geometrie werden Geraden immer mithilfe von Vektoren angegeben. Die allgemeine Parametergleichung einer Gerade g in Punkt-Richtungs-Form sieht so aus:

$$g : \vec{X} = \begin{pmatrix} p_1 \\ p_2 \\ p_3 \end{pmatrix} + \lambda \cdot \vec{v}, \quad \lambda \in \mathbb{R}.$$

Dabei ist $\begin{pmatrix} p_1 \\ p_2 \\ p_3 \end{pmatrix}$ der Ortsvektor eines Punktes auf der Geraden (auch Aufpunkt oder Stützvektor genannt) und $\vec{v}$ ein Vektor, der die Richtung der Geraden angibt. Mithilfe des Parameters λ erhält man alle Ortsvektoren der Punkte auf der Geraden, indem man zu $\begin{pmatrix} p_1 \\ p_2 \\ p_3 \end{pmatrix}$ (Ortsvektor des Punktes P) alle Vielfachen von $\vec{v}$ addiert.

GERADEN-
GLEICHUNG:

Abi047

GERADE DURCH
2 PUNKTE:

Abi048

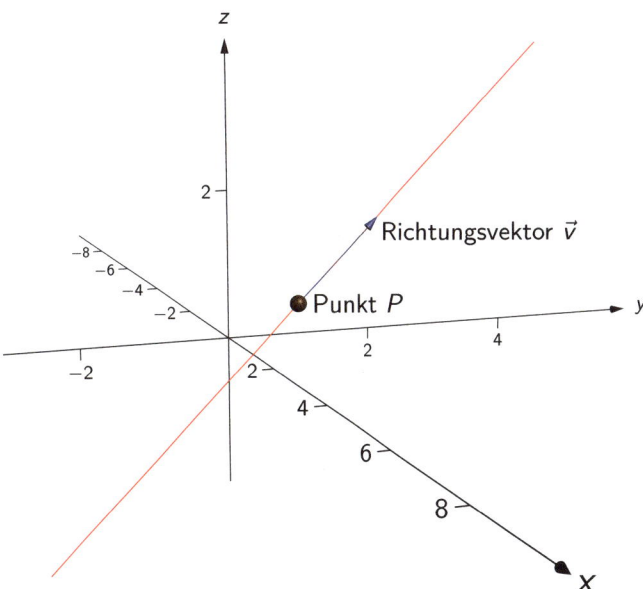

◢ Typische Aufgaben im Abitur

Ist im Abitur die Angabe einer Gerade gefragt, so ist damit in der Geometrie immer eine Parametergleichung gemeint. Aufgaben zu Geradengleichungen kommen, neben ihrer Reinform „Bestimmen Sie eine Gleichung der Geraden, die durch die Punkte A und B verläuft", in verschiedenen Sachzusammenhängen vor.

- Gegeben sind die Punkte A und B und C. Weisen Sie nach, dass der Punkt C auf der Geraden AB liegt.
- Begründen Sie, dass die Gerade AB parallel zur x_1-x_2-Ebene verläuft.
- Bestimmen Sie eine Gleichung der Symmetrieachse g des Dreiecks CDS.

> **So funktioniert's**
>
> *Gerade durch zwei Punkte*
>
> *Sind nur zwei Punkte A und B einer Gerade vorgegeben, so können Sie als Richtungsvektor den Verbindungsvektor von A nach B nehmen (Ortsvektor OA vom Ortsvektor OB subtrahieren).*

Das Wichtigste zum Auswendiglernen

◢ Parametergleichung einer allgemeinen Geraden

$$g : \vec{X} = \begin{pmatrix} p_1 \\ p_2 \\ p_3 \end{pmatrix} + \lambda \cdot \vec{v}, \quad \lambda \in \mathbb{R}.$$

Ebenengleichungen (Parameterform)

◢ Darum geht's

Ebenengleichungen in Parameterform bestehen aus drei Bausteinen, nämlich dem Ortsvektor eines Punktes P (auch Stützvektor genannt) auf der Ebene und zwei Richtungsvektoren $\vec{v}$ und $\vec{w}$ (auch Spannvektoren genannt) aus denen die Orientierung der Ebene im Raum hervorgeht. Eine Ebenengleichung in Parameterform sieht im Allgemeinen so aus:

$$E : \vec{X} = \overrightarrow{OP} + \lambda \cdot \vec{v} + \mu \cdot \vec{w},\, \lambda \in \mathbb{R},\, \mu \in \mathbb{R}$$

Für die Parameteter λ und μ können beliebige reelle Zahlen eingesetzt werden. Mit ihrer Hilfe erhält man alle Punkte auf der Ebene, die durch den Stützvektor und die Spannvektoren festgelegt wird.

PARAMETER-
FORM AUS
PUNKT UND
RICHTUNGS-
VEKTOREN:

Abi049

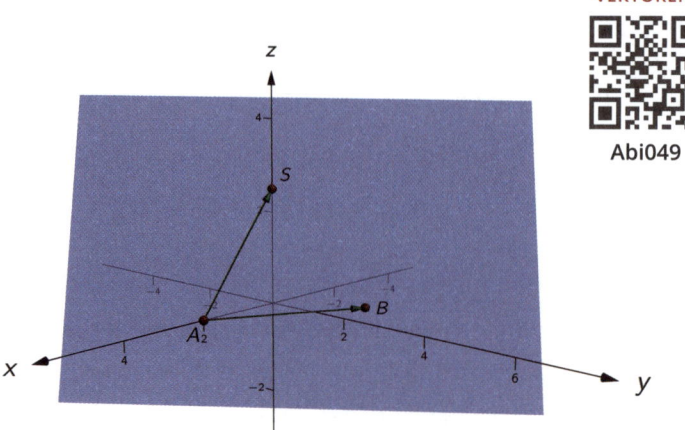

◢ Typische Aufgaben im Abitur

Im Abitur kommen Ebenengleichungen in zwei Varianten vor, nämlich in Parameterform und in Koordinatenform. Die Parameterform ist die anschaulichere Form, zum Rechnen ist sie eher ungeeignet, deshalb müssen in Parameterform gegebene Ebenen zum Weiterrechnen meistens in Koordinatenform umgewandelt werden.

- Ermitteln Sie eine Gleichung der Ebene, in der das Dreieck *ABC* liegt.
- Geben Sie jeweils eine Parameterform und eine Normalenform der Ebene *E* an.
- Leiten Sie eine Parametergleichung der Ebene *H* her, die die Punkte *O*, *P* und *Q* enthält.

So funktioniert's

Parametergleichung durch 3 Punkte aufstellen

Sind drei Punkte A, B und C einer Ebene vorgegeben, können Sie die beiden Spannvektoren bestimmen, indem Sie die Verbindungsvektoren $\overrightarrow{AB}$ und $\overrightarrow{AC}$ berechnen. Als Aufpunkt können Sie einen der drei Punkte frei wählen.

PARAMETER-
FORM AUS
3 PUNKTEN:

Abi050

Das Wichtigste zum Auswendiglernen

◢ Allgemeine Ebenengleichung in Parameterform

$$E : \vec{X} = \overrightarrow{OP} + \lambda \cdot \vec{v} + \mu \cdot \vec{w},\, \lambda \in \mathbb{R},\, \mu \in \mathbb{R}$$

Ebenengleichungen (Koordinatenform)

◢ Darum geht's

Eine weitere Darstellungsform für Ebenen ist, neben der Parameterform, eine Koordinatengleichung. Die Grundform einer Koordiantengleichung, die auch Normalenform genannt wird, sieht so aus: $E : ax + by + cz = d$. Dabei sind die Koeffizienten a, b und c die Koordianten eines Normalenvektors $\vec{n} = \begin{pmatrix} n_1 \\ n_2 \\ n_3 \end{pmatrix}$.

Ein Normalenvektor ist ein Vektor, der senkrecht auf der Ebene steht. Er ist senkrecht zu beiden Richtungsvektoren der Ebene und damit zu jeder Geraden, die in der Ebene verläuft.

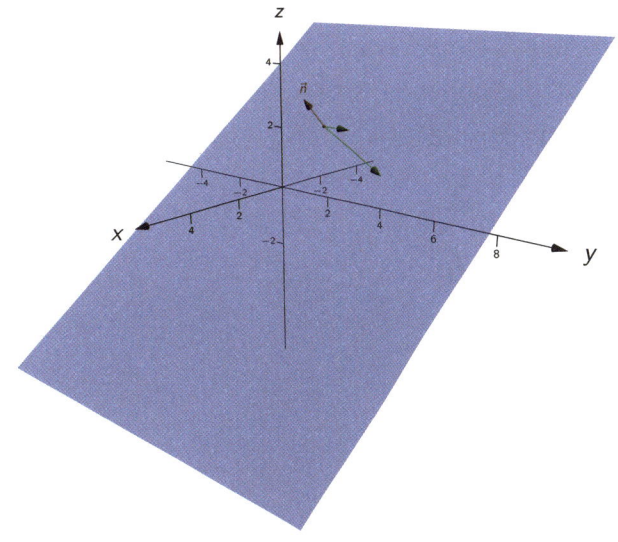

KOORDINATENGLEICHUNG AUS PUNKT UND NORMALENVEKTOR:

Abi055

KOORDINATENGLEICHUNG AUS PARAMETERGLEICHUNG:

Abi062

◢ Typische Aufgaben im Abitur

Ebenen kommen im Abitur am häufigsten in Koordinatenform vor. Sie sind zwar nicht so anschaulich wie Parametergleichungen, haben aber den Vorteil, dass man mit ihnen sehr leicht weiterrechnen kann. Ein Klassiker ist daher auch die Umwandlung einer Parametergleichung in eine Koordinatengleichung. Koordinatengleichungen eignen sich...

- zur Untersuchung von Lagebeziehungen, z. B. „Prüfen Sie, ob die Gerade g ganz in der Ebene E verläuft."
- für Abstandsberechnungen, z. B. „Berechnen Sie den Abstand des Punktes P von der Ebene E."
- zur Berechnung von Schnittwinkeln, z. B. „Zwei benachbarte Zeltwände schließen im Inneren einen stumpfen Winkel ein. Berechnen Sie die Größe dieses Winkels."

So funktioniert's

Normalenvektor einer Ebene ermitteln

Das Wichtigste zum Aufstellen einer Koordinatengleichung ist die Bestimmung eines Normalenvektors. Hat man zwei Richtungsvektoren gegeben, kann man den Normalenvektor entweder mithilfe des Kreuzprodukts oder mithilfe des Skalarprodukts ermitteln (Skalarprodukt der Richtungsvektoren mit dem Normalenvektor muss null ergeben).

Das Wichtigste zum Auswendiglernen

◢ Allgemeine Ebenengleichung in Koordinatenform

$E : ax + by + cz = d$ mit Normalenvektor $\vec{n} = \begin{pmatrix} a \\ b \\ c \end{pmatrix}$

Grundwissen

Vektorprodukt

◢ Darum geht's

Das Vektorprodukt zweier Vektoren $\vec{v}$ und $\vec{w}$, das auch Kreuzprodukt genannt wird, ist selbst wieder ein Vektor, der auf den anderen beiden senkrecht steht. Das bedeutet, dieser Vektor steht senkrecht auf der von den beiden Vektoren aufgespannten Ebene.

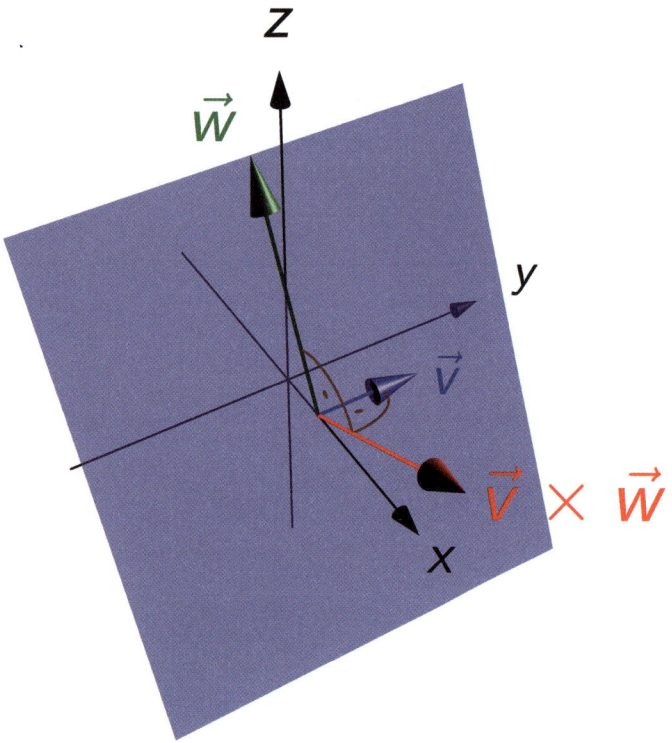

KREUZPRODUKT:

Abi060

So funktioniert's

Vektorprodukt zweier Vektoren berechnen

Schritt 1: Erste Komponente von v und w streichen und (links oben · rechts unten) − (links unten · rechts oben) rechnen

Schritt 2: Zweite Komponente von v und w streichen und (links unten · rechts oben) − (links oben · rechts unten) rechnen

Schritt 3: Dritte Komponente von v und w streichen und (links oben · rechts unten) − (links unten · rechts oben) rechnen

◢ Typische Aufgaben im Abitur

Das Vektorprodukt ist ein nützliches Hilfsmittel, das vor allem bei den folgenden Aufgabentypen Verwendung findet:

- Bestimmung eines Normalenvektors einer Ebene
- Umwandlung einer Ebene in Parameterform in Koordinatenform
- Abstandsberechnung bei windschiefen Geraden
- räumliche Flächen- und Volumenberechnungen

Tipp

Wenn Sie einen Vektor ermittelt haben, der senkrecht auf zwei vorgegebenen Vektoren steht, dann behält er diese Eigenschaft, wenn Sie ihn mit einer beliebigen reellen Zahl multiplizieren. Das können Sie ausnutzen, um spätere Berechnungen zu vereinfachen.

Das Wichtigste zum Auswendiglernen

◢ Berechnungsformel für das Vektorprodukt

Das Vektorprodukt zweier Vektoren $\vec{v} = \begin{pmatrix} v_1 \\ v_2 \\ v_3 \end{pmatrix}$ und $\vec{w} = \begin{pmatrix} w_1 \\ w_2 \\ w_3 \end{pmatrix}$: $\begin{pmatrix} v_1 \\ v_2 \\ v_3 \end{pmatrix} \times \begin{pmatrix} w_1 \\ w_2 \\ w_3 \end{pmatrix} = \begin{pmatrix} v_2 \cdot w_3 - v_3 \cdot w_2 \\ v_3 \cdot w_1 - v_1 \cdot w_3 \\ v_1 \cdot w_2 - v_2 \cdot w_1 \end{pmatrix}$

Lagebeziehungen

◢ Darum geht's

Untersucht man die Lagebeziehung von Punkten, Geraden und Ebenen,
können die folgenden Fälle auftreten.

LAGEBEZIE-
HUNGEN:

Krs17

◢ Lagebeziehung	◢ Fälle
Punkt und Gerade oder Ebene	Punkt liegt auf der Geraden / in der Ebene oder nicht.
Gerade und Gerade	Die Geraden sind identisch. Die Geraden sind parallel. Die Geraden schneiden sich in einem Punkt. Die Geraden sind windschief.
Gerade und Ebene	Die Gerade liegt in der Ebene. Die Gerade verläuft parallel zur Ebene. Die Gerade schneidet die Ebene in einem Punkt.
Ebene und Ebene	Die Ebenen sind identisch. Die Ebenen verlaufen parallel. Die Ebenen schneiden sich in einer Schnittgerade.

◢ Typische Aufgaben im Abitur

- Prüfen Sie, ob die Gerade g ganz in der Ebene E verläuft.
- In welchem Punkt schneidet die Gerade g die Ebene E?
- Prüfen Sie, ob sich die beiden Flugbahnen schneiden.
- Geben Sie die Schnittpunkte der Ebene mit der x_1-Achse an.

Tipp

Typische Sachzusammenhänge

Aufgaben zu Lagebeziehungen kommen neben ihren Reinformen in verschiedenen Sachzusammenhängen und oft in Kombination mit weiteren Teilaufgaben zu Abstandsberechnungen und Schnittwinkeln vor.

Das Wichtigste zum Auswendiglernen

Die folgende Tabelle gibt einen Überblick über die wichtigsten Methoden
zur Untersuchung von Lagebeziehungen.

◢ Lagebeziehung	◢ Methode
Punkte und Geraden oder Ebenen	Punktprobe
Geraden	Richtungsvektoren auf Kollinearität überprüfen
Geraden und Ebenen	Teilgleichungen der Gerade für x, y und z in die Ebenengleichung einsetzen
Ebene und Ebene	lineares Gleichungssystem oder Parametergleichung in Koordinatengleichung einsetzen

Grundwissen

Schnittpunkte und Schnittgeraden

◢ Darum geht's

Schnittmengen bestimmt man in der analytischen Geometrie in der Regel durch Gleichsetzen oder Einsetzen und dem Aufstellen und Lösen linearer Gleichungssysteme. Im Fall von zwei Geraden lässt sich der Schnittpunkt noch relativ einfach durch Gleichsetzen ermitteln. Sind Ebenen beteiligt, hängt die geeignete Methode zur Bestimmung des Schnittpunkts oder der Schnittgerade davon ab, in welcher Form die Ebenengleichung vorliegt.

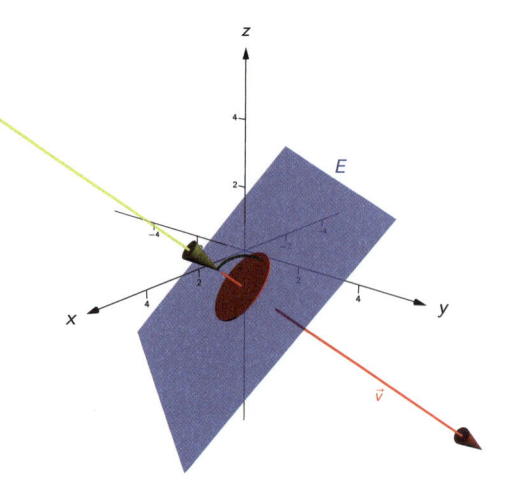

SCHNITT-
MENGEN:

Krs15

◢ Typische Aufgaben im Abitur

Aufgaben zu Schnittmengen können im Abitur in den folgenden Varianten vorkommen:

- Schnittpunkt zweier Geraden
- Schnittpunkt von Gerade und Ebene
- Schnittgerade zweier Ebenen

> **Tipp**
>
> *Üben Sie verschiedene Lösungsverfahren für die Schnittmengenbestimmung mit Ebenen.*
> *Oft legt die Form der vorgegebenen Gleichungen eine Variante nahe, z. B. wenn sich bei einem Gleichungssystem schnell ein Parameter oder eine Variable eliminieren lässt.*

Das Wichtigste zum Auswendiglernen

◢ Wichtige Methoden zur Bestimmung von Schnittmengen

◢ Schnittmenge	◢ Lösungsmethode
Gerade - Gerade	1. Geradengleichungen gleichsetzen 2. Parameter über lineares Gleichungssystem berechnen 3. Koordinaten des Schnittpunkts bestimmen
Gerade - Ebene	1. Teilgleichungen für x, y und z einsetzen 2. Parameterwert in Geradengleichung einsetzen 3. Koordinaten des Schnittpunkts berechnen

Ebene - Ebene	1. Ebenengleichungen umwandeln
	   (eine in Koordinatenform und eine in Parameterform)
	2. Parametergleichung in Koordinatengleichung einsetzen
	3. einen Parameter durch den anderen ausdrücken
	4. Ausdruck in die Parametergleichung einsetzen
	   und Schnittgerade bestimmen

Abstandsberechnungen

Grundwissen

◢ Darum geht's

Berechnet man Abstände im Raum, so lassen sich typische Fälle auf die Berechnung der Länge eines Verbindungsvektors zurückführen. Der Abstand zweier Punkte ist dabei der einfachste Fall. Etwas schwieriger ist die Abstandsbestimmung eines Punktes zu einer Geraden, weil hier im ersten Schritt genau der Geradenpunkt ermittelt werden muss, der dem Punkt am nächsten liegt. Wieder einfacher sind Abstandsberechnungen mit Ebenen, denn deren Hesse'sche Normalform eignet sich bestens zur Berechnung von Abständen.

◢ Typische Aufgaben im Abitur

- Die Positionen zweier U-Boote sind gegeben durch die Punkte A und B. Wie weit sind die Boote voneinander entfernt?
- Weisen Sie nach, dass der Hubschrauber mit einem konstanten Abstand von 50 m zum Hang fliegt.
- Bestimmen Sie alle Punkte der x_3-Achse, die von E den Abstand 3 haben.

> **Tipp**
>
> **Hesse'sche Normalform einer Ebene**
>
> Sie erhalten die Hesse'sche Normalform einer Ebene, indem Sie die Koordinatengleichung der Ebene durch die Länge des Normalenvektors teilen.

> **Tipp**
>
> **Typische Sachzusammenhänge**
>
> Oft stehen Fragestellungen zu Abständen in verschiedenen Sachzusammenhängen, auf die das mathematische Modell übertragen werden muss. Lesen Sie die Aufgabenstellung gut durch, um herauszufinden, was gemeint ist.

Das Wichtigste zum Auswendiglernen

Die folgende Tabelle gibt einen Überblick über die wichtigsten Methoden zum Thema Abstände berechnen.

◢ Abstand zwischen	◢ Methode
zwei Punkten	Länge des Verbindungsvektors berechnen
Punkt und Gerade	1. nächstliegenden Geradenpunkt ermitteln 2. Länge des Verbindungsvektors berechnen
Punkt und Ebene	1. Ebenengleichung in Hesse'sche Normalform umwandeln 2. Punktkoordinaten einsetzen
zwei parallelen Geraden	Abstand zweier beliebiger Geradenpunkte berechnen
Gerade und Ebene (parallel)	beliebigen Geradenpunkt in die Hesse'sche Normalform der Ebene einstzen
zwei parallelen Ebenen	beliebigen Ebenenpunkt der einen in die Hesse'sche Normalform der anderen einsetzen

Schnittwinkel

◢ Darum geht's

Schnittwinkel können im dreidimensionalen Raum zwischen zwei Geraden oder zwei Ebenen und zwischen einer Gerade und einer Ebene bestimmt werden. Grundsätzlich laufen typische Fälle auf die Berechnung eines Winkels zwischen zwei Vektoren hinaus. Dabei werden Geraden jeweils durch ihre Richtungsvektoren und Ebenen durch ihre Normalenvektoren reduziert. Ein Sonderfall ist der Schnittwinkel zwischen einer Gerade und einer Ebene. Dieser wird nicht über den Kosinus, sondern über den Sinus bestimmt.

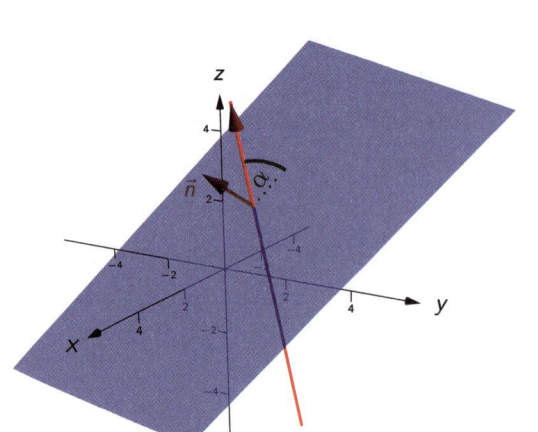

SCHNITTWINKEL GERADE-EBENE (KOORDINATENFORM):

Abi089

SCHNITTWINKEL ZWEIER EBENEN (KOORDINATENFORM):

Abi094

◢ Typische Aufgaben im Abitur

Oft treten Fragestellungen zu Schnittwinkeln in längeren Textaufgaben in Kombination mit Aufgaben zu Abstands- und Längenberechnungen auf.

- Berechnen Sie den Winkel, den die Gerade g mit der Ebene E einschließt.
- Jeweils zwei benachbarte Zeltwände schließen im Inneren des Zelts einen stumpfen Winkel ein. Ermitteln Sie die Größe dieses Winkels.
- Bestimmen Sie die Größe des Winkels zwischen den Seitenflächen der Pyramide.

> **Tipp**
>
> **Formel für den Winkel zwischen Vektoren**
>
> $$\cos\left(\sphericalangle(\vec{v},\vec{w})\right) = \frac{\vec{v} \circ \vec{w}}{|\vec{v}| \cdot |\vec{w}|}$$

WINKEL ZWISCHEN VEKTOREN:

Abi054

Das Wichtigste zum Auswendiglernen

Die folgende Tabelle gibt einen Überblick über die wichtigsten Methoden zur Berechnung von Schnittwinkeln.

◢ Schnittwinkel	◢ Methode
zweier Geraden	Winkel zwischen den Richtungsvektoren berechnen
zweier Ebenen	Winkel zwischen den Normalenvektoren berechnen
von Gerade und Ebene	90° minus Winkel zwischen Richtungsvektor und Normalenvektor oder über den Sinus

Grundwissen

Rechnen mit Matrizen

◢ Darum geht's

Eine $m \times n$-Matrix ist eine Anordnung von Zahlen in m Zeilen und n Spalten. Damit lässt sich ein kompliziertes lineares Gleichungssystem kürzer und übersichtlicher schreiben:

$$
\left.
\begin{aligned}
a_{11} \cdot x_1 + a_{12} \cdot x_2 + a_{13} \cdot x_3 &= b_1 \\
a_{21} \cdot x_1 + a_{22} \cdot x_2 + a_{23} \cdot x_3 &= b_2 \\
a_{31} \cdot x_1 + a_{32} \cdot x_2 + a_{33} \cdot x_3 &= b_3
\end{aligned}
\right\}
\rightarrow
\begin{pmatrix}
a_{11} & a_{12} & a_{13} \\
a_{21} & a_{22} & a_{23} \\
a_{31} & a_{32} & a_{33}
\end{pmatrix}
\cdot
\begin{pmatrix}
x_1 \\ x_2 \\ x_3
\end{pmatrix}
=
\begin{pmatrix}
b_1 \\ b_2 \\ b_3
\end{pmatrix}
$$

(vor allem, wenn man mehr als 3 Unbekannte und mehr als 3 Gleichungen hat).

Matrizen lassen sich addieren, subtrahieren und multiplizieren. Die Multiplikation einer Matrix mit einem Spaltenvektor (also einer $n \times 1$-Matrix) ergibt wieder einen Spaltenvektor der gleichen Dimension, dass ist der wichtigste Fall im Abitur.

◢ Typische Aufgaben im Abitur

Im Abitur wird von den Rechenarten mit Matrizen hauptsächlich die sogennannte Matrix-Vektor-Multiplikation benötigt.
Damit können Sie...

- die Bildpunkte einer affinen Abbildung berechnen (wichtig bei Fragen zur geometrischen Bedeutung von Matrizen)
- Zustandsvektoren mit Übergangsmatrizen transformieren
- Eigenvektoren einer Matrix bestimmen

MATRIX-VEKTOR-MULTIPLIKATION (DIMENSION 2):

Abi100

EIGENVEKTOREN (DIMENSION 3):

Abi105

> **Regel**
>
> ***Rechnen mit Matrizen***
>
> *Matrizen lassen sich nur addieren und subtrahieren, wenn sie die gleiche Anzahl an Zeilen und Spalten haben.*
> *Eine Matrix kann nur mit einem Vektor multipliziert werden, der genauso viele Einträge wie die Matrix Spalten hat.*

> **Tipp**
>
> ***Eigenvektoren einer Matrix***
>
> *Als Eigenvektoren einer Matrix bezeichnet man Vektoren, deren Richtung sich bei der Multiplikation mit der Matrix nicht ändert.*
> *Die Matrixmultiplikation entspricht rechnerisch der Multiplikation des Vektors mit einer Zahl ($\neq 0$) und geometrisch einer Streckung oder Stauchung (Änderung der Länge).*

Das Wichtigste zum Auswendiglernen

◢ Wichtige Rechenregeln für Matrizen

◢ Rechenoperation	◢ Methode	◢ Beispiel
Addition und Subtraktion	komponentenweise addieren bzw. subtrahieren	$\begin{pmatrix} 3 & 4 \\ 2 & 1 \end{pmatrix} + \begin{pmatrix} 2 & 1 \\ 6 & 3 \end{pmatrix} = \begin{pmatrix} 5 & 5 \\ 8 & 4 \end{pmatrix}$
Multiplikation mit einer Zahl	jeden Matrixeintrag mit der Zahl multiplizieren	$2 \cdot \begin{pmatrix} 3 & 4 \\ 2 & 1 \end{pmatrix} = \begin{pmatrix} 6 & 8 \\ 4 & 2 \end{pmatrix}$
Multiplikation mit einem Vektor	Skalarprodukte der Matrixzeilen mit dem Vektor bilden	$\begin{pmatrix} 3 & 4 \\ 2 & 1 \end{pmatrix} \begin{pmatrix} 2 \\ 3 \end{pmatrix} = \begin{pmatrix} 18 \\ 7 \end{pmatrix}$

Übergangsmatrizen

◢ Darum geht's

Mit Übergangsmatrizen lassen sich zum einen Prozesse darstellen, bei denen die Verteilung einer Menge von Personen oder Objekten unter endlich vielen Zuständen oder Kategorien wechselt. Dabei entspricht jeder Matrixeintrag einer Übergangsrate von einem Zustand in einen anderen. Zum anderen modelliert man damit die Entwicklung von Anteilen oder Wahrscheinlichkeiten.

Typische Sachzusammenhänge, die durch Übergangsmatrizen dargestellt werden, sind

- Populationsentwicklungen, z. B. von Vögeln mit 3 Zuständen: Küken, Jungvögel und Altvögel
- Produktionsprozesse, z. B. mit 3 Zuständen: Rohmaterialien, Zwischenprodukte und Endprodukte
- Austauschprozesse, z. B. Marktanteile von verschiedenen Produkten einer Kategorie.

MATRIX AUS ÜBERGANGSDIAGRAMM:

Abi107

> **Tipp**
>
> *Ein Zustandsvektor beschreibt, wie viele Personen / Objekte sich gerade in den verschiedenen Zuständen befinden.*
> *Ein Verteilungsvektor gibt an, welche Anteile die verschiedenen Alternativen haben.*
> *Bei jedem Übergang kann sich die Verteilung auf die verschiedenen Zustände bzw. die Anteile ändern. Der neue Zustands- bzw. Verteilungsvektor errechnet sich durch Multiplikation der Übergangsmatrix mit dem alten Zustands- bzw. Verteilungsvektor.*

◢ Typische Aufgaben im Abitur

In typischen Abituraufgaben müssen Sie Matrizen ergänzen, Matrixeinträge im Sachzusammenhang interpretieren oder eine Übergangsmatrix auf Basis eines Übergangsdiagramms erstellen und umgekehrt.

- Erklären Sie im Sachzusammenhang die Einträge mit dem Wert Null in der zweiten Spalte der Matrix M.
- Berechnen Sie die Verteilung auf die drei Altersstufen in der Population für das nächste Jahr.
- Ermitteln Sie die Anzahlen an Küken, Jungvögeln und Altvögeln im Beobachtungsgebiet im Jahr zuvor.

Das Wichtigste zum Auswendiglernen

◢ Ergebnisse für den nächsten Betrachtungszeitraum berechnen

$$\begin{array}{cc} & \text{von:}\quad K\ \ J\ \ \ A \\ \text{nach:} & \\ \begin{array}{c} K \\ J \\ A \end{array} & M = \begin{pmatrix} 0 & 1 & 4 \\ 1 & 0 & 0 \\ 0 & 1 & 0{,}6 \end{pmatrix} \end{array} \qquad \begin{pmatrix} 0 & 1 & 4 \\ 1 & 0 & 0 \\ 0 & 1 & 0{,}6 \end{pmatrix} \cdot \begin{pmatrix} K \\ J \\ A \end{pmatrix} = \begin{pmatrix} K' \\ J' \\ A' \end{pmatrix}$$

aktuelle   Verteilung beim
Verteilung   nächsten Mal

Grundwissen

Übergangsdiagramme

◢ Darum geht's

Mit Übergangsdiagrammen lassen sich die Übergangsraten zwischen
verschiedenen Zuständen graphisch darstellen. Sie stellen anschaulich die
Information einer Übergangsmatrix dar.

In einem Übergangsdiagramm werden die Zustände durch beschriftete
Knotenpunkte dargestellt und die Übergänge zwischen den Zuständen
durch Pfeile, die wiederum mit den zugehörigen Übergangsraten bzw.
-wahrscheinlichkeiten beschriftet sind.

ÜBERGANGS-
DIAGRAMM
AUS MATRIX:

Abi108

$$
\begin{array}{c}
\quad\quad\text{von: K } \text{ J } \text{ A} \\
\text{nach:} \\
\begin{array}{c} \text{K} \\ \text{J} \\ \text{A} \end{array}
\ M =
\begin{pmatrix}
0 & 1 & 4 \\
1 & 0 & 0 \\
0 & 1 & 0{,}6
\end{pmatrix}
\end{array}
$$

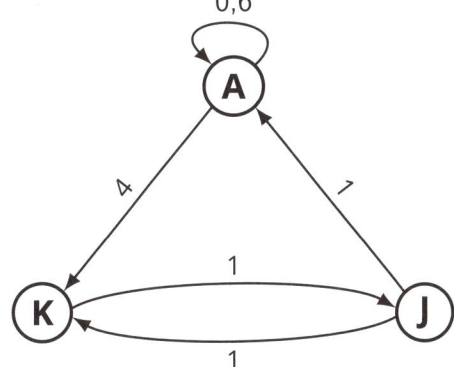

> **Tipp**
>
> *Dort, wo die Übergangsrate null ist,
> müssen Sie keinen Pfeil einzeichnen.*

◢ Typische Aufgaben im Abitur

Die Umwandlung einer Übergangsmatrix in ein Übergangsdiagramm ist
eine Standardaufgabe der Linearen Algebra.

Typische Sachzusammenhänge sind:

- Populationsentwicklungen, z. B. von Welpen über Jungtiere zu
  ausgewachsenen Tieren
- Produktionsprozesse mit Ausgangsprodukten, Zwischenprodukten und
  Endprodukten
- Austauschprozesse, z. B. Anbieterwechsel durch Kunden

> **Tipp**
>
> *Damit das Übergangsdiagramm
> übersichtlich wird, müssen alle
> Zustände so angeordnet werden,
> dass sich die Übergangspfeile nicht
> durchkreuzen.*

Das Wichtigste zum Auswendiglernen

◢ Eine Übergangsmatrix zeichnen

Schritt 1: Mögliche Zustände notieren und anordnen

Schritt 2: Einträge der Matrix einzeln durchgehen

Schritt 3: Übergangspfeile mit Beschriftung eintragen

Grundformeln der Kombinatorik

◢ Darum geht's

Gegenstand der Kombinatorik ist das geschickte Zählen. Die folgenden drei Grundformeln werden dabei häufig verwendet. Man berechnet mit ihnen die Anzahl der Möglichkeiten beim…

- Anordnen von *n* unterscheidbaren Objekten (Permutation)
- *k*-maligen Ziehen *mit* Zurücklegen aus einer Urne mit *n* unterscheidbaren Kugeln unter Beachtung der Reihenfolge
- *k*-maligen Ziehen *ohne* Zurücklegen aus einer Urne mit *n* unterscheidbaren Kugeln *ohne* Beachtung der Reihenfolge

ZIEHEN MIT ZURÜCKLEGEN:

Abi114

ZIEHEN OHNE ZURÜCKLEGEN:

Abi115

PERMUTATIONEN:

Abi116

◢ Typische Aufgaben im Abitur

Klassiker der Kombinatorik sind Urnenmodelle, Glücksradaufgaben und Münzwürfe. Hier kommt es darauf an, aus der Aufgabenstellung die Verwendung der richtigen Formel abzuleiten.

- An einem Fußballturnier nehmen 16 Mannschaften teil. Wie viele Endspielkombinationen sind möglich?
- Mit welcher Wahrscheinlichkeit erhält man bei 3 Würfen mit einem idealen Würfel jedes Mal eine 1?
- Aus einem 20-köpfigen Chor werden vier Solisten ausgewählt. Wie viele Möglichkeiten gibt es für die Zusammensetzung der Solisten?

> **Tipp**
>
> *Die folgenden Fragen helfen Ihnen, bei Kombinatorik-Aufgaben schnell die richtige Formel auszuwählen:*
>
> 1. *Welche Objekte müssen gezählt werden und zwischen welchen Objekten wird unterschieden?*
> 2. *Kann dasselbe Objekt mehrfach gezählt werden?*
> 3. *Spielt die Reihenfolge der gewählten Objekte eine Rolle?*

Das Wichtigste zum Auswendiglernen

◢ Kombinatorische Formeln im Überblick

◢ Fall	◢ Formel
Anzahl möglicher Anordnungen von *n* unterscheidbaren Objekten	*n*! (sprich „*n* Fakultät": Produkt aller natürlichen Zahlen von 1 bis *n*)
Ziehen mit Zurücklegen	n^k (*k*-maliges Ziehen mit *n* möglichen Ausgängen)
Ziehen ohne Zurücklegen	$\binom{n}{k}$ (Binomialkoeffizient, sprich „*k* aus *n*" oder „*n* über *k*")

Baumdiagramme

◢ Darum geht's

Baumdiagramme sind Hilfsmittel, um mehrstufige Zufallsexperimente graphisch zu veranschaulichen. Außerdem lassen sich die möglichen Ergebnisse/Ausgänge des Zufallsexperiments und deren Wahrscheinlichkeiten mithilfe der Pfadregeln ermitteln.

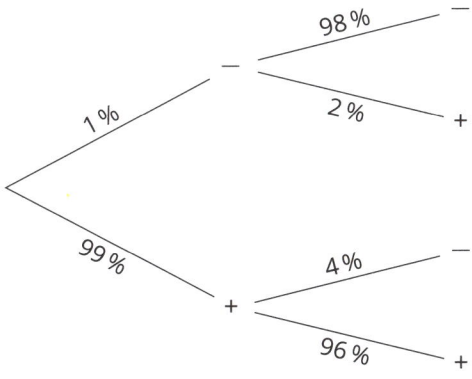

1. Pfadregel: 2. Pfadregel:

Abi118   Abi119

> **So funktioniert's**
>
> ***Baumdiagramm erstellen***
>
> *Die folgenden Schritte helfen Ihnen, ein Baumdiagramm möglichst schnell zu erstellen.*
>
> *Schritt 1: Stufen festlegen*
>
> *Schritt 2: mögliche Ausgänge bei jeder Stufe notieren*
>
> *Schritt 3: Pfadwahrscheinlichkeiten eintragen*

◢ Typische Aufgaben im Abitur

Oft wird die Erstellung eines Baumdiagramms im Abitur direkt gefordert („Erstellen Sie zu dem beschriebenen Sachzusammenhang ein beschriftetes Baumdiagramm"). Aber auch wenn die Erstellung nicht direkt gefordert ist, kann die schnelle Skizze eines Baumdiagramms helfen, die Aufgabenstellung zu verdeutlichen und sich einen Überblick über die Zusammenhänge zu verschaffen. Typische Aufgaben mit Baumdiagrammen sind:

- mehrmaliges Ziehen von Kugeln aus einer Urne
- Wahlen in mehreren Wahlgängen
- mehrmaliger Münzwurf

> **Tipp**
>
> *Voraussetzung für die Erstellung eines Baumdiagramms ist, dass die Verzweigungen überschaubar sind. Bei mehr als vierstufigen Zufallsexperimenten wird ein Baumdiagramm schnell zu aufwändig und unübersichtlich.*

Das Wichtigste zum Auswendiglernen

◢ Pfadregeln

◢ Regel	◢ Bedeutung
1. Pfadregel Pfadmultiplikationsregel	Die Wahrscheinlichkeit eines Pfades in einem Baumdiagramm ist gleich dem Produkt aller Wahrscheinlichkeiten entlang des Pfades.
2. Pfadregel Pfadadditionsregel	Die Wahrscheinlichkeit eines Ereignisses, das aus einem oder mehreren Pfaden eines Baumdiagramms besteht, ist die Summe der zugehörigen Pfadwahrscheinlichkeiten.

Grundwissen

Stochastische Unabhängigkeit

◢ Darum geht's

Bei der Frage nach der stochastischen Unabhängigkeit zweier Ereignisse wird untersucht, ob die Wahrscheinlichkeit des einen Ereignisses vom Eintreten des jeweils anderen Ereignisses abhängt bzw. nicht abhängt. Anders formuliert: **A** und **B** sind stochastisch *abhängig*, wenn das Eintreten von **B** die Wahrscheinlichkeit von **A** beeinflusst.

Praktisch heißt das: Wenn man zum Beispiel weiß, dass Frauen lieber Fruchteis kaufen und Männer Milcheis bevorzugen, ist die Wahrscheinlichkeit groß, dass eine zufällig ausgewählte Person, die gerade Zitroneneis gekauft hat, eine Frau ist.

Für die Prüfung auf stochastische Unabhängigkeit gibt es eine feste Formel: $P(\mathbf{A} \cap \mathbf{B}) = P(\mathbf{A}) \cdot P(\mathbf{B})$

◢ Typische Aufgaben im Abitur

Aufgaben zur stochastischen Unabhängigkeit kommen im Abitur immer wieder dran. Dabei wird entweder gefordert, dass Sie die stochastische Unabhängigkeit zweier Ereignisse prüfen bzw. nachweisen oder die stochastische Unabhängigkeit wird als Bedingung bereits in der Aufgabenstellung vorgegeben und hat Auswirkungen auf den Lösungsansatz.

- Untersuchen Sie, ob die beiden Ereignisse A und B stochastisch unabhängig sind.
- Begründen Sie, dass die Ereignisse E_1 und E_2 stochastisch abhängig sind.
- Die Ereignisse A und B sind jeweils voneinander unabhängig. Ergänzen Sie die folgende Vierfeldertafel.
- Untersuchen Sie, ob aufgrund der Umfrage bei einer Vorliebe für Süßes auf das Geschlecht geschlossen werden kann.

STOCHASTISCHE UNABHÄN-GIGKEIT:

Abi124

> **Tipp**
>
> *Ausgesprochen bedeutet die Formel: Zwei Ereignisse sind stochastisch unabhängig, wenn die Und-Verknüpfung der beiden Ereignisse genauso wahrscheinlich ist wie die multiplizierten Einzelwahrscheinlichkeiten.*

Das Wichtigste zum Auswendiglernen

◢ Formel für die stochastische Unabhängigkeit

Zwei Ereignisse **A** und **B** heißen stochastisch unabhängig, wenn gilt:

$P(\mathbf{A} \cap \mathbf{B}) = P(\mathbf{A}) \cdot P(\mathbf{B})$.

Ansonsten sind sie stochastisch abhängig.

Grundwissen

Bedingte Wahrscheinlichkeit

◢ Darum geht's

Bedingte Wahrscheinlichkeiten verknüpfen zwei Ereignisse miteinander. Die bedingte Wahrscheinlichkeit von *A* unter der Bedingung *B* gibt an, wie wahrscheinlich *A* ist, wenn *B* schon sicher eingetreten ist. Sie lassen sich mit einer festen Formel berechnen:

$$P(A|B) = \frac{P(A \cap B)}{P(B)}.$$

Bedingte Wahrscheinlichkeiten lassen sich gut mithilfe einer Vierfeldertafel oder auch eines Baumdiagramms veranschaulichen:

BEDINGTE
WAHRSCHEIN-
LICHKEIT:

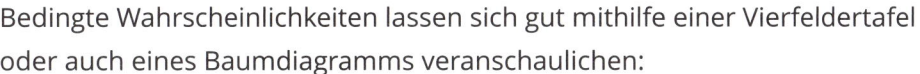

Abi125

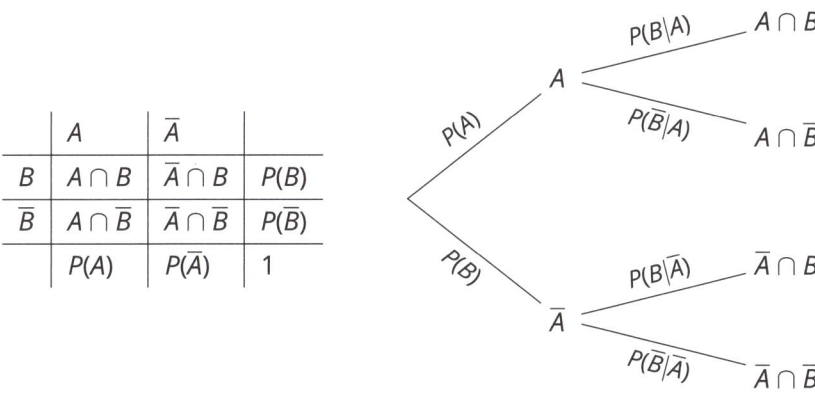

> **Tipp**
>
> $P(A|B)$ wird „bedingte Wahrscheinlichkeit von A, vorausgesetzt B" gelesen. Andere Schreibweise: $P_B(A)$.

◢ Typische Aufgaben im Abitur

Bedingte Wahrscheinlichkeiten gehören zum Standardprogramm bei Stochastik-Aufgaben im Abitur. Typische Sachzusammenhänge für bedingte Wahrscheinlichkeiten sind:

- Produktionsverfahren und Ausschussquoten
- Vorlieben in Abhängigkeit von Geschlecht, Altersgruppen etc.
- Wahlumfragen
- medizinische Testverfahren (Unverträglichkeiten)

> **Tipp**
>
> **Bedingte Wahrscheinlichkeit und stochastische Unabhängigkeit**
>
> Wenn schon bekannt ist, dass zwei Ereignisse stochastisch unabhängig sind, so lässt sich $P(A \cap B)$ zu $P(A) \cdot P(B)$ vereinfachen. In diesem Fall ergibt sich:
> $$P(A|B) = \frac{P(A) \cdot P(B)}{P(B)} = P(A).$$

Das Wichtigste zum Auswendiglernen

◢ Formel für die bedingte Wahrscheinlichkeit

$$P(A|B) = \frac{P(A \cap B)}{P(B)}$$

Dabei ist $P(A|B)$ die bedingte Wahrscheinlichkeit des Ereignisses *A* unter der Bedingung, dass das Ereignis *B* eintritt. Eine andere Schreibweise für $P(A|B)$ ist $P_B(A)$.

Grundwissen

Bernoulli-Ketten

◢ Darum geht's

Bernoulli-Ketten und die Binomialverteilung gehören zu einem der wichtigsten Themenkomplexe in der Stochastik der Oberstufe und auch im Abitur. Bernoulli-Experimente sind Zufallsexperimente mit genau zwei möglichen Ergebnissen (Treffer, Erfolg oder Niete, Misserfolg).

BERNOULLI-
FORMEL:

Abi120

Wird dieses Zufallsexperiment mehrfach unabhängig voneinander durchgeführt, spricht man von einer Bernoulli-Kette. Die Anzahl der Durchführungen des Einzelexperiments wird üblicherweise mit n bezeichnet und die Anzahl der Treffer mit k. Welche Trefferzahl k mit welcher Wahrscheinlichkeit eintritt, ist gegeben durch die sogenannte Bernoulli-Formel. Die dadurch beschriebene Wahrscheinlichkeitsverteilung heißt Binomialverteilung.

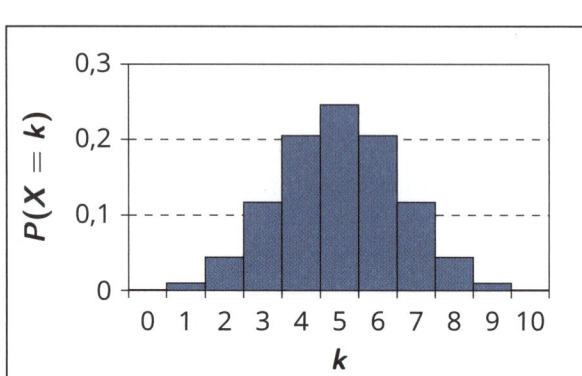

◢ Typische Aufgaben im Abitur

Aufgaben zu Bernoulli-Ketten werden sehr oft gestellt, typischerweise in den folgenden Zusammenhängen:

- Warenproduktion mit vorgegebener Ausschussquote
- Wähler-Umfrage bei vorgegebener Verteilung der Stimmen

Die drei häufigsten Fragestellungen zum Thema „Binomialverteilung" sind:

„Berechnen Sie die Wahrscheinlichkeit, dass...

- *genau k* Treffer eintreten" → Bernoulli-Formel
- *höchstens k* Treffer eintreten" → kumulierte Binomialverteilung: GTR oder stochastische Tabellen
- *mindestens k* Treffer eintreten" → kumulierte Binomialverteilung mit GTR oder Tabellen + Formel für die Gegenwahrscheinlichkeit

> **Tipp**
>
> *Kumulierte Wahrscheinlichkeiten berechnen*
>
> *Um kumulierte Wahrscheinlichkeiten einer Binomialverteilung zu berechnen, benötigen Sie ein stochastisches Tafelwerk oder einen GTR.*

KUMULIERTE
BINOMIAL-
VERTEILUNG
(TABELLEN):

KUMULIERTE
BINOMIALVER-
TEILUNG (GTR):

Abi121   Abi122

Das Wichtigste zum Auswendiglernen

◢ Formel von Bernoulli

Für die Wahrscheinlichkeit, dass bei einer Bernoulli-Kette der Länge n mit Trefferwahrscheinlichkeit p genau k Treffer eintreten, gibt es eine feste Formel, die Sie für das Abitur unbedingt benötigen:

$$P(\text{genau } k \text{ Treffer}) = \binom{n}{k} p^k (1-p)^{n-k}$$

Erwartungswert einer Zufallsgröße

◢ Darum geht's

Der Erwartungswert ist ein wichtiger Begriff in der Stochastik.
Mit ihm beschreibt man die Zahl, die eine Zufallsgröße bei mehrfacher
Durchführung eines Experiments im Mittel annimmt.
Die folgende Tabelle zeigt die Wahrscheinlichkeitsverteilung einer
Zufallsgröße X:

x	200	500	1000
$P(X = x)$	0,1	0,05	0,01

Um den Erwartungswert zu berechnen, wird die Anzahl der
Durchführungen mit der Wahrscheinlichkeit des Einzelereignisses
multipliziert.

$E(X) = 200 \cdot 0{,}1 + 500 \cdot 0{,}05 + 1000 \cdot 0{,}01 = 55$

◢ Typische Aufgaben im Abitur

Der Klassiker bei Aufgaben zum Erwartungswert sind
Glücksspielaufgaben aller Art: Glücksräder, Lostöpfe mit Nieten und
Gewinnen und Gewinnspielautomaten. Neben dem Erwartungswert
muss oft noch bestimmt werden, ob ein Spiel „fair" ist.

- Bei einem Gewinnspiel gibt es folgende Geldpreise... Wie hoch
  ist der durchschnittliche Gewinn?
- Finden Sie heraus, welcher Betrag auf lange Sicht im Mittel
  ausbezahlt wird.
- Beurteilen Sie, ob der Anbieter bei diesem Spiel auf lange Sicht
  mit Gewinn rechnen kann.

ERWAR-
TUNGSWERT:

Abi126

Tipp

*Die Tabelle stellt den folgenden
Sachverhalt dar:*

*Bei einem Gewinnspiel gibt es Geld-
preise in Höhe von 1000 €, 500 €
und 200 €. Die Gewinnwahrschein-
lichkeit für 1000 € liegt bei 1 %, die
für 500 € bei 5 % und die für 200 €
bei 10 %.
Der durchschnittliche Gewinn in
Euro ist der Erwartungswert von X.*

Regel

*Ein Spiel ist genau dann fair, wenn
E(X) = 0 ist.*

Das Wichtigste zum Auswendiglernen

◢ Formel für den Erwartungswert einer Zufallsgröße

Die Formel für den Erwartungswert einer Zufallsvariable, die endlich viele Werte
$k_1, \ldots, k_n$ mit Wahrscheinlichkeiten $p_1, \ldots, p_n$ annimmt, lautet:

$$E(X) = \sum_{i=1}^{n} k_i P(X = k_i) = \sum_{i=1}^{n} k_i p_i = k_1 p_1 + \cdots + k_n p_n$$

◢ Erwartungswert bei einer Binomialverteilung

Erwartungswert einer Bernoulli-Kette Y mit Parametern n und p:

$E(Y) = n \cdot p$.

Varianz und Standardabweichung

◢ Darum geht's

Varianz und Standardabweichung sind Maße für die Streuung der Werte einer Zufallsvariablen. Sie messen, wie stark die Werte im Schnitt schwanken. Die Varianz ist die mittlere quadratische Abweichung der Datenreihe von ihrem Mittelwert.

Die Standardabweichung der Zufallsvariable X wird mit $\sigma(X)$ bezeichnet und gibt die Streuung der Einzeldaten um den Mittelwert an. Die Standardabweichung kann zum Beispiel Aufschluss darüber geben, wie aussagekräftig ein Durchschnittswert ist, denn sie wird in der gleichen Einheit wie die Werte der Zufallsgröße angegeben.

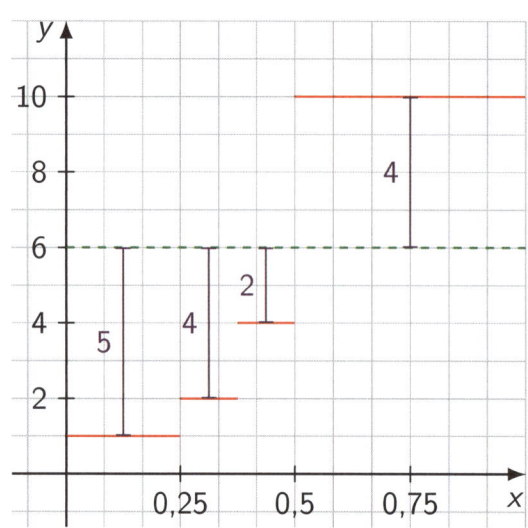

STANDARDAB-
WEICHUNG:

Abi128

◢ Typische Aufgaben im Abitur

Im Abitur können zwei Formeln für jeweils die Varianz und die Standardabweichung vorkommen. Eine davon gilt jeweils für beliebige Zufallsvariablen, die andere speziell für binomialverteilte Zufallsvariablen.

- Geben Sie die Wahrscheinlichkeitsverteilung an und berechnen Sie den Erwartungswert und die Standardabweichung.
- Bestimmen Sie die Wahrscheinlichkeit, dass die Zufallsgröße X einen Wert annimmt, der von ihrem Erwartungswert höchstens um eine Standardabweichung abweicht.

> **Tipp**
>
> *Hat man einen Wert berechnet, kann man den anderen ganz leicht bestimmen, indem man das Ergebnis quadriert (von der Standardabweichung zur Varianz) oder die Wurzel zieht (von der Varianz zur Standardabweichung). Anders ausgedrückt:*
>
> $$\sigma(X) = \sqrt{\mathrm{Var}(X)}$$

Das Wichtigste zum Auswendiglernen

◢ Formeln für Varianz und Standardabweichung

◢ für	◢ eine beliebige Zufallsvariable Z mit Werten $w_1, w_2, \ldots, w_n$	◢ eine binomialverteilte Zufallsgröße X
Varianz	$\mathrm{Var}(X) = \displaystyle\sum_{i=1}^{n} \left(w_i - E(Z)\right)^2 \cdot P(Z = w_i)$	$\mathrm{Var}(X) = n \cdot p \cdot (1 - p)$
Standard-abweichung	$\sigma(Z) = \sqrt{\displaystyle\sum_{i=1}^{n} \left(w_i - E(Z)\right)^2 \cdot P(Z = w_i)}$	$\sigma(X) = \sqrt{n \cdot p \cdot (1 - p)}$

Hypothesentests

◢ Darum geht's

Hypothesentests werden durchgeführt, um vermutete oder behauptete Wahrscheinlichkeiten anhand erhobener Daten zu beurteilen. Klassischerweise hat man eine Binomialverteilung mit unbekannter Trefferwahrscheinlichkeit p und die Vermutung / Behauptung lautet z. B. $p \geqslant 0{,}5$. Wenn man die Wahrscheinlichkeit einer irrtümlichen Annahme der Vermutung begrenzen will, so wählt man als Nullhypothese das Gegenteil, also $p < 0{,}5$. Will man eine irrtümliche Ablehnung vermeiden, so wählt man die Nullhypothese $p \geqslant 0{,}5$. Es soll anhand einer Stichprobe entschieden werden, ob diese Nullhypothese abzulehnen („zu verwerfen") oder anzunehmen ist. Bei der Annahme oder Ablehnung der Hypothese können zwei Fehler auftreten:

- Fehler 1. Art: Die Nullhypothese wird abgelehnt, obwohl sie zutrifft.
- Fehler 2. Art: Die Nullhypothese wird angenommen, obwohl sie nicht zutrifft.

Die höchstzulässige Wahrscheinlichkeit für einen Fehler 1. Art, also die maximal erlaubte Irrtumswahrscheinlichkeit, wird als Signifikanzniveau bezeichnet.

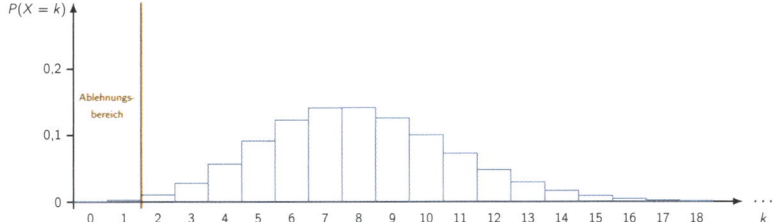

FEHLER 1. ART: FEHLER 2. ART:

Abi130   Abi131

ENTSCHEI-
DUNGSREGEL:

Abi136

◢ Typische Aufgaben im Abitur

Der gängigste Hypothesentest im Abitur ist der Alternativtest mit vorgegebenem Signifikanzniveau. Hierbei gibt es drei gängige Aufgabentypen:

- Bestimmung einer Entscheidungsregel
- Wahrscheinlichkeit für einen Fehler 1. oder 2. Art bestimmen
- Nullhypothesenwahl begründen

Tipp

Eingebettet sind Aufgaben zu Alternativtests oft in Sachzusammenhänge wie Produktionsverfahren und Ausschussquoten, Wählerumfragen, medizinische Testverfahren und Kaufinteressen von Kunden.

Tipp

Aus den oft recht umfangreichen Aufgabenstellungen müssen Sie den Annahmebereich oder Ablehnungsbereich der Nullhypothese herauslesen oder mithilfe der Angaben bestimmen. Die Wahrscheinlichkeiten der Grenzparameter können Sie dann mithilfe des Tafelwerks nachschlagen oder mit dem GTR berechnen.

Das Wichtigste zum Auswendiglernen

◢ Entscheidungs- und Fehlermöglichkeiten bei einem Alternativtest

	◢ H_0 wird angenommen	◢ H_0 wird abgelehnt
H_0 ist in Wirklichkeit wahr	Entscheidung, H_0 anzunehmen, ist richtig	Fehler 1. Art
H_0 ist in Wirklichkeit falsch	Fehler 2. Art	Entscheidung, H_0 zu verwerfen, ist richtig